# Bibliothek der verbrannten Bücher

*Herausgegeben von Hein Kohn und Werner Schartel*

© *1981 Konkret Literatur Verlag, Hamburg*
*Druck: Himmelheber Hamburg*
*ISBN 3-922 144-09-8*

# Nico Rost
# Goethe in Dachau

*Vorwort Anna Seghers*
*Nachwort Ernst Antoni*

**Konkret Literatur Verlag**

## *Vorwort Anna Seghers*

Man legt dieses Buch mit dem Gefühl aus der Hand, das nur wenige Bücher in einem wachrufen: das ist das Buch, das ich brauche. Das ist das Buch, auf das ich gewartet habe.

Nicht, daß es endlich Antwort auf Fragen gäbe, die bei anderen Autoren ungelöst blieben! Es geht ja zunächst nicht immer um die richtige Antwort. Es geht zunächst einmal um die richtige Frage. Wir stoßen heute oft darauf, daß Unkenntnis, Dummheit oder unbewußte Verlogenheit einen Menschen abhalten, die Worte zu finden, aus denen eine präzise Frage bestehen würde. Bevor jemand zu der Hoffnung berechtigt ist, endlich die richtige Antwort auf eine Frage zu bekommen, muß er den Mut gehabt haben, die entscheidende Frage erst zu stellen. Der dieses Buch schrieb, hatte Mut zu fragen: Was für einen Sinn hat in dieser Zeit noch das, was wir »Kulturerbe« nennen? Die Dichter und Denker, auf die wir stolz waren – haben sie heute noch etwas zu sagen, wenn es hart auf hart geht, auf der Grenzscheide zwischen Leben und Tod? Das Aufspeichern von Kenntnissen, die Diskussionen um zeitgenössische und vergangene Autoren, haben sie wirklich noch einen Sinn? Was für einen Sinn hat Goethe in Dachau?

Um das Ergebnis des Buches, das zugleich das Ergebnis unserer geistigen Existenz ist, vorwegzunehmen: den höchsten Sinn. Den Sinn des Lebens überhaupt. Der Autor, der sein geistiges Leben auf den dialektischen Materialismus gegründet hat, beschreibt leidenschaftlich und feierlich den Triumph der Idee über die rohe Materie. Die Bereitschaft des überzeugten Materialisten, das Leben für seine Idee einzusetzen, die ohne Kulturerbe, ohne den Beistand der denkenden Menschen aller Zeiten und Völker nicht vorstellbar wäre.

Es gibt eine Fülle guter, ja ausgezeichneter Bücher über Konzentrationslager. Sie legen für Zeitgenossen und Nachkommen ein würdiges Zeugnis für alles ab, wozu der Mensch im Bösen fähig wird, wenn er durch den Faschismus vertiert, über alles, wozu er im Guten fähig wird, wenn er sich als denkender Mensch über seine Peiniger erhebt. Die Gefangenen bleiben in diesem Buch trotz ständiger Todesdrohung auch dadurch am Leben, daß sie in jeder Lage auf dem Recht des Denkens beharren. Sie setzen in Bergen von Typhustoten ihr Studium fort, sie diskutieren nach ihrem Gedächtnis und nach dem heimlich erworbenen Material auch während der Bombardements, auch während Gewehrsalven Dutzende gefangener Sowjetsoldaten erledigen, auch während der letzten entscheidenden Attacke der anrückenden Alliierten. Sie sind zum großen Teil Intellektuelle aus verschiedenen Nationen. Sie sind also gerade die Art Menschen, die Hitler am liebsten zu Tode peinigte, weil er in ihnen die größte Gefahr für sein System vermutete. Mit Recht, denn ihrem Widerstand ist keine Kugel und keine Injektion gewachsen. Rost nennt das Gegengift, das sie gegen den Tod feit, Vitamin L und Z (Lernen und Zukunft). Es ist ein Kollektiv-Vitamin, zu dem jeder Sträfling seine chemische Substanz beisteuert, Kommunisten und Sozialdemokraten, Kalvinisten und Jesuiten. Sie wurden aus Holland und Deutschland hierher nach Dachau verschlagen, aus der Sowjetunion, aus Frankreich, aus Spanien, wo immer die Hitlerarmee einfiel. Der Jesuit Péguin, Résistancekämpfer, hinterläßt sein Bekenntnis, daß er gestorben ist, wofür er gelebt hat: »für die Kirche und für die Arbeiterklasse.« Kein Wunder, daß Hitler alles daran tat, um überall solche Intellektuellen in Verruf zu bringen, ob es Goethe ist oder Herder, die Bekenntnisse Augustins oder die Biographie von Franz von Assisi, Novalis oder Lessing, Stendhal oder Renan, in dieser Häftlingsbaracke, in diesen Diskussionen angesichts des Todes stellte es sich heraus, wie viele Steine jeder von ihnen in Wahrheit zu dem Bau Menschheit geliefert hat. Denn diese Diskussionen sind kein leeres Intellektuellengeschwätz, um die Langeweile eines leeren Abends zu überwinden. Sie sind der strenge Rechenschaftsbericht von bewußten Intellektuellen, die sich mit jedem Wort dem Leben verpflichten, um nicht den fortgesetzten Demütigungen und Drohungen zum Opfer zu fallen. Manchmal wird der Leser so tief in den literarischen oder philosophischen Streit hineingerissen, daß er selbst die Leichen vergißt, die sich um die Streitenden häufen, wie die Streitenden selbst ihre Umgebung vergessen müssen, um von Todesahnungen nicht infiziert zu werden. Das ganze Gewicht des Berichtes liegt aber darauf, daß jeder

Wortstreit, jede Seite Lektüre, jede Zeile des Buches dem Tod schwer abgerungen war.

Obwohl Nico Rost in diesem Buch noch mehr als früher in seinem Leben sein möglichstes tut, um im Hintergrund zu bleiben, kann er doch nicht verhindern, daß das gleiche kristallklare Licht, das Licht der unbestechlichen Wahrheit, das die Geister sondiert und sondert, wie es eben nur in Dachau unter solchen Umständen möglich war, auch auf sein eigenes Individuum fällt, wie sehr er es auch in den Schatten der Ereignisse einschmuggelt. Er kann auch nicht hindern, daß wer ihn kennt, den Kopf schüttelt und denkt: das ist also Nico. Unser Nico. Derselbe Nico, der lange draußen bei Oranienburg mit seinem kleinen Jungen wohnte. Alfred Döblin, Arzt in Berlin, kam einmal heraus, als das Kind plötzlich krank wurde. Als Rost in die Karpaten fuhr, verbrachte Kisch einen Tag mit dem Jungen, um seinem besorgten Vater eine gründliche Reportage zu schicken. Rost hat die besten antifaschistischen Schriftsteller seit langem in Essays seinem Volke vorgestellt. Er hat ihre Bücher ins Holländische übersetzt. Wir aber, wenn wir uns dann und wann in einer Hauptstadt Europas trafen, oder auf einer Kongreßfahrt, wir fühlten uns sorglos und arglos wie Schulkinder auf einem Ausflug, die weit von der letzten grimmigen Prüfung entfernt sind. Wir waren fröhlich. Die Ahnung von der Kürze des Lebens vermischte sich mit der Zuversicht, daß der Tod noch ruhig auf uns warten kann. Erst durch dieses Buch, Nico, öffnest du viele Fächer in deiner reichen, aus Scheu oder Gleichmut verschlossenen Vorratskammer von Wissen und Kenntnissen. Erst durch dieses Buch erfahren wir, was aus gewissen Menschen geworden ist, die gewisse Wegstrecken mit uns teilten. Der kleine Chauffeur, der uns im Bürgerkrieg von Valencia nach Madrid brachte und irgendwie, über französische Lager in Dachau endete. Der Holländer Brower, Professor für Mittelalterlatein, den die Nazis inzwischen erschossen haben. In Mexiko nannte ihn sein Freund Bergamin (ihn haben wir auch in deinem Buch wiedergetroffen als lebenden Geist eines Lebenden) »ein wirklich tapferer Katholik«. Wie lachten wir über dich in Barcelona, als du durchaus auf dem Marktplatz die vielen Schwärme von Tauben betrachten und füttern mußtest. Ein Schwarm von Vögeln war immer um dich herum, im Freien und im Zimmer. In Antwerpen hatten dir Kölner Arbeiter den ungeheuren Käfig gezimmert, in dem du die ganze Brut beherbergt und gehegt hast.

So stark warst du mit dem Leben verknüpft, so teuer war es

dir in jedem Kind und in jedem Vogel, in jedem Buch und in jedem Lied. Warum sage ich »war«? So teuer ist es dir, weil es dir teuer war. Die großen Namen, die in deinem Buch aus den Gesprächen gequälter und sterbender Menschen klingen, sind dir ein Teil von dem, was am Leben geliebt werden kann. Du bist auch dadurch am Leben, weil du es verstanden hast, daran festzuhalten. Das ist ein Grund mehr, für den man dir dankt, wenn man das Buch beendet hat.

»Goethe in Dachau« ist an Hand von zahlreichen, an Ort und Stelle, auf den verschiedenartigsten Papieren und Zetteln gemachten Tagebuchaufzeichnungen geschrieben, von denen eine Anzahl – nebensächliche Ereignisse oder nur rein persönliche Dinge betreffend – natürlich nicht mit aufgenommen wurden.

Daß viele meiner Notizen nicht in der hier publizierten Form geschrieben wurden, sondern mit einigen nur mir verständlichen Kennworten, bedarf wohl keiner weiteren Erklärung; ebensowenig wie der Hinweis, daß das regelmäßige Führen dieses Tagebuches unter den gegebenen Umständen ein sehr riskantes Unternehmen war, das nur mit Hilfe einiger Freunde durchgeführt werden konnte.

Ihnen allen möchte ich hier nochmals öffentlich danken und ganz besonders drei Lagerkameraden: dem holländischen Flieger Karel Steensma, dem Deutschen Heini Stöhr aus Nürnberg, dem Österreicher Eugen Pfeiffer aus Wien.

N. R.
Amonines (Ardennen), 1. August 1946

Für Edith

»Und wer nicht gewartet hat,
begreifet nie und nimmer
wie du, mit deiner Standhaftigkeit,
mein Heil warst und meine Rettung
inmitten dieser Hölle.«

Konstantin Simonow

*Dachau, 10. Juni 1944*

»Die alte Erde steht noch, und der Himmel wölbt sich noch über mir!«

Ein Ausspruch Goethes, der mir soeben einfiel. Ich habe ihn früher einmal gelesen – wenn ich mich nicht irre, in seinen »Gesprächen mit Eckermann« –, doch ohne mir eigentlich viel dabei zu denken. Erst jetzt und hier in Dachau, im Revier, mit der Wunde am Bein, fange ich an, die tiefe Bedeutung dieses Wortes zu begreifen.

Solange es noch ist, wie Goethe sagt, ist nichts verloren; solange habe ich noch einen Halt, stehe ich noch mit beiden Füßen fest auf der Erde und kann mit Vertrauen der Zukunft entgegensehen.

Solange ist kein Grund zum Verzweifeln ... Goethe hat wieder einmal recht, und ich bin ihm dankbar dafür.

Ich habe ja auch bis jetzt – trotz Forest, Scheveningen und Vught – noch immer Glück gehabt. Mein Bein schmerzt zwar, doch den Abszeß möchte ich nicht missen, denn er schützt mich nicht nur vor einem eventuellen »Transport«, sondern auch vor jedem schweren Kommando. Solange bin ich hier vorläufig in Sicherheit, brauche keinen Appell mitzumachen und kann sogar lesen und ... schreiben!

Wieder in einem richtigen Bett zu liegen, mit weißen Laken, ist an sich schon eine Erholung, besonders nach den vierzehn Tagen Quarantäne.

Hier ist es so ruhig, daß es mich beinahe – unruhig macht. Die Krankenstube ist eine Welt für sich. Vom Lager ist hier fast nichts zu merken – nur das Pfeifsignal zum Appell und danach das Schlurfen und Scharren von vielen tausend Füßen. Von meinem Bett aus kann ich eine der anderen Baracken des Reviers sehen: Baracke 5. Der Pole, der über mir liegt, behauptet, daß dort Versuche gemacht werden, an denen viele sterben; durch das offene Fenster drüben ist jedoch nichts Besonderes zu erkennen: nur Betten, genau wie bei uns, und auch ein Goldfischglas, in dem sich jetzt die Sonne spiegelt.

Hier macht alles einen völlig unwirklichen Eindruck: die Ruhe, das Glas mit den Goldfischen, die helle Sonne und sogar die Pfleger, die nun – während der »Mittagsruhe« – in der schmalen Blockstraße vor meinem Fenster – Handball spielen!

*Nach dem Appell*

Das Glück scheint mir auch weiterhin treu zu bleiben!

Denn zehn Betten von mir entfernt liegt M., ein Deutscher,

ein politischer Emigrant, den ich in Brüssel häufig sah. Er ist bereits seit 1942 in Dachau, hat vorher ein Jahr in Siegburg gesessen und liegt hier nun schon über sieben Wochen; mit Magengeschwüren. Er ist so abgemagert, daß ich ihn anfangs nicht erkannte.

M. scheint bereits heute nachmittag mit dem Stubenpfleger, einem österreichischen Schutzbündler aus Wien-Ottakring, über mich gesprochen zu haben, denn der wurde auf einmal viel netter, brachte mir Breikost und versprach sogar, aus der Kantine Papier für meine Notizen zu besorgen.

*11. Juni*

Als ich heute früh Dr. H., einen unserer holländischen Ärzte, bat, mir aus der Lagerbibliothek – die ich als Patient nicht benutzen darf – ein deutsches Buch, möglichst einen Band Goethe oder Lessing, mitzubringen, lehnte er ab: »Ein französisches oder englisches Buch – gern«, meinte er, »aber kein deutsches!«

Sein Standpunkt erscheint mir borniert und völlig falsch.

Das habe ich ihm auch gesagt und dann gefragt, ob er, als Psychoanalytiker, sich denn vielleicht weigere, Freud zu lesen, der ja seine Werke ebenfalls deutsch geschrieben hat.

Im Laufe der Debatte zitierte ich Stalins Worte: »Die Hitler kommen und gehen, aber das deutsche Volk, der deutsche Staat bleibt.« Also auch Klassiker wie Goethe und Lessing ...

Er bezeichnete das als kommunistische Propaganda – und fand es außerdem etwas zu billig.

Vielleicht hätte ich wirklich anders argumentieren müssen, aber nun habe ich es eben gesagt. Er kann auch ruhig einmal über etwas »Billiges« nachdenken!

Übrigens glaube ich, daß wir unmöglich komplizierte Probleme lösen können, solange wir nicht imstande sind, die elementarsten Wahrheiten zu begreifen.

*13. Juni*

Die Tage gehen hier noch immer so friedlich und still vorbei, daß es mich bedrückt und oft beunruhigt. In meiner Stube liegen keine Schwerkranken, wohl aber in den anderen Baracken; doch davon merken wir nichts. Wir wissen nicht, was dort geschieht, und nicht, wie viele dort täglich sterben.

Ich habe den Österreicher, der schon seit über vier Jahren hier arbeitet, nach den Versuchen mit Malariabazillen gefragt, von denen der Pole soviel erzählt und die, seiner Behauptung nach, hier im Revier – drei Meter entfernt – vorgenommen werden. Er ging aber nicht auf dieses Thema ein, und ich konnte deutlich erkennen, daß er nicht darüber sprechen wollte!

*14. Juni*

Wie lange werden wir wohl hierbleiben?

Werden sie uns noch in andere Lager schleppen? Ich hoffe, daß ich mich in Dachau werde halten können. A., der es wissen muß, sagt, es wäre besser als auf Außenkommando. Hier ist die Zentrale, und dadurch gibt es auch viel mehr Möglichkeiten. Später – gegen Kriegsende – wird es vielleicht in einem kleinen Außenkommando sicherer sein. Denn was dann hier geschehen wird, weiß man nicht – A. befürchtet das Schlimmste ... Zu lange im Revier liegen ist auch nicht gut – dann läuft man Gefahr, auf Invalidentransport geschickt zu werden, und das dürfte wohl den sicheren Tod bedeuten, wenn wir auch nichts Genaues darüber wissen.

Nach diesem Gespräch mußte ich an die Worte von Maximus Tyrius denken: »Hier siehst du nun den Passionsweg, den du Untergang nennst, der du nach dem Wege derer urteilst, die schon auf ihm fortgegangen sind; ich aber sehe Rettung, da ich nach der Folge derer urteile, die da kommen werden.« – Vor vielen Jahren habe ich diesen Ausspruch in einem Buch von Gustav Landauer gefunden, und er hat mich so bewegt, daß ich ihn im Vorwort meiner kleinen Schrift »Kunst und Kultur in Sowjetrußland« (1924) zitierte.

Ein prachtvolles Wort, an das ich mich immer erinnern will, wenn ich einmal kleinmütig werden sollte.

*15. Juni*

Im Nebenbett liegt ein »Neuer«. Eine Art Michael Kohlhaas, doch gutmütiger und sentimentaler als sein klassisches Vorbild aus Kleists Novelle.

Er ist von Beruf Bäcker, wohnte in Köpenick bei Berlin, und ist nun – wie er mir erzählte – bereits zum zweiten Male für das gleiche Vergehen hier.

»Ich habe nämlich Kuchen gebacken aus einer besseren Mehlsorte als offiziell erlaubt war, und mit Eiern. Nicht etwa, um mehr zu verdienen, aber sie waren für die Front bestimmt, und da konnte ich doch keine schlechten Kuchen schicken lassen. Ein Jahr habe ich deswegen bekommen. Dann wollten sie mich freilassen, doch ich sollte versprechen, mich in Zukunft genau an die Vorschriften zu halten; das habe ich abgelehnt. Im Gegenteil, ich habe der Gestapo erklärt, daß ich doch wieder Eier und das beste Mehl in die Kuchen tun würde, weil ich den Frauen, die zu mir kommen, um etwas Gutes für ihre Männer an der Front zu kaufen, keinen Dreck andrehen will.

Daraufhin haben sie mich erneut geschlagen – und hierher zurückgeschickt.«

Er erzählte diese seine Geschichte sehr ausführlich und mit vielen Einzelheiten. Bescheiden, zuweilen sogar ein wenig demütig, aber vor allem sehr zufrieden in dem Gefühl, daß er seine Pflicht getan hatte, und daß er nicht anders handeln konnte.

Wir haben nun miteinander Freundschaft geschlossen, und er hat mich eingeladen, ihn nach dem Kriege zu besuchen. Das habe ich ihm auch versprochen.

»Du brauchst in Köpenick nur nach dem dicken Bäcker zu fragen, dann zeigt dir jedes Kind den Weg.«

Armer Teufel! Er hat ganz vergessen, daß er inzwischen dünn wie ein Faden geworden ist!

*16. Juni*

Der Pole bekommt regelmäßig den »Völkischen Beobachter«. Heute fand ich darin ein höchst merkwürdiges Urteil von Novalis über Lessing abgedruckt: »Er war zu scharf und verlor darüber das Gefühl des undeutlichen Ganzen, die magische Anschauung der Gegenstände in mannigfaltiger Erleuchtung und Verdunkelung.«

Das ist Literaturkritik, wie sie das Dritte Reich will – und braucht!

Sag' es mit Novalis, dem Dichter des »undeutlichen Ganzen«. Lessing ist ihnen viel zu streng und zu logisch – das ist nichts für sie. Er könnte ihre Leute vielleicht wieder zu logischem Denken erziehen, und das darf natürlich auf keinen Fall geschehen. Darum heißt die Losung: Lessing kritisieren und herabsetzen, und dafür lieber einen Novalis propagieren, jenen großen Reaktionär der Romantik, der die »magischen Anschauungen« vorzieht ... was ihnen soviel besser in den Kram paßt.

Über zu wenig »Verdunklung« kann man sich augenblicklich übrigens bestimmt nicht beklagen: Wir hatten heute abend bereits dreimal Großalarm.

*18. Juni*

Ich liege noch immer in Stube I, Baracke 9 (Revier). Auf der anderen Seite des Grabens – hinter Baracke 30 – scheint das Krematorium zu sein. Auch eine Gaskammer soll es da geben, sagt man ...

In Stube IV liegen Geisteskranke. P. erzählt, daß sie oft geschlagen werden und daß einige in Zwangsjacken stecken. Alle drei Monate wird diese Stube leer gemacht, und alle Insassen gehen auf »Invalidentransport«. Manche sagen nach Lublin, andere meinen, daß sie bereits auf dem Wege »erledigt« werden, und wieder andere behaupten, daß man ihnen schon auf Stube IV eine »Spritze« gibt.

Ich weiß nicht, was dort – drei Säle von hier entfernt – geschieht ...

*19. Juni*

Wenn ich über der Tür den Käfig mit unserem Kanarienvogel sehe und auf dem Tisch das gefüllte Goldfischglas, muß ich immer an Carl von Ossietzky denken, der einmal die Strafmethoden der Nazis als »das System des desinfizierten Marterpfahls« gekennzeichnet hat.

Hier im Revier sieht man wieder, wie treffend diese Charakterisierung ist: Völlig unzureichende Ernährung, keine Medikamente, gänzlich ungenügende Pflege, alles um uns wissentlich und mit voller Absicht krepieren zu lassen – aber Goldfische und Kanarienvögel in jeder Stube!

*20. Juni*

Die Idylle hat ein Ende!

Heute haben wir auch hier im Revier die Wirklichkeit von Dachau zu sehen bekommen: Es traf ein großer Transport ein, von dem unterwegs viele gestorben zu sein schienen.

B. war am Bahnhof beim Ausladen der Toten und Verwundeten: Juden aus einem Lager bei Warschau, das evakuiert werden mußte.

Durch das Fenster sah ich, wie man mindestens zwanzig Tote – oder fast Tote, das war nicht genau festzustellen – auf Bahren vorübertrug.

Die anderen Baracken werden wohl auch voll geworden sein.

*Abends*

Bei uns auf Stube I liegt nun ein jüdischer Knabe aus Lyon. Vierzehn Jahre alt. Unser Pfleger trug ihn auf den Armen herein, als ob er ihn aus einem Brand oder einer Naturkatastrophe gerettet habe.

B. versprach ihm, alles zu tun, um ihn möglichst lange im Revier zu behalten. Ich übersetzte – und sofort schlang er seine beiden mageren Ärmchen um B.s Hals. Seine Füße sind wund, durchgelaufen und geschwollen, das ganze Kerlchen Haut und Knochen, aber er klagt und jammert nicht, sieht uns nur mit seinen großen, dunklen Augen dankbar an – als ob es in unserer Macht läge, ihn zu retten.

Er weiß nicht, was aus seinem Vater, seiner Mutter und aus seinen beiden kleinen Schwestern geworden ist, denn bereits in Lyon wurden sie getrennt und in verschiedene Gefängnisse geworfen.

*22. Juni*

A. brachte mir gestern die kleine Hegel-Monographie von Lasson. Ich habe darin geblättert, doch kann ich mich nicht genug konzentrieren. Meine Gedanken kehren immer wieder zu den vielen Gesprächen zurück, die ich mit Telders in Vught über Hegel führte. Wir haben uns oft in den Haaren gelegen und oft – meistens sogar – zog ich den kürzeren, da er sich bedeutend besser verteidigte. Ich versuchte immer wieder, Hegels idealistische Philosophie anzugreifen, und zwar zugunsten des dialektischen Materialismus, denn ich sehe Hegel vor allem im Zusammenhang mit Marx. In unseren Diskussionen war Telders stets der Stärkere, er war aber auch großmütig; er half mir sogar, wenn eines meiner Argumente ihm richtig schien, und ging dann sehr ausführlich darauf ein. Noch sehe ich sein eigentlich immer etwas ironisches Lächeln, als ich sagte, er sei zwar ein bedeutend besserer Hegel-Kenner, aber ich bliebe dennoch bei meiner Behauptung, daß viele Anhänger dieser idealistischen Philosophie in Holland zu Pionieren einer faschistischen Ideologie geworden seien.

Wochenlang haben wir über diese Probleme debattiert, beinahe jeden Morgen vor dem Appell – oft sogar auch noch während des Appells – und haben unsere Gespräche dann abends nach der Arbeit fortgesetzt.

Wie tief betrübt war er, als wir in Vught erfuhren, daß Hessink gestorben sei. Er nannte ihn den bedeutendsten Hegelianer und seinen Tod bezeichnete er als einen schweren Verlust für unser Land.

Wir waren in Vught unzertrennlich, und darum vermisse ich ihn doppelt. Das erstemal traf ich ihn in der Quarantäne, einen

Tag, nachdem er aus Buchenwald gekommen war – froh, wieder in Holland zu sein. Wir hatten sofort miteinander Kontakt und sind von da an soviel wie möglich zusammengeblieben. Bis zum 24. Mai. Eine Stunde vor dem Appell wußten wir bereits, daß an diesem Tage ein großer Transport nach Deutschland gehen würde. Er gab mir noch Namen und Empfehlungen für den Fall, daß ich vielleicht ohne ihn in Buchenwald landen sollte. Wir standen nebeneinander auf dem Appellplatz, als die Nummern für den Transport aufgerufen wurden. Wie stets, völlig willkürlich, ohne bestimmte Richtlinien, ohne System. Er blieb – und ich bin nun hier.

Er winkte lange und ermutigend, als wir Abschied nahmen. Ich habe unterwegs – neben Eddy im Viehwagen – noch dauernd daran denken müssen. Das ist nun genau einen Monat her. Er wird wohl noch bei Philips sein. Er hat versprochen, später Hegels »Aesthetica« mit mir durchzuarbeiten, und ich freue mich schon jetzt darauf.

Die Dachauer Lagerbibliothek – das wäre etwas für ihn!

Hoffentlich hat er den »Wilhelm Meister« und die Essays von Schmidt-Degener gefunden, die ich ihm unter seine Matratze geschoben habe.

*Abends*

Telders sieht beinahe aus wie ein etwas heruntergekommener römischer Kaiser: Ein außergewöhnlich großer Kopf auf einem beinahe plumpen, muskelarmen Körper. Er ist auch völlig unsportlich, aber verfügt über enormen geistigen Charme, der mich vom ersten Augenblick an fesselte. Einige behaupten, er sei hochmütig, aber das stimmt ganz und gar nicht. Weil er das tägliche, unfruchtbare, kleine Nörgeln und Quengeln nicht mitmacht? Weil er schon zu lange sitzt, um sich an den ewigen Gesprächen über baldige Entlassung und Nach-Hause-Gehen zu beteiligen? Das hat doch nichts mit Hochmut zu tun!

*23. Juni*

Heute wieder Fieber: 38,8. Der Abszeß eitert. Darf nicht aufstehen. Chinin bekommen.

*24. Juni*

Mußte wieder lange an Telders denken. Er war der Mittelpunkt meines Lebens in Vught. Wir aßen am selben Tisch – Baracke 17, bei Chris – schliefen nebeneinander und standen beim Appell nebeneinander. Jeden Morgen – ob gutes oder schlechtes Wetter war – liefen wir zweimal durchs Lager, und abends nach dem Appell ebenso. Ich glaube, wir haben unsere freie Zeit gut genutzt und nicht nur mit sinn- und zwecklosem Gerede vertan. (Luftalarm! Wieder München! Jetzt beinahe täglich, und regelmäßig um dieselbe Zeit.)

Telders und ich sprachen in Vught nicht nur über schwierige Probleme, sondern wir waren auch oft ausgelassen. Dann war vor allem E. vielfach unser Opfer. Tagelang haben wir ihn wegen der großen Lücken in seinem literarischen Wissen – die er als Schriftsteller doch nicht hätte haben dürfen – verulkt und bereits abends während des Appells überlegt, was wir ihn beim Essen fragen sollten, quasi unsere Rollen verteilt. Ich erinnere mich noch genau an einen der letzten Abende in Block 17 und an unser so beliebtes Spiel, das Telders mit der Frage begann: »Was ist deine Meinung über Adriaan van Oordt, E.?«

Schweigen...

Ich: »Du findest doch sicherlich auch ›Warhold‹ viel besser als ›Irmenloo‹?«

Schweigen...

T.: »Oder bist du mehr für historische Romane, wie zum Beispiel ›Wallenstein‹ von Döblin?«

Schweigen...

Ich: »Bist du nicht auch der Ansicht, daß die Bücher von Flavius Josephus augenblicklich wieder höchst aktuell sind?«

Schweigen...

So ging es oft stundenlang.

E. hat es zum Glück nicht übelgenommen, und unsere Freundschaft hat nicht darunter gelitten.

Und dann die Gespräche mit Telders über Politik! Fast täglich haben wir darüber diskutiert – besonders abends im Bett: O., ein überzeugter Kalvinist und ein herrlicher Kamerad; Chris, der kommunistische Blockälteste; Telders und ich. Einmal meinte Telders scherzend: »Ich habe gern mit Kommunisten zu tun – in den Lagern.« Er war und blieb ein Gegner der Todesstrafe, ist aber für Verbannung. Wünscht und hofft, daß dort die Verurteilten durch das Klima schnell sterben werden.

Unsere Debatten fanden meist erst ein Ende, wenn einer der deutschen Kapos, der in unserer Nähe lag, entsetzlich anfing zu schimpfen: »Schnauze halten! Ruhe ihr mit euren politischen Gesprächen! In Mauthausen würdet ihr dafür erschossen! Vught ist ja gar kein richtiges KZ! Keine Disziplin hier! Der reinste Kindergarten!«

Kaum zu glauben, daß dies alles erst einen Monat her ist...

*25. Juni*
Heute mittag, während des – üblichen – Luftangriffs auf München – wieder genau zur selben Zeit! –, hatte ich einen heftigen Wortwechsel mit J.

Ich glaube, nicht nur weil ich nervös war – doch als die Bomben fielen, sagte J.: »Die schönste Musik, die ich kenne.« Er lachte dabei und wiederholte, als die zweite Welle anflog: »Herrlich!« Ich war empört darüber und habe ihm das nicht verschwiegen. Es gibt nichts, was mich in dieser Situation tiefer trifft als Frivolität. Bei einem solchen Angriff haben wir still zu sein und zu fühlen, daß sich hier eine Tragödie abspielt. Ich weiß natürlich ebensogut wie er, daß diese Bombardierungen notwendig sind, daß sonst der Sieg nicht möglich ist, aber ich kann mir nicht helfen: Menschen, die sie als »herrliche Musik« empfinden, sind für mich halbe Faschisten – auch wenn sie noch so gute Patrioten sind.

Echten Humor dagegen kann ich wohl – selbst in solchen Augenblicken – vertragen. Als Karl zum Beispiel gestern abend, während unmittelbar über unserm Lager ein abgeschossener englischer Flieger am Fallschirm pendelte, unseren englischen Pfleger Fred, der gerade schlafen gegangen war, mit den Worten weckte: »Aufstehen Fred! Kaffee kochen! Du kriegst einen Landsmann zu Besuch!« – da habe auch ich herzlich gelacht. Humor hat in solchen Augenblicken eine befreiende Wirkung, während Frivolität dem tieftragischen Geschehen seinen geschichtlichen und politischen Charakter zu nehmen versucht.

*26. Juni*
Wir haben heute saubere Unterwäsche bekommen, und dabei mußte ich wieder an Telders denken, an einen Morgen in Vught im »Bad«. Wir standen, ungefähr hundert Mann, dicht gedrängt in dem viel zu kleinen Raum, und Emil, der deutsche Kapo, schlug wieder wild mit seinem Stock drauflos. Die Unterwäsche, die uns wahllos zugeworfen wurde, war diesmal noch kleiner und enger als sonst. Ein Professor aus Leiden, der erst kurze Zeit im Lager war, hielt ratlos eine viel zu enge Unterhose in der Hand und sah sich hilfesuchend um. Telders lachte. Weise und ungezwungen: »Die Lösung des Problems ist sehr einfach, Kollega: einreißen – nichts weiter«, und er ließ seinen Worten die Tat folgen. Einreißen – nichts weiter!

Wieviel Kraft ging doch von ihm aus, und wie schade, daß er nun nicht mehr bei uns ist.

*27. Juni*

Auf der schmalen Straße zwischen Block 7 und 9 sah ich heute vormittag den Jesuitenpater van G. und neben ihm den früheren NSB-Priester\* de Leeuw, der vor einem Monat mit uns zusammen aus Vught hierhergekommen ist. Die meisten von uns schenken de Leeuw keine Beachtung, lassen ihn links liegen, doch heute scheint er von einem seiner kirchlichen Vorgesetzten zur Verantwortung gezogen worden zu sein. Van G.s Gesicht schien mir noch strenger als sonst, sein Gang würdevoller, ja er schien selbst größer als er eigentlich ist. Beinahe zwei Stunden lang sind sie die Lagerstraße auf und ab gelaufen. Beide Häftlinge – aber welch ein Unterschied! Van G. über den Dingen und seiner Umgebung stehend, sich der Macht seiner Kirche wohl bewußt, urteilend nach den Vorschriften und Gesetzen dieser Kirche; und daneben de Leeuw – erbärmlich wie alle Verräter.

Ein Franzose, der selbst nicht Deutsch lesen kann, brachte mir Goethes »Egmont«.

Ich las heute bereits mehrmals die letzten Zeilen – bevor Egmont zur Hinrichtung geführt wird. Sie geben Kraft und Vertrauen. »Es blinken Schwerter – Freunde, höhern Mut! Im Rücken habt ihr Eltern, Weiber, Kinder! (Auf die Wache zeigend.) Und diese treibt ein hohles Wort des Herrschers, nicht ihr Gemüt. Schützt eure Güter! Und euer Liebstes zu erretten, fallt freudig, wie ich euch ein Beispiel gebe!« –

Es stimmt also doch: klassische Literatur kann helfen und stärken.

*29. Juni*

Den ganzen Tag im »Egmont« gelesen und mir vorgenommen, hier – wenn möglich – viel klassische deutsche Literatur zu studieren. Besonders Goethe. Ich will auch über das, was ich lese und was ich denke, Notizen machen. Zwar sind alle Arten von »Tagebüchern« streng verboten, aber der Oberpfleger, der meinen Namen kannte, hat mir einen Platz angewiesen, um meine Papiere zu verstecken.

Ich bin viel ruhiger, wenn ich lesen und schreiben kann, und es wird mir auch helfen, nicht immer an das Zuhause denken zu müssen, nicht an Edith – ob sie nicht aufs neue verhaftet oder

---

\* Die Organisation der niederländischen Nationalsozialisten

wieder gefährdet ist? Ob es um ihre Gesundheit nun wieder besser steht? Ob die Fabrik, in der Tyl arbeitet, bombardiert wurde? Nicht ans Essen – und nicht, wann wohl der Krieg zu Ende ist.

Ein glücklicher Zufall, daß ich gerade den »Egmont« bekam, denn ich hatte sogar eine Zeitlang die Absicht, Egmonts Biographie zu schreiben, aber die des historischen Egmont, der ein ganz anderer war als der Goethesche. Genauer besehen, war er nämlich ganz und gar kein Volksheld, und die Freiheit, die ihm vorschwebte, war auch eine ganz andere als die, für die wir kämpfen.

Von dem revolutionären Faktor unseres achtzigjährigen Krieges, vom Protestantismus, wollte er ebensowenig etwas wissen, wie von Alba. Er kämpfte gegen Philipp auch keineswegs – obwohl es uns in der Schule gelehrt wurde – an der Spitze der holländischen Bürgerschaft. Er gehörte dem Adel an, dessen Interessen nicht dieselben waren wie die der Bürger. Obwohl er oft deren Partei gegen die Spanier ergriff, bildete er doch auch häufig – gerade weil er zum Adel gehörte – eine Front mit den Spaniern gegen die niederländischen Städte. Er wäre sicherlich gern unabhängig von Philipp gewesen, doch immer noch lieber – glaube ich – Edelmann von Philipps Gnaden, als Bürger einer Republik der Niederlande. Er ist übrigens niemals Protestant geworden, sondern Katholik geblieben, und der Bruch mit Spanien ist auch bestimmt nicht von ihm ausgegangen. Egmonts Haltung war wankelmütig, mußte es sein, weil er im Grunde Philipp näherstand als dem Volke.

Nach dem Bildersturm, mit dem der wirkliche Aufstand begann, eilte er in seiner Eigenschaft als Statthalter sofort in seinen »Gau«, um »Ruhe« und »Ordnung« wiederherzustellen, ließ viele Führer der Widerstandsbewegungen hinrichten und versuchte, die Protestanten zu »beruhigen«. In Philipps Interesse!

Aber auch Philipp wollte von seinen Mitläufern – genau wie jetzt der Faschismus – nicht nur einen kleinen Finger, sondern die ganze Hand. Weil er den Protestanten einige, kleinere Zugeständnisse gemacht hatte, beschuldigte man Egmont also einfach des Hochverrats! Ein Verfahren, das auch in den letzten Jahren wiederholt mit Erfolg angewandt worden ist! Und genau wie jetzt dergleichen Herren gegenüber dergleichen Herrschaften, erwiesen sich damals auch Philipp und Alba als »vergeßlich und undankbar«.

Auch Egmont glaubte, ihm könne nichts passieren, aber er

wurde trotzdem gefangengenommen und trotzdem hingerichtet! Genau wie heute so viele, die Hitler in den Sattel geholfen haben. Diktatoren können nur willenlose Sklaven brauchen – halbe Anhänger werden nicht geduldet!

Egmont ist tatsächlich wieder recht aktuell geworden!

Ist es nun eigentlich richtg, daß ich versuche, ihn so zu sehen wie er wirklich war, oder müßte ich ihn auch weiterhin als einen unserer größten Helden verehren? Aber nach allem, was ich in den letzten Jahren über seine wahre geschichtliche Rolle gelesen habe, würde ich das wohl kaum mehr können. Was mich natürlich nicht daran hindert, Goethes Egmont, den Freiheitskämpfer, zu bewundern und zu lieben.

Jetzt mehr denn je!

*30. Juni*

Ich hoffe, daß ich aus diesem Tagebuch etwas einigermaßen Vernünftiges machen kann, und daß auch meine literarischen Notizen nicht ganz wertlos sein werden, aber dennoch weiß ich, daß ich hier niemals zu einer so intensiven geistigen Konzentration imstande sein werde wie Telders. Er arbeitete Tag für Tag auf seinem Kommando bei Philips in Vught, selbst auf die Gafahr hin, geschnappt zu werden und dann in den Bunker zu fliegen, an einer neuen Ausgabe seines Werkes über das holländische Patentrecht. Ungeachtet der kontrollierenden Kapos, trotz des Jahres Scheveningen und der zwei Jahre Buchenwald, die er bereits durchgemacht hatte, trotz der Phlegmonen an seinen Beinen, trotz der täglich drohenden Transporte! Das holländische Patentrecht interessiert mich zwar nicht besonders, aber Telders' Leistung imponiert mir dafür um so mehr. Ich bin stolz auf seine Freundschaft.

Es ist jetzt acht Uhr. In Vught ist der Appell schon vorbei – wenn sie nicht länger stehen müssen, weil einer weggelaufen ist!

Ob Telders nun wohl wieder in »Wilhelm Meister« liest? Ob er den zweiten Band Spengler schon bekommen hat, den Bram ihm über Philips schicken sollte – und den wir zusammen durcharbeiten wollen?

*1. Juli*

In dem Bett neben mir liegt jetzt ein Amsterdamer. Ich glaube, er ist Gemeindebeamter, beim Wohnungsamt. – Er ist schauderhaft langweilig und findet sich selbst bedauernswerter als irgend jemand anders auf der Welt, obwohl er nur eine kleine, unbedeutende Wunde am Bein hat.

Außerdem kann er kein Wort Deutsch, so daß er mich jeden Augenblick fragt: »Was sagt der Mann?« – »Was will der Mann?« und so weiter, den lieben, langen Tag.

Er hatte mir erzählt, daß er streng kalvinistisch sei, und glücklicherweise habe ich heute früh eine Bibel für ihn auftreiben können; nun läßt er mich wenigstens in Ruhe.

*2. Juli*

Zum erstenmal Blut »gespendet«: dreihundertfünfzig Kubikzentimeter.

Für einen Holländer auf Saal I, dem gestern das rechte Bein amputiert worden ist. Dei Transfusion hat Ali, der polnische Häftlingchirurg, vorgenommen. Ich habe nicht viel gespürt und mich hinterher auch nicht besonders schwach gefühlt.

Ich wußte nicht, daß ich dafür einen Liter Wein, ein Extrabrot und vierzehn Tage Sonderdiät bekommen würde. Obwohl diese Zusatznahrung natürlich sehr willkommen ist, war es für mich doch eine gewisse Enttäuschung; es gibt ein wenig das Gefühl, als ob ich es dafür getan hätte ...

*4. Juli*

Eine Luther-Biographie in drei Bänden, von Rudolf Thiele, durchgearbeitet. Ich möchte sie später noch einmal lesen.

Luther ist und bleibt für mich ein Genie – eine gewaltige Erscheinung. Sowohl ein Revolutionär als auch ein Reaktionär. Ich weiß noch immer nicht genau, was er eigentlich mehr war, glaube aber, daß sein Einfluß letzten Endes doch eine reaktionäre Wirkung ausübte. Ein völlig eindeutiges Urteil hierüber zu fällen, ist mir kaum möglich, denn das Problem Luther ist so außergewöhnlich kompliziert, weil es von dem Problem Deutschland nicht zu trennen ist.

Thiele versucht, seinen Lesern vor allem das Tragische in Luthers Leben und Wesen nahezubringen, seine immer wiederkehrende Angst und seine Zweifel, und ich muß zugeben, daß es ihm gelungen ist.

Und dennoch habe ich immer wieder sehr den Eindruck, daß Luther für die Macht Partei ergriff – gegen die Idee –, obwohl Thiele das Gegenteil behauptet.

*5. Juli*

Heute hatte ich ein langes Gespräch mit Dr. G., der höchst erstaunt schien, weil ich ein Buch über – Luther las. Er ist eben echt kalvinistischer Geistlicher, mit dem ich wenig anzufangen weiß.

Luther bleibt in meinen Augen ein Riese, obwohl ich ungleich größere Sympathien für den von ihm so wütend bekämpften Thomas Münzer hege.

Münzer war der Theologe der Revolution – Luther schließlich doch der Theologe der Reaktion.

Diese These ist wohl nicht in ihrem ganzen Umfang zutreffend, etwas zu simplifiziert, und was Luther angeht, vielleicht auch zu einseitig.

*6. Juli*

Nikolai, unser russischer »Stubendienst«, der den Kranken das Essen bringt, hat schon recht gut Deutsch gelernt. Als ich ihn heute fragte, ob er etwas von Puschkin kenne, begann er sofort begeistert über russische Literatur zu sprechen.

Dann erzählte er wohl eine Stunde lang von dem russischen Straflager. Er hatte gestohlen und saß dort seit drei Monaten, als ihn die Deutschen gefangennahmen und nach Dachau transportierten.

Noch als er darüber sprach, setzte sich K. zu uns und bemerkte, er müsse doch froh sein, daß er hier wäre, denn dort in dem russischen Lager sei es doch bestimmt noch viel schlimmer gewesen ...

Nikolai fuhr wie von der Tarantel gestochen auf:

»Schlimmer als hier? Viel, viel besser! Da kein Stacheldraht. Nicht schlagen. Nicht schießen. Nicht Wachtposten. Da keiner weglaufen. Warum weglaufen? Russisches Lager gut – viel lernen. Jeder lernen. Da Urlaub und alle wiederkommen. Die Deutschen – Banditen! Hitler Bandit! Stalin gut!«

K. war sprachlos über diesen Ausbruch, und ich mußte lachen, denn Nikolais Plädoyer war wohl nicht gerade das, was die Deutschen bezweckten, als sie Hunderte russischer Jungen aus Erziehungslagern und Zuchtschulen zu uns in die KZs steckten!

Nikolai und seine Freunde tun nämlich genau das Gegenteil von dem, was »man« von ihnen erwartete: sie machen Propaganda für ihr Vaterland – sogar für dessen Straflager.

*7. Juli*

Pastor G. muß morgen wieder nach Block 26 und zurück in sein Kommando. Er nahm mich beiseite und fragte, ob ich mich nicht etwas um seinen Glaubensgenossen, meinen Bettnachbarn, kümmern könnte, da der nun ausschließlich auf mich angewiesen sei. »Ich weiß, daß er ein altes Waschweib ist, Rost, aber du tust damit ein gutes Werk.« Ich habe es ihm versprochen und werde Wort halten. G. war heute ganz anders, einfach und natürlich, gar nicht so betont der »Herr Pastor«, und darum haben wir uns auch sofort verstanden – trotz unserer gegensätzlichen Weltanschauungen.

Nun tut es mir leid, daß er fort muß, ich hätte mit ihm gern über verschiedene Probleme gesprochen. Jetzt wäre das möglich gewesen, weil er sich so einfach, so menschlich gab. Mit einem Theologen, der immer nur steif und formell ist, kann ich nun einmal nicht recht auskommen, auch wenn er es vielleicht noch so gut meint.

*8. Juli*

Die Polen sind hier verhaßt. Ich kann das nachempfinden, denn ich selbst kenne auch nur sehr wenige polnische Häftlinge, die mir sympathisch erscheinen. Die meisten sind mitleidslos und eingebildet, herrschsüchtig und dünkelhaft. Die besten Helfer der SS. Oft versuche ich zu ergründen, warum sie sich so unsolidarisch benehmen und glaube, daß ich die Ursache – teilweise wenigstens – gefunden habe: Ihr Vaterland hat am schwersten gelitten, Hunderttausende ihrer Landsleute wurden ermordet, die wenigsten wissen, was aus ihren Familien, ihren nächsten Angehörigen geworden ist. Außerdem sind sie schon sehr lange im Lager und haben auch hier besonders schwere Zeiten durchmachen müssen. Das hat sie wohl so hart werden lassen. Während ich diese Erklärung niederschreibe, fühle ich selbst, daß sie ungenügend ist, denn viele Deutsche, die auch schon jahrelang im KZ sind, reagieren ganz anders.

Die meisten Polen in Dachau sind übrigens sehr reaktionär, antisemitisch und antirussisch eingestellt. Eigentlich polnische Faschisten. Auf jeden Fall die schlechtesten Repräsentanten ihres Landes.

Das polnische Volk in seiner Gesamtheit kann nicht so sein. Die polnischen Grubenarbeiter in Nordfrankreich und in der Borinage, die ich kennengelernt habe, waren nicht so, auch die anderen polnischen Emigranten nicht, und schon gar nicht die polnischen Sozialdemokraten und Kommunisten.

Kosciusko, ihr Freiheitsheld, der Kampfgefährte Lafayettes, Dombrowski, der polnische Heros der Pariser Kommune,

Micklewicz, Slowacki, Zeromski und ihre anderen Dichter sind nicht so gewesen, ebensowenig wie ihre jüngeren Autoren, deren Werke ich vor dem Kriege las.

Auch in Polen wurde seit Jahrhunderten für die Freiheit gekämpft. Das dürfen wir nicht vergessen, und niemals die verhaßten polnischen Häftlinge etwa für die wahren Vertreter des polnischen Volkes halten, auch wenn sie für viele von uns die einzigen Polen sind, die wir bisher kennengelernt haben.

*10. Juli*

Rousseaus »Confessions«, die mir Dr. H. gebracht hat und in denen ich nun bereits seit einer Woche lese, liegen mir nicht, sie verursachen mir ein Gefühl physischen Unbehagens. Ich weiß sehr gut, daß Rousseau ein Genie war und daß er auf die Entwicklung der Französischen Revolution einen gewaltigen Einfluß ausübte, weiß, wie wichtig sein »Contrat Social« und sein »Emile« sind, trotzdem kann ich augenblicklich die Unechtheit, die Scheinheiligkeit und Selbstvergötterung in seinen Memoiren ganz und gar nicht vertragen. Ich bin mir voll und ganz bewußt, daß mein Urteil durch die Umstände höchst einseitig beeinflußt ist, aber hier in dieser Atmosphäre, ständig den Tod vor Augen – ist Aufrichtigkeit geboten. Eine Literatur – sogar eine Weltliteratur wie die Rousseaus –, in der dieses wichtige Element fehlt oder besser gesagt, in den Hintergrund gedrängt wird, ist für mich hier in Dachau unerträglich zu lesen.

Ein literarischer Maßstab, den ich früher natürlich niemals angelegt habe, der sich hier aber gleichsam aufdrängt.

*11. Juli*

Ein guter Tag! Ich habe nicht nur Papier »organisiert« – alte Fiebertabellen vom vorigen Jahr, deren Rückseiten unbeschreiben sind –, sondern obendrein auch noch in einem Medikamentenschrank ein Exemplar von Goethes »Kampagne in Frankreich«.

Als ich in dem Buch blätterte, suchte ich unwillkürlich die berühmte Stelle über die Schlacht bei Valmy: »Von hier und heute geht eine neue Epoche der Weltgeschichte aus, und ihr könnt sagen, ihr seid dabei gewesen.«

Als ich sie gefunden hatte und mechanisch weiterlas, merkte ich, daß ich den folgenden Zeilen niemals die geringste Aufmerksamkeit geschenkt hatte: »In diesen Augenblicken, wo niemand nichts zu essen hatte, reklamierte ich einen Bissen Brot von dem heute früh erworbenen; auch war von dem gestern reichlich verspendeten Weine noch der Inhalt eines Branntweinfläschchens übrig geblieben.«

Und in der »Belagerung von Mainz«: »Die Hauptboisten von Thadden spielten ›Ça ira‹ und den Marseiller Marsch, wobei eine Flasche Champagner nach der anderen geleert wurde.«

Noch nie hatte Goethes berühmte Reportage auf mich so gewirkt. Er konstatiert hier ein historisches Ereignis, aber hat außerdem auch noch offene Augen und Ohren für die Erschöpfung, den Hunger und den Durst nicht nur der Soldaten, sondern auch der Bürger, der Adligen, der Revolutionäre und der Emigranten, von Freund und Feind. Er heroisiert die Geschichte nicht, betrachtet alles ohne die geringsten Vorurteile und teilt uns nüchtern und in einer höchst plastischen Art mit, daß er in einem welthistorischen Augenblick ... Hunger hatte. Ich glaube, daß ich erst nach Dachau kommen mußte, um diese Beschreibung richtig schätzen zu lernen!

Die »Kampagne in Frankreich« brachte mir noch eine weitere Überraschung, nämlich die Entdeckung, daß Goethe seinen kritischen Blick für die historischen Ereignisse nicht dem Studium der Geschichte, sondern dem der Natur verdankt. Ich fange daher an zu glauben, daß er beim Untersuchen der Steine und Pflanzen, der Farben und der Skelette diejenigen Gesetze fand, die er später auf die Geschichte anwandte.

In Goethes naturwissenschaftlichen Schriften habe ich bisher fast nur geblättert, aber ich werde sie – nach meiner Heimkehr – sorgfältig durcharbeiten. Nicht nur zur Erweiterung meiner lückenhaften naturwissenschaftlichen Kenntnisse, sondern vor allem, um noch tiefer in Goethes wirkliches Wesen einzudringen. Vielleicht gehörte es auch zu diesem seinem Wesen und war nicht nur eine Flucht aus der Politik, wenn er sich in den bedeutungsvollsten Tagen der Französischen Revolution hauptsächlich mit seiner Theorie über die Metamorphose der Pflanzen und seiner »Farbenlehre« beschäftigte; wenn ihn der Streit auf naturwissenschaftlichem Gebiet, der zwischen Cuvier und Geoffroy Saint-Hilaire ausgetragen wurde, mehr interessierte als die politischen Umwälzungen – eine Haltung, die mir eigentlich höchst unsympathisch ist, die ich aber bei Goethe nach und nach zu verstehen beginne.

Schrieb er doch irgendwo einmal: »Ohne meine Bemühungen in den Naturwissenschaften hätte ich die Menschen nie kennengelernt wie sie sind.«

*12. Juli*

Wieder über Dr. van D. geärgert. Er ist zwar kameradschaftlich und, wenn nötig, auch hilfsbereit, aber er interessiert sich für nichts, was nicht Holland betrifft. Ich habe schon des öfteren versucht, ihn in ein Gespräch über andere Dinge einzubeziehen, zum Beispiel über ausländische Literatur, über Frankreichs Zukunft, über Jugoslawien – es war auch heute wieder verlorene Liebesmüh!

Er verkehrt fast ausschließlich mit Holländern und spricht mit Ausländern niemals länger als es unbedingt nötig ist. Dabei leben wir doch hier – wenn auch zwangsweise – in einer Art europäischen Gemeinschaft und könnten aus dem Umgang mit anderen Nationen soviel lernen. Gute nationale Eigenschaften und Eigenheiten kommen, meiner Meinung nach, doch erst dann zu ihrem vollen Recht – auch bei uns Holländern –, wenn sie ihren Wert im europäischen Verband bewiesen haben. Warum wollen das viele »gute« Holländer nicht sehen und nicht begreifen?

*13. Juli*

Solange ich noch hier im Revier liege und noch die Möglichkeit zum Schreiben habe, will ich nachprüfen, was ich bis zu meiner Verhaftung getan habe. War mein Widerstand so, wie ich es mir immer vorgenommen hatte – oder war er nicht stark genug?

Ich will versuchen, mir diese Jahre möglichst genau ins Gedächtnis zurückzurufen und mich bemühen, ein ehrlicher Richter zu sein.

Wie hat es angefangen? Von meiner Vorliebe für die deutsche Literatur getrieben, habe ich mich seit 1933 beinahe mit den emigrierten deutschen Schriftstellern identifiziert, habe ihre Sache zu der meinen gemacht, Dutzende von Artikeln über sie und zu ihren Gunsten geschrieben, Proteste und Aufrufe, Vorlesungen und Versammlungen organisiert. Ihre Sache verteidigen, war für mich gleichbedeutend mit dem Kampf gegen den Faschismus. Meine deutschen Freunde waren die ersten, die gegen ihn kämpften, deshalb waren meine Sympathien gerechtfertigt. Sie haben – durch ihre Emigration – die große Linie der deutschen Literatur fortgesetzt.

Ich habe mich dann – mehr noch als früher – in die deutschen Klassiker vertieft und angefangen, sie mit anderen Augen zu lesen. Dadurch habe ich noch deutlicher erkannt, daß Goethe und Schiller, Herder und Hölderlin noch leben werden, wenn

wenn alle Bindings und Johsts, alle Dwingers und Bluncks schon längst vergessen sind. Es gibt nämlich eine bleibende deutsche Literatur, und es gibt eine Naziliteratur, die schnell genug verschwinden wird.

Warum, dachte ich, sollen wir nicht auch unter der Besetzung – nun, da Bücher so gesucht sind und soviel aus dem Deutschen übersetzt werden muß – Lessing oder Hölderlin, Goethe oder Lichtenberg lesen? Doch hundertmal lieber einen aus dem Deutschen übersetzten, ehrlichen Wiechert, als einen faulen Eekhout! Lieber eine aus dem Deutschen übersetzte Ricarda Huch, deren Bücher Zeugnis ablegen von tiefer Ehrfurcht vor dem Menschen, und die niemals mit den Nazis paktierte, als eine holländische Jo van Ammers-Küller, die das sehr wohl tat, und zwar bereits seit 1933!

Nein, niemals Naziliteratur! Weder holländische noch deutsche! Wohl aber eine Literatur, deren Wesen antifaschistisch ist; sowohl holländische als auch deutsche!

Ich übersetzte also Gottfried Kellers »Fähnlein der sieben Aufrechten« – ein Buch, das ganz erfüllt ist von 1848er Ideologie, vom Geist der bürgerlichen Demokratie, und daher im schärfsten Gegensatz steht zum Faschismus. War nicht allein schon der Titel eine Verheißung?

Danach begann ich die Übersetzung von Georg Forsters großem Reisejournal »Ansichten vom Niederrhein« – ebenfalls das Buch eines leidenschaftlichen Demokraten, der sogar aktiv an der Französischen Revolution teilgenommen hatte, der aus seinem Vaterland verbannt worden war, und dort bis auf den heutigen Tag noch nicht anerkannt und neu gedruckt wurde. Auch in seinem Werk finden sich wiederum Beschreibungen, die durch ihr historisches Gleichnis höchst aktuell sind.

War dieser Weg, waren diese Versuche, Übersetzungen von Naziliteratur durch die Übersetzung von klassischer deutscher Literatur mit demokratischer Ideologie zu verdrängen, richtig? Ich war, als ich mich damit beschäftigte, von der Richtigkeit fest überzeugt, und auch jetzt noch – zwei Jahre danach – glaube ich, daß es gut war ... als *literarischer* Widerstand.

Aber war *literarischer* Widerstand wohl genug? Ich weiß, daß ich auch andere Dinge getan habe, aber bin ich nicht doch zu sehr ... *Literat* geblieben?

*Einen Tag später*

Und meine Auswahlbände Potgieter und Bakhuizen?

Nie habe ich Potgieter mehr geliebt, als nach dem Mai 1940.

In seinen Werken habe ich alles wiedergefunden, was ich an unserem Volk so bewundere; das Schwere, das Tiefe. »Traum und Zucht«, nannte es Verwey. Immer wieder habe ich ihn gelesen und ebenso Bakhuizen van den Brink. Als ich dann eine Möglichkeit sah, um im besetzten Flandern aus ihren Arbeiten und denen anderer großer Holländer Auswahlbände zusammenzustellen, habe ich zugegriffen.

Unser teuerster Besitz durfte nicht durch VNVer* vergewaltigt werden. Kein Potgieter oder Bakhuizen durfte durch Brandts oder Wies Moens, durch Anton Jacobs oder Rob van Roosbroeck eingeleitet werden.

Ich stellte also – nach vielen Überlegungen – einen Band Potgieter zusammen, in dem hauptsächlich der große Liberalist zu Worte kam, ein Potgieter, der die Demokratie und die Freiheit verherrlichte. So wählte ich unter anderem »Eine Parade im Bois de Boulogne«, worin er den – trotz aller militärischer Prachtentfaltung – machtlosen Napoleon III. anprangerte; ferner das große Fragment über »Abraham Lincoln«, in dem er den großen Vorkämpfer für Freiheit und Menschenrecht verherrlicht.

Ich war der Ansicht, daß keiner unserer Dichter tiefer und stärker als Potgieter von der Überzeugung durchdrungen war, daß die Freiheit das höchste Gut ist und daß kein anderer als er größeres Vertrauen in die Zukunft gezeigt hat.

Dabei fallen mir einige Strophen aus »Gustav Adolfs Kriegspsalm« ein, den ich ebenfalls vollständig aufgenommen habe:

»Sei nur nicht bang, du kleiner Trupp;
Wie laut des Feindes Übermut
Auch ringsherum mag schallen.
Er träumt von eurem Untergang,
Doch singt das Liebeslied nicht lang,
Laßt ihr den Mut nicht fallen.«


Und er schließt:


* Die VNN war eine niederländisch-flämische Faschistenvereinigung

»Uns hat der Heiland zugedacht,
Daß aller bösen List und Macht
Nicht uns, doch sie wird kränken.
Aus ihrem Ruhm wird Hohn und Spott;
Gott ist mit uns, und wir mit Gott,
Er wird den Sieg uns schenken!«

Sag' es mit Potgieter!

Ich hoffe nur, daß es viele, recht viele gut begriffen haben. Und auch das über Lincoln und die anderen.

Hatte diese – mit Zustimmung der Deutschen erscheinende! – Ausgabe nicht den Wert eines illegalen Pamphlets?

Ich bin fest davon überzeugt, daß es wichtig und richtig war, diese Auswahl getroffen und diese Möglichkeit genutzt zu haben, und daß ich sie nicht irgendeinem VNVer überließ.

Monatelang habe ich wie ein Verrückter gearbeitet. Es folgte eine Auswahl aus den historischen Aufsätzen Bakhuizen van den Brinks, dann eine Auswahl aus Hoofts Arbeiten – gleichfalls mit möglichst »aktuellen« Stücken, wie zum Beispiel »Die Geusen«, »Die Enthauptung von Egmont und Hoorn«, »Albas Einzug« und so weiter – und später eine neue Ausgabe von Gells »Forschung und Phantasie« (Prof. de Vooys möge es mir verzeihen!).

Wenn ich nun von hier, von Dachau aus, zurückdenke an diese Zeit fieberhaften Arbeitens, um diese Kuckuckseier in das Nest der »zugelassenen« Bücher zu legen, an die langen Monate, in denen ich versuchte, unsere nationale Literatur – auf meine Art – zu verteidigen gegen Naziinterpretierung, taucht erneut bei mir die Frage auf: war das alles eigentlich wichtig?

War wirklich am Anfang das WORT?
Nein, am Anfang war die TAT!

*15. Juli*

Der Schluß meiner gestrigen Aufzeichnungen klingt vielleicht etwas pathetisch, aber ich habe es geschrieben, um mir selbst einen Ruck zu geben.

Literarischer Widerstand – Widerstand mit Worten allein – ist nicht ausreichend. Das tat ich seit 1933, vom Augenblick der Machtergreifung Hitlers an – und auch schon lange vorher.

Früher als die meisten meiner Freunde. Und zwar so intensiv und gründlich, daß ich nicht mehr Zeit fand, das zu schreiben, was ich gern geschrieben hätte ... Doch ich war der Ansicht, daß es geschehen und allem anderen übergeordnet werden mußte.

Nachdem unser Land überfallen und geschlagen worden war, habe ich weiter so gehandelt. In anderer Art und Weise, doch darum nicht weniger leidenschaftlich. Dann habe ich mich in die Höhle des Löwen selbst eingeschlichen und erreicht, daß vieles von dem, was sie herausgeben wollten, nicht erschienen ist, und daß manches erschienen ist, was sie nicht herausgeben wollten – und auch eigentlich nicht durften. Ich sabotierte alle Naziliteratur und habe »ihnen« klassische und demokratische Autoren gleichsam aufgedrängt.

Das schien mir ein großer Erfolg, und ich war damals so stolz darauf. Es war ein gefährliches Spiel – das ja letztlich auch schief gegangen ist –, aber war es auch wirklich genug? Nein, Widerstand nur mit geistigen Mitteln genügt jetzt nicht mehr, denn wenn die geistigen Werte mit Hilfe materieller Waffen vergewaltigt werden, müssen sie auch mit Hilfe materieller Waffen wieder befreit werden. Niemals habe ich das so klar und deutlich gefühlt und begriffen als in dem Augenblick, als ich im Gefängnis in St. Gilles-Forest hörte, daß Paul Colin, der Chefredakteur des »Nouveau Journal«, durch den Studenten Fraitteur erschossen worden sei.

Für diese Tat und für den jungen Fraitteur werde ich stets eine besonders tiefe Bewunderung empfinden! Er ist den Weg – den richtigen Weg – gegangen, den ich einzuschlagen gezögert habe.

*16. Juli*

Die Jagd nach Papier ist bei mir zu einem richtigen Sport geworden, und ich frage jeden danach, von dem ich auch nur im entferntesten vermute, daß er mir Schreibpapier verschaffen könnte.

Die ganze Stube beteiligt sich bereits an diesem Spiel, und sie schleppen alles mögliche an, sogar alte Zeitungen oder Packpapier aus ihren Paketen, ja selbst Papier, das eigentlich für profanere Zwecke bestimmt war ...

Ich bin hier »der verrückte Holländer, der Bücher verschlingt und Papier frißt«!

*17. Juli*

Meine Gedanken schweifen immer wieder zurück in die Zeit vor meiner Verhaftung.

Daß ich es ablehnte, Vorlesungen in Deutschland zu halten,

eine »Studienreise« zu machen oder Lektor in Hamburg zu werden, ist ebenso selbstverständlich, wie meine Weigerung, nach Rostock und Altona zu gehen, um den dort aufbewahrten Briefwechsel von Pol de Mont mit einigen »niederdeutschen« Schriftstellern zu sichten und zu publizieren. Aber das ist noch nichts Positives!

Wenn ich jetzt alles recht überlege, dann scheint mir nur das mit Bruno wirklich gut – und wirklich wichtig. Aber es war erst ein Anfang, ein vielversprechender zwar, und es wäre sicherlich auch noch mehr geworden, doch da wurde ich geschnappt!

Ich bin traurig und unzufrieden mit mir selbst, weil ich – vor meiner Verhaftung – innerlich noch nicht so weit war wie zum Beispiel Fraitteur und Gilissen ... Und ich fürchte, daß ich trotz allem doch noch immer zu sehr Literat geblieben bin – was ich früher anderem zum Vorwurf gemacht habe.

*Abends*

Und meine Auswahl aus den Aphorismen Lichtenbergs, die ich anläßlich seines 200. Geburtstages (1. Juli 1942) herausgab? Auch das scheint mir nun nicht mehr so wichtig wie damals, als ich daran arbeitete. Auf jeden Fall war es eine herrliche Gelegenheit, um – via Lichtenberg – unter den Augen der deutschen Zensur, ja sogar mit ihrer Genehmigung, scharfe Kritik zu üben, den Widerstand anzuspornen. Schlafende wachzurütteln und gleichgültig Gewordene wieder zum Denken anzuregen.

Bei uns ist Lichtenberg fast unbekannt, und selbst die Deutschen besitzen noch nicht einmal eine vollständige Ausgabe seiner sämtlichen Werke, aber Goethe und Schopenhauer, Tolstoi und Stendhal sowie viele andere schätzten ihn außerordentlich, verehrten ihn sogar.

Schon zu seiner Zeit, vor zweihundert Jahren, war er gezwungen, beinahe illegal zu schreiben. Er brauchte zwar nicht »unterzutauchen« – er war sogar Mathematikprofessor in Göttingen –, aber er konnte nicht publizieren, was er wollte.

»Während man über heimliche Sünden öffentlich schreibt, habe ich mir vorgenommen, im geheimen über öffentliche Sünden zu schreiben« steht in einer seiner Schriften. Und auf diese Art und Weise hat er auch sehr viel erreicht.

»Mit der Feder in der Hand« – notierte er – »habe ich mit gutem Erfolg Schanzen erstürmt, von denen andere, trotz Schwert und Bannfluch, zurückgeschlagen wurden.«

Ich entsinne mich noch an einige andere Aussprüche von ihm, die mir höchst aktuell erscheinen, zum Beispiel:

»Ich möchte was darum geben, genau zu wissen, für wen eigentlich die Taten getan worden sind, von denen man öffentlich sagt, sie wären für das Vaterland getan worden.«
Oder wenn er – 1794! – schreibt:
»Ach Gott, ich mag fast die Zeitungen gar nicht mehr lesen. Wer hätte denken sollen, daß mitten in Europa eine Räubernation entstehen würde, mit der, wenn sie glücklich ist, die übrigen Staaten Krieg und Frieden so beschließen und schließen werden müssen wie mit Tunis und Algier ...«
Und wer denkt nicht sofort an die Goebbels-Presse, wenn er bei Lichtenberg liest:
»Ich habe mir die Zeitungen vom vorigen Jahr binden lassen, es ist unbeschreiblich, was das für eine Lektüre ist: fünfzig Teile falsche Hoffnungen, siebenundvierzig Teile falsche Prophezeiungen und drei Teile Wahrheit.«
Ich glaube, im »VB« sind selbst diese drei Teile Wahrheit nicht mehr zu finden ...

*18. Juli*
Soeben war Dr. H. bei mir, um mich zu fragen, ob mir der Name Dr. Rheinhardt, oder besser E. T. A. Rheinhardt, etwas sage – ein österreichischer Arzt, der ein ziemlich bekannter Schriftsteller zu sein scheint, und der seit heute auch Arzt bei ihm in Block 7 ist. Dort hat ihn Dr. H. kennengelernt. Ich konnte H. soviel Informationen über Dr. Rh. geben, daß er aus dem Staunen nicht herauskam: Arzt und Psychoanalytiker, ein Schüler Freuds, Freund von Rilke, Dichter und vor allem Verfasser historischer Biographien (»Der große Herbst Heinrichs IV.«, »Kaiserin Eugenie« und einige andere, deren Titel mir im Augenblick nicht einfielen), Autor eines Buches über Eleonora Duse, das auch ins Holländische übersetzt ist, Mitarbeiter der »Neuen Rundschau« und am »Tagebuch«, ehemaliger Lektor beim Drei-Masken-Verlag, wohnte jahrelang in Südfrankreich und Italien, war mit einer Engländerin verheiratet, ist ein glühender, österreichischer Patriot.
Ich kenne ihn von Berlin her, habe ihn oft bei Egon Erwin Kisch getroffen, und sprach ihn zuletzt in Paris bei einer Friedensdemonstration. Daß er hier ist, kann einen Gewinn für uns bedeuten, und ich freue mich darauf, ihn wiederzusehen.

*19. Juli*
Rheinhardt gesprochen. Als ich in seine Stube kam, war er gerade mit einigen französischen Ärzten in eine interessante

Debatte verwickelt, die behaupteten, daß Österreicher eigentlich doch auch Deutsche wären. Er antwortete ihnen mit einem Wort von Painlevé: »L'Autriche, c'est un foyer de l'esprit, qui ne doit pas s'éteindre.«

Rheinhardt wurde von den Italienern in Südfrankreich verhaftet. Wegen angeblicher Vorbereitung eines bewaffneten Aufstandes, in Zusammenarbeit mit französischen Freunden sowie deutschen und italienischen Emigranten. Sie wußten alles über ihn – so erzählte er mir – und verübelten ihm ganz besonders, daß er sich seinerzeit geweigert hatte, den Orden anzunehmen, der ihm von Mussolini für sein Buch über die Duse angeboten worden war.

Als die Deutschen kamen und ihn »übernahmen«, sind glücklicherweise seine Akten verlorengegangen, so daß man nicht weiß, woran man mit ihm ist, und ihn hierher geschickt hat. Er sagte mir, daß Heinrich Mann und Lion Feuchtwanger bei Kriegsausbruch nach Amerika entkommen sind. Er hat sie von Le Lavandou, wo er wohnte, nach Marseille ans Schiff gebracht, aber wollte selbst nicht mit nach Amerika, weil er glaubte, daß ihn seine Freunde in der Widerstandsbewegung brauchen würden.

*Spät abends*

Soeben sehr über Dr. G. geaergert, der mich, nachdem er Dr. Rheinhardt kennengelernt hat, in geringschätzendem Ton fragte: »Taugt das, was der Kerl schreibt, eigentlich was?«

Warum stößt man bei einigen meiner Landsleute, sobald es sich um Ausländer handelt, immer wieder auf diesen borniertten Chauvinismus?

Wenn man Dr. G. mit irgendeinem, noch so unbedeutenden holländischen Schriftsteller bekannt gemacht hätte, so würde er niemals den geringsten Zweifel über ihn geäußert und seine Frage bestimmt nicht in dieser herabsetzenden Form gestellt haben.

*20. Juli*

Ich fürchte, daß es Rheinhardt sehr schwer fallen wird, sich hier anzupassen, denn er scheint dem Lagerleben ganz und gar nicht gewachsen zu sein. Er findet auch den Polen gegenüber nicht den richtigen Ton. Er ist viel zu dienstbeflissen; man muß ebenso frech auftreten wie sie – das begreifen sie wenigstens. Gute Manieren reizen nur ihre Machtgelüste, ihren Größenwahn – eine Folge ihrer Minderwertigkeitskomplexe. Übrigens wundert es mich sehr, daß Rheinhardt – als Psychoanalytiker und Schüler Freuds – das nicht noch viel deutlicher erkennt als ich.

*Nach dem Appell*

Später, wenn wir zurück sein werden, wird es vielen wohl sehr unglaubwürdig erscheinen, aber doch ist es wahr: Die Lagerbibliothek ist vorzüglich! Besonders auf dem Gebiet der klassischen Literatur. So brachte mir zum Beispiel heute der Kapo, den ich gefragt hatte, ob er vielleicht etwas von Schlegel habe, gleich fünf Bände von August Wilhelm und Friedrich Schlegel. Ich habe den ganzen Nachmittag darin geblättert. Wer hat wohl diese Werke hier lesen und studieren wollen? Wer hat sich diese Bücher – vor einigen Jahren, als das noch erlaubt war – von »draußen« schicken lassen?

Früher habe ich die beiden Brüder oft verwechselt, besonders weil sie häufig über dieselben Themen geschrieben haben, unter anderem auch über das spanische Drama. Das kann mir nun nicht mehr passieren, denn jetzt weiß ich, daß Friedrich Schlegel stets schreibt: »Mein Bruder und ich«, August Wilhelm aber: »Ich und mein Bruder«.

*21. Juli*

Gerrit ist heute nacht gestorben, völlig unerwartet. Das hatte keiner von uns gedacht. Ich kann es noch immer nicht fassen. Er hatte ein Geschwür im Nacken und hohes Fieber, und Piet brachte ihn ins Revier, aber niemand vermutete, daß er so krank war.

Arthur, der belgische Pfleger aus III, war hier und berichtete, daß Gerrit gestern abend um sieben Uhr plötzlich hoch zu fiebern und zu phantasieren begonnen habe. Drost und er sind bis zum Schluß bei ihm geblieben. Gerrit hat die ganze Zeit von seiner Frau und seinen Kindern gesprochen, und besonders auch noch von Piet Maliepaart.

»War es so richtig, Piet?« fragte er ein paarmal – als ob er wußte, daß er sterben würde. Piet war für ihn »die Partei«, und ihr galten seine letzten Gedanken, selbst bis in seine Bewußtlosigkeit hinein.

*Nach dem Appell*

Gerrit van den Bosch ist von unserem Transport der erste, der starb; wie viele werden noch folgen?

Er hat bis zum letzten Atemzug gekämpft. Diese so oft mißbrauchten Worte kann ich in seinem Fall mit gutem Gewissen niederschreiben, ohne daß es übertrieben wäre ... nein, es ist die bittere Wahrheit: bis zum letzten Atemzug! Sein ganzes Leben war Kampf, sowohl vor 1940 als danach in Vught und hier in Dachau. Daß er nicht mehr lebt, nicht mehr bei uns ist, das werden wir sehr fühlen und es ganz besonders merken, wenn sich die Zustände hier in Kürze noch mehr zuspitzen werden. Bei Andersdenkenden war er nicht sehr gern gesehen, aber wir liebten ihn, denn er war so echt, so fest überzeugt und so sauber, trotz einiger Unvollkommenheiten. Viele glaubten, er sei nur ein nüchterner Politiker, weil er mit ihnen ausschließlich über Politik sprach. Sie kannten ihn nicht, wie wir ihn kannten, als den guten, zuverlässigen Freund, der für seine Freunde durch dick und dünn ging. Auch knabenhaft ausgelassen konnte er sein. Ich erinnere mich lebhaft an einen Abend in Vught, in der Quarantäne, als ungefähr dreißig Belgier, die – aus der Zitadelle von Huy kommend – frisch eingetroffen waren, erst einige Vorträge zum besten gaben und dann Harmonikamusik machten. Noch sehe ich Gerrit mit Wout Kalf tanzen – und der hatte damals auch bereits fast drei Jahre Lager hinter sich!

*Eine Stunde später*
Haben diejenigen, die Gerrit so nicht kannten und auch das bei ihm nicht suchten, wenigstens das heilige Feuer gespürt, das in ihm brannte? Die tiefe Leidenschaft gefühlt, die ihn zu verzehren drohte, und mit der er seine Überzeugung verkündete und verteidigte?

Und wenn er wirklich ein »Streber« war, wie Dr. H. noch vor einigen Tagen behauptete, dann war er das ganz bestimmt nur in einem höheren Sinn, doch niemals für sich persönlich, niemals zu seinem eigenen Vorteil!

*22. Juli*
Das war ein ereignisreicher Tag, Stunden voller Aufregung und Spannung! Jeden Augenblick neue Nachrichten, andere Berichte, die sich dann fast alle schon sehr schnell als »Parolen«, als falsch erwiesen. Die Wahrheit über das, was wirklich passiert ist, wird wohl erst nach dem Kriege bekanntwerden. Hier behauptet jeder, etwas zu wissen – und niemand weiß eigentlich etwas Genaues.

Eine kurze Zeit lang schien es sogar, als ob sich uns in einigen Tagen die Tore des Lagers öffnen könnten ... Aber auch diese

Aussicht besteht bereits nicht mehr, denn der Anschlag auf Hitler scheint mißglückt und der Aufstand inzwischen schon niedergeschlagen zu sein.

Wie werden sich die Ereignisse hier, für uns, auswirken? Ich fürchte sehr, daß nun die Wut der SS alle Grenzen übersteigen wird. Wir gehen schweren Monaten entgegen – noch viel schwerer, als wir bereits durchgemacht haben. Ich bin nun mehr denn je davon überzeugt, daß keiner von uns hier lebend herauskommen, daß keiner von uns das Ende des Krieges überleben wird. Wir etwa frei, und »sie« dann Gefangene? Nein, das gibt es nicht; sie werden alles tun, um uns vorher zu »erledigen«, zu »liquidieren«!

Und trotz alledem ist es vielleicht ein Glück, daß der Anschlag nicht gelungen ist. Er ging nämlich allem Anschein nach nur von einer kleinen Clique mißvergnügter Offiziere aus – nicht vom Volke selbst.

G. ist nicht meiner Ansicht, aber wenn Hitler jetzt ermordet worden wäre und die Wehrmacht nähme das Heft in die Hand, dann würde meiner Meinung nach sehr bald wieder eine neue Dolchstoßlegende auftauchen, genau wie nach 1918. Mit allen ihren verhängnisvollen Folgen. Aber dieses Mal muß sich der historische Prozeß vollenden: Die deutschen Truppen müssen zerschlagen und völlig vernichtet werden. Anders ist kein Frieden möglich.

*23. Juli*

Ich kann noch immer nicht fassen, daß Gerrit gestorben ist. Wenn einer unseren Mut und unser Vertrauen in die Zukunft stärkte, uns immer wieder versicherte, daß Deutschland noch viel schneller zusammenbrechen würde als wir dächten, dann war es Gerrit. Wie oft sind wir vor der Quarantänebaracke diskutierend auf und ab gegangen, und stets war er derjenige, der sich nicht nur auf die Tagesfragen beschränkte, nicht nur auf die Frontberichte, sondern immer wieder die Nachkriegsprobleme zur Sprache brachte und uns ihre Wichtigkeit vor Augen führte.

Er wußte natürlich genau so gut wie wir, daß es wahrscheinlich noch Monate dauern würde, bevor wir so weit wären, und auch, daß es hier vielleicht einmal ein sehr schlimmes Ende nehmen würde, aber seine Gedanken reichten weiter ... viel weiter ...

Er kämpfte ja nicht für sich selbst, sondern für eine bessere Zukunft!

*Abends*
Drost hat der Sektion von Gerrits Leiche beigewohnt. Man hat festgestellt, daß er infolge einer sehr fortgeschrittenen Lebererkrankung doch nicht mehr lange hätte leben können – auch wenn er nicht im KZ gewesen wäre!
Ein schwacher Trost –

*24. Juli*
Gestern abend noch lange wach gelegen und an Gerrit gedacht. Einige Freunde waren nämlich der Ansicht, er wäre zu sehr Parteimann gewesen. Ein merkwürdiger Vorwurf: Zu sehr Parteimann!

Er bemühte sich allerdings ständig um die Verwirklichung seiner Ideale, arbeitete für die Unschädlichmachung aller derjenigen Mächte, die einer glücklicheren Zukunft der Menschheit im Wege stehen. Darin sah er seine Lebensaufgabe, und seine ganze Energie war darauf gerichtet, die Durchführung zu beschleunigen. Niemals hat er sich Ruhe gegönnt, nie seine geringen körperlichen Kräfte geschont, und nun hat er sein Leben dafür hingegeben. Für Gerrit war die Partei etwas sehr Ernstes und Wichtiges – ernster und wichtiger als die meisten anderen Dinge im Leben.

Ob sie das wohl auch für diejenigen ist, die ihn »zu sehr Parteimann« fanden?

*Abends*
Ein weiterer Unterschied zwischen Gerrit und einigen von uns bestand auch darin, daß er es ablehnte, diese Lagerperiode als eine »Ruhepause« zu betrachten, in der man den Kampf einstellen könnte. Manche hat er gleichsam dazu gezwungen, von den hier vorhandenen Möglichkeiten zum Weiterkämpfen Gebrauch zu machen. Diejenigen, die meinten, es genüge, sich mit der eigenen Misere zu beschäftigen und an das Zuhause zu denken, machte er darauf aufmerksam, daß wir auch hier eine Aufgabe zu erfüllen hätten. Er wollte nach Kräften mithelfen, das politische Bewußtsein unserer Schicksalsgenossen weiter zu entwickeln, und sein ganzes Streben galt der Sorge für die »Jungen«. Er war in der Tat voll und ganz ein »Parteimann« im besten Sinne dieses Wortes! Und er hat auch stets die damit verbundene Verantwortung tief empfunden; er wußte, daß sie zwar oft schwer, aber immer etwas sehr Kostbares war.

Ohne ihn wird es für uns alle hier noch viel schwerer werden.

*25. Juli*

Heute wieder Fieber. 38,8.
 Wieder Abszeß.
 Darf nicht aufstehen und habe Chinin bekommen.

*26. Juli*

Rheinhardt brachte mir Silvio Pellicos »Prisoni«, und auf sein Drängen hin habe ich es sofort wieder gelesen. Er hatte recht. Das Buch hat selbst hier in Dachau, wo doch alles noch unendlich viel grausamer und verbrecherischer ist als auf dem Spielberg bei Brünn, auf dem Pellico vor einem Jahrhundert viele Jahre zubringen mußte, nichts von seiner reizvollen Einfachheit und Natürlichkeit eingebüßt. So, mit der gleichen naiven Frömmigkeit, haben Künstler wie Fra Angelico und andere das Leiden Christi gemalt.

Ich begreife nun mehr denn je, weshalb dieses Buch bis zum heutigen Tage eines der meistgelesenen Werke der klassischen italienischen Literatur geblieben ist.

*27. Juli*

Ich hatte Adi gebeten, mich in Verbindung mit einem Griechen zu bringen, der jetzt hier auf Stube 2 liegt, und der einer der führenden Männer der Kommunistischen Partei Griechenlands ist. Heute mittag haben wir uns in der Blockstraße getroffen, aber die Verständigung war zuerst ziemlich schwierig, da er nur wenig Deutsch oder Französisch, und ich natürlich kein Wort Griechisch kann. Doch dann ging es einigermaßen. Wir haben für Sonntag nachmittag eine neue Verabredung.

Als ich E. von meiner Begegnung erzählte, meinte er mit einem geringschätzigen Lächeln: »Was willst du nun in Gottes Namen mit einem solchen Griechen anfangen?«

Warum will er nicht begreifen, daß dieser Mann vielleicht schon in naher Zukunft mehr für sein Volk tun und bedeuten wird als die meisten Menschen, mit denen E. mit Vorliebe verkehrt, die er bereits für wichtig hält, weil sie Dr. jur. – oder Journalisten sind.

*28. Juli*

Meine Freundschaft mit Rheinhardt ist zu einer Quelle geistiger Anregung geworden. Ich sehe ihn nun täglich, und täglich führen wir lange Gespräche über Literatur, die uns helfen, das Leben hier zu ertragen – die es uns erleichtern.

Heute hat er mir so viele merkwürdige Einzelheiten über

Bettina von Arnim erzählt, daß ich sie aufschreiben will, um sie nicht zu vergessen.

Ich wollte sein Urteil über den endgültigen Wert ihrer Arbeiten hören, und darauf entwickelte sich eine Art Fragegespräch, fast ein Interview:

»Ich kenne natürlich ihr Buch ›Goethes Briefwechsel mit einem Kinde‹ und bewundere es, aber ...«

»Was du nun sagen willst, weiß ich bereits im voraus. Diese Argumente kenne ich alle. Doch vergiß eines nicht: Als Bettina Goethe 1807 zum erstenmal traf, war er bereits ein alter Mann. Bettina aber beschrieb ihn als einen Jüngling und verkündete überall seine ewige Jugend. Dadurch hat Goethe selbst auch wieder begonnen, sich jung zu fühlen, das war ihr Werk!«

»Und ihre Begegnung mit Beethoven?« fragte ich weiter.

»Auch in ihm erkannte sie sofort das Genie, und sie hat auch Goethe und Beethoven miteinander in Verbindung gebracht; ihr erstes Zusammentreffen war ihr Werk. Im Juli 1812.«

»Das wußte ich nicht.«

»Sie war eine Seherin. Ich gebrauche bewußt diese Bezeichnung, denn auch Hölderlins Genie hat Bettina als erste erkannt und gepriesen, und zwar zu einem Zeitpunkt, als man noch nicht von ihm sprach. Sie war es auch, die ihre Freunde aufforderte, dem Maler Karl Blechen zu helfen, dessen Größe – genau wie die Hölderlins – erst jetzt voll anerkannt wird.«

Sie ist tatsächlich viel, viel mehr gewesen als nur die begabte Schwester Clemens Brentanos und die dichtende Frau Achim von Arnims. Sie selbst hatte auch etwas Geniales. Sie poetisierte das Leben und war für ihre Zeit also ungefähr das, was eine Isadora Duncan oder eine Else Lasker-Schüler für unsere Zeit ist. Ihre Bedeutung beginnt sich allmählich immer klarer abzuzeichnen, besonders nachdem in den letzten Jahren viele neue Dokumente und Urkunden über sie und ihr Leben bekannt wurden.

»Sie war also doch nicht nur ehrsüchtig, wie die meisten ihrer Biographen – meiner Meinung nach übrigens zu unrecht – behaupten?«

»Das war sie ganz und gar nicht. Diese Behauptung ist in der Tat völlig falsch. Sie war ebensowenig ehrsüchtig wie ihr berühmter Bruder. Sie hat zum Beispiel keine einzige ihrer Arbeiten vor ihrem fünfzigsten Lebensjahr veröffentlicht.

»Und was ist mit ihrem Werk ›Dieses Buch gehört dem König‹, das ich niemals auftreiben konnte?«

»Das würde dich sicherlich besonders interessieren, da es die soziale Seite der Romantik beleuchtet. Friedrich Wilhelm IV., der 1840 den Thron bestieg, war ein Monarch, auf den eine Zeitlang die Augen eines großen Teiles seines Volkes erwartungsvoll gerichtet waren, besonders auch, als er – der Protestant – im Kölner Dom einer Messe beigewohnt hatte. Unter ihm erhielt Tieck sofort eine Professur in Berlin, ebenso die Brüder Grimm, die man aus Göttingen ausgewiesen hatte, und auch Arndt wurde rehabilitiert. Leider waren diese Männer damals – 1848 – nicht mehr so fortschrittlich gesinnt wie sie es 1813 gewesen waren...«

»Erkannte Bettina das alles so klar?«

»Sie blieb natürlich auch hier immer die Dichterin und versuchte eine Art Volkskönigtum zu proklamieren. Ein Beweis dafür, daß die Periode der Romantik noch nicht völlig vorbei war. Mit sechzig beziehungsweise mit siebzig Jahren veröffentlichte sie ihre beiden Königsbücher. Das Werk, nach dem du mich soeben gefragt hast, und als zweites ›Gespräche mit Dämonen‹. Wie wir darüber auch denken mögen, eins steht fest, Bettina hat jedenfalls immer wieder die sozialen Probleme zur Debatte gestellt.«

»Und wie wollte sie diese Probleme lösen? Nach bestimmten Theorien?«

»Sie fühlte sich – auch wenn das heute vielleicht ein bißchen komisch klingt – als eine Beschützerin der Erniedrigten und Unterdrückten.«

»Also romantische Philantropie?«

»Doch wohl etwas mehr, denke ich. Du mußt einmal in ihrem Buch die wirklich tief ergreifenden Berichte – Reportagen hätte ich beinahe gesagt – über die Armenviertel Berlins lesen. Sie kannte diese Viertel sehr gut von den Tagen der Choleraepidemie her, als sie dort, trotz ständiger Bedrohung ihres eigenen Lebens, monatelang die Kranken pflegte.«

»Und wie war ihre Haltung während der Revolution von 1848?«

»Als die berühmten Weberaufstände ausbrachen, ließ Bettina dem König durch Humboldt sagen: ›Bauen Eure Majestät den Dom nicht in den Berliner Lustgarten, bauen Sie ihn in Hütten auf, dort in Schlesien!‹ Vielleicht etwas pathetisch, doch damals war es auf jeden Fall eine Tat. Und nach dem Mißlingen der Revolution erflehte sie für viele Gefangene und Verurteilte des Königs Gnade, so daß man wohl sagen kann, daß sie Gottfried Kinkel und anderen das Leben gerettet hat. Als Frau kannte sie die Schwächen und die Wankelmütigkeit des Königs ebensogut wie die Gesinnung seiner näheren Umgebung.«

»In der ihr eigener Schwager – Savigny – einer der schlimmsten Reaktionäre war.«

»Sie ist aber stets ihrem Glauben an eine Art höherer Einheit von Volk und Königstum treu geblieben.«

Nach diesem Gespräch mit Rheinhardt bin ich fest entschlossen, später das soziale Problem bei den Romantikern gründlich zu studieren und auf diese interessante Materie tiefer einzugehen. Ein Glück, daß wir bereits mehr als zweieinhalb Stunden Luftalarm haben, dadurch konnte ich alles so ungestört und so ausführlich aufschreiben.

*29. Juli*

Die deutschen Freunde sind sehr aufgeregt, und hier im Revier ist ein ständiges Kommen und Gehen, denn in den letzten Tagen hatten wir im Lager viele neue »Zugänge«. Ausschließlich Deutsche. Meist Bayern. Eine Folge des mißglückten Anschlags auf Hitler. Unter den Neuen sind viele Sozialdemokraten und ehemalige Gewerkschaftsfunktionäre sowie Katholiken und einige Kommunisten. Sie brachten uns viele Neuigkeiten von »draußen« mit und sind alle davon überzeugt, daß es nicht mehr lange dauern kann.

Heini erzählte mir – beinahe erfreut –, daß er mit vielen alten Bekannten aus seiner Vaterstadt Nürnberg gesprochen habe; Sozialdemokraten, die er nun nach über zehn Jahren (so lange sitzt er schon!) hier wiedergesehen hat.

Er war stolz darauf, daß auch sie während der ganzen Zeit ihrer Überzeugung treu geblieben sind und kein einziger etwa Mitglied der NSDAP geworden ist.

Viele von ihnen haben auch bereits längere oder kürzere Zeit gesessen, und es sind sogar einige dabei, die schon zum zweitenmal hier sind.

*30. Juli*

Marco ist der Liebling unserer Stube. Er ist Slowene, fünfzehn Jahre alt. Er wurde als Kurier verhaftet.

Heute wollte er einen Brief an seine Großmutter schreiben, die im Frauenlager Ravensbrück sitzt, und der Oberpfleger hat ihn zu mir geschickt, damit ich ihm dabei helfe.

Als ich ihn nach seinen Eltern fragte, antwortete er, da er sehr schlecht Deutsch kann, nur: »Puff – puff« und machte dabei eine Bewegung, als ob er den Abzugshahn eines Gewehrs drückte. Dann erklärte er mir mit vieler Mühe, mit großem Aufwand an Gebärden und den wenigen deutschen und französischen Brocken, die er hier aufgeschnappt hat, ich müßte schreiben: »Ich denke viel an Vater, er wird uns beiden bestimmt helfen, unser Haus wiederaufzubauen.«

Als ich vorsichtig fragte, ob sein Vater also doch nicht totgeschossen sei, wie ich eigentlich verstanden hatte, antwortet er ein bißchen ungeduldig: »Vater puff-puff! – Tito uns helfen!«

Ich beneide Marco beinahe! Er hat eine Zukunft und ein Ideal, dem wir nichts Gleichwertiges gegenüberzustellen haben. Und ich glaube, wenn ich noch so jung wäre wie er, würde ich ihn noch viel mehr beneiden ...

*31. Juli*

Ich weiß nicht, warum ich gestern abend – und fast die ganze Nacht hindurch – an meine letzte Unterredung mit Jan Postma denken mußte. Vielleicht kam es durch Marco und seine Zukunftsgläubigkeit, durch seine Begeisterung?

Auf jeden Fall steht mir diese Unterredung wieder klar vor Augen: Es war in Vught. Ich glaube im März. Ich wußte bereits seit einigen Tagen, daß er da war, als Chris Smit zu mir kam und sagte, daß Jan mich sprechen wollte.

Er lag in R II, und ich empfinde wieder das Gefühl tiefer Freundschaft und Zuneigung, das mich erfüllte, als ich zu ihm ging. Wochenlang war er verhört, geschlagen, gemartert und gefoltert worden; wochenlang hatte er in Eisen gelegen, und wochenlang waren alle Versuche der Gestapo, ihn zum Reden zu bringen, vergeblich gewesen.

Als ich bei ihm eintrat, saß er auf seinem Bett, doch er stand sofort auf und ging mir entgegen. Obwohl er sehr mager geworden war und sein Gesicht hager und blaß, war der Ausdruck seiner Augen noch derselbe wie bei unserer letzten Begegnung – vor über zwei Jahren, im November 1940 – in Groningen.

Und nun geschah, was ich niemals vergessen werde: Anstatt mir auf meine Frage nach seiner Gesundheit zu antworten und sich wieder auf sein Bett zu legen, wie ich ihn bat, machte sich Jan – der doch so unendlich viel mehr gelitten hatte als ich und um den es doch soviel schlechter bestellt war als um mich – noch meinetwegen Sorgen!

»Du siehst schlecht aus, Junge«, sagte er. »Sorgen sie auch gut für dich?«

Wir wußten beide, wen er meinte, aber auch noch, nachdem ich ihm versichert hatte, daß die Blässe nur von der Zelle in

Scheveningen herkäme, und daß mir die Freunde sofort und so gut sie konnten geholfen hatten, blieb er besorgt und erklärte, darüber mit Gerrit sprechen zu wollen.

Dieses Sich-selbst-völlig-Übersehen und Unwichtig-Nehmen, dieses Immer-zuerst-anderen-helfen-Wollen – das war Jan Postma. So war er auch, als er die »Rote Hilfe« leitete und unzählige Hilfsaktionen organisierte: Die personifizierte Solidarität.

Wir haben an diesem Nachmittag sehr lange miteinander gesprochen. Er wußte, was ihn erwartete: Die Kugel! Aber darüber sprach er kaum. Er sah nur die Zukunft – für die anderen.

»Noch einige Wochen«, meinte er, »vielleicht nicht einmal mehr so lange, und dann...« Er vollendete den Satz nicht und zuckte nur leicht mit den Achseln, als ob er sagen wollte: Wir haben ja immer gewußt, daß es für uns so ausgehen kann, aber die Arbeit, die Partei, der Kampf verlangten es – und mein Leben war doch wert, gelebt zu werden, denn es war ein Leben voller Kampf. Die Entwicklung gibt uns recht, sie geht so, wie wir sie wünschen, und an dem Ausgang dieses Krieges brauche ich keine Sekunde zu zweifeln. – Es ist gut so.

Das alles und noch viel mehr habe ich an diesem Nachmittag gefühlt und verstanden, auch ohne daß er es deutlich aussprach; ich konnte es in seinen Augen lesen, und ich glaube, daß ich gut und richtig gelesen habe.

Er erzählte dann noch lange Zeit von »draußen«, doch wenig über sich selbst – wenig über seine Verhaftung und deren Anlaß –, aber um so mehr von »der Broschüre, der Einheitsbroschüre aller politischen Parteien«. Seine Augen glänzten, als er die Zukunftsmöglichkeiten beschrieb und die Rolle, die die Partei dabei zu spielen haben würde. Er sprach sehr ausführlich mit mir – länger und ausführlicher als je zuvor. Jetzt hatte er ja Zeit – mehr als je –, und vielleicht würde schon sehr bald keine Gelegenheit mehr dazu sein...

Wenn ich nun hier in Dachau wieder an diese Unterhaltung zurückdenke, wird es mir immer mehr zur Gewißheit, daß mir Jan damals all das sagen wollte, wovon er wußte, daß er es später nicht mehr sagen konnte: Ratschläge eines erfahrenen Praktikers an einen weniger erfahrenen, jüngeren Freund.

Mit wieviel Liebe sprach er über die Zukunft unseres Landes, über Amsterdam, über unsere satten Weiden und unsere breiten Ströme. – Und dann über die auf mir ruhenden Verpflichtungen – auch als Schriftsteller. Über meine Aufgabe, für wichtige ausländische Autoren, aber auch für die großen Holländer – ich weiß noch, daß er Brederode und Vondel nannte – auch bei den Arbeitern neues und vor allem vertieftes Interesse zu wecken. Er nannte in diesem Zusammenhang auch Spinoza, dem Hegel und Marx soviel zu danken hatten, und bedauerte, daß er selbst niemals genug Zeit für ein gründlicheres Studium seiner Werke gefunden hatte.

Er legte mir besonders größte Verträglichkeit gegenüber jedem ehrlich Andersdenkenden ans Herz und Nachsicht gegen diejenigen, die nicht sofort das nötige Verständnis für die neuen Ideen aufbringen würden. Er riet mir, niemals die religiösen Gefühle gläubiger Menschen zu verletzen, da wir uns stets für völlige Gedankenfreiheit eingesetzt hätten und diesem Prinzip nie untreu werden dürfen. Er sprach über den Anteil der Kirchen am Widerstand und daß wir die hierbei erreichte Annäherung später in jeder Hinsicht zu fördern hätten, über die Studenten, die eine so große Rolle im Widerstand spielen und deren Haltung wir anfänglich unterschätzten und die wir uns in Zukunft nicht wieder entfremden dürfen.

Und wie traurig und besonders ernst klang seine Stimme, als er über die vielen Freunde sprach, die wir bereits verloren hatten, über de Leeuw und Jansen und über die anderen, denen das Schlimmste noch bevorstand...

Über sich selbst beinahe kein Wort, aber er war voll unversöhnlichen Hasses, als er über den Faschismus sprach und über diejenigen, die ihn – auch bei uns – unterstützt und ihm in den Sattel geholfen haben. Beim Zurückdenken an diesen Nachmittag in Vught fühle und weiß ich, daß mir Jan damals sein politisches Testament mitgeteilt hat. Darum schreibe ich es hier nieder und hoffe, daß es nicht verlorengehen wird. Und sehr schwer und bindend empfinde ich die auf mir ruhende Verpflichtung und das Versprechen, das ich ihm gab, als wir von einander Abschied nahmen ... für immer.

Vierzehn Tage später wurde Jan Postma hingerichtet. Es bestand zwar ein Plan, ihn von seinem Außenkommando, auf das er noch geschickt worden war, zur Flucht zu verhelfen, aber es ist mißlungen. Ich weiß nicht wieso; ich weiß nur, daß es nicht hätte mißlingen dürfen!

*1. August*

Heute wieder Fieber. Angina dazubekommen.

Ich müßte lügen, wenn ich behaupten würde, daß ich darüber sehr unglücklich wäre. Im Gegenteil! Nun kann ich bestimmt noch etwa zehn Tage hier im Revier bleiben, besonders da auch der Abszeß am Bein noch nicht völlig geheilt ist.

*Abends*

Am Nachmittag war Rheinhardt bei mir, um zu sehen, wie es mir geht.

Wir haben ausführlich über Grillparzer gesprochen, den er, wie übrigens fast alle Österreicher, sehr verehrt. Ich weiß noch, mit welcher Bewunderung auch Joseph Roth stets von ihm sprach, wie er mich noch kurz vor seinem Tode fragte, ob ich nicht vielleicht einen Verleger wüßte für ein Buch über Grillparzer, das er zu schreiben plante. Er hatte keinen gefunden ...

Für die Österreicher bedeutet Grillparzer ungefähr dasselbe wie Goethe für die Deutschen, Puschkin für die Russen und Mickiewicz für die Polen.

Jetzt bedeutet Grillparzer für sie mehr als je zuvor, denn er hat seinerzeit bereits – wie mir Rheinhardt ausführlich, mit vielen Zitaten und an Hand von ein paar hereingeschmuggelten Bänden der Sauer-Ausgabe bewies – gegen dieselbe Sorte von Deutschen gekämpft, denen jetzt unser Kampf gilt.

»Aber nun mußt du nicht etwa denken, daß Grillparzer ein revolutionärer Schriftsteller war«, sagte Rheinhardt. »Er war noch nicht einmal ein Rebell – nur ein verbitterter alter Mann. Aber gleichzeitig ein genialer Dichter, der sein Volk und sein Land über alles liebte, sich dafür aufopferte und von einem glücklicheren Österreich träumte.

Weißt du, was Hofmannsthal einmal zu mir gesagt hat? ›In Zeiten größter Bedrängnis wird der denkende Österreicher immer auf Grillparzer zurückkommen.‹ Das ist heute mehr denn je zutreffend.«

Ich habe mir dann ein Bändchen Grillparzer von ihm geliehen. Die Aphorismen und vor allem seine Bemerkungen über die Deutschen sind scharf und treffend, und auch heute noch – nach über hundert Jahren – außerordentlich aktuell. Könnten die folgenden, 1828 geschriebenen Zeilen nicht von einem heutigen Beobachter stammen?

»Daß die Deutschen diesen schaukelnden Träumen, dieser bild- und begriffslosen Ahnungsfähigkeit einen so hohen Wert beilegen, ist eben das Unglück dieser Nation. Daher kommt es, daß sie sich so gern jedem Irrtum in die Arme werfen, wenn er nur irgendeinen Halt darzubieten scheint, an den sie jenes flatternde, verworrene Gewebe anknüpfen können. Daher kommt es, daß von zehn zu zehn Jahren die ganze Nation mit einem

Schlage ihr geistiges Glaubensbekenntnis ändert und die Götzen des gestrigen Tages ... heute wie Schatten von Verstorbenen umherwandeln.

Unmännlich! Herabwürdigend!

Sie glauben, das sei etwas ihrer Nation Eigentümliches, aber andere Völker kennen diesen Zustand auch, nur werden bei ihnen die Knaben endlich Männer!«

*2. August*

Noch Fieber.

Wieder in Grillparzer gelesen und folgenden Vers gefunden, der beinahe ein – »Motto für Dachau« sein könnte:

»Die Kraft, allein die Kraft ist ehrenhaft!
So ruft das deutsche Volk in seiner Hoheit;
Doch da man Kraft so schnell sich nicht verschafft,
Begnügt man sich indessen mit der Roheit!«

Dieser österreichische Dichter kannte seine deutschen Pappenheimer!

*3. August*

Im Waschraum nahm mich soeben S. auf die Seite und steckte mir verstohlen ein kleines, in einen »Völkischen Beobachter« gewickeltes Päckchen zu. Als ich es voller Erwartung öffnete, fand ich darin die Broschüre von Grenier gegen André Gides Buch über die Sowjetunion.

S. hatte es unter allerlei anderen, ebenso streng verbotenen Schriften in einem Keller des *Braunen Hauses* in München gefunden, wo er bei einem »Aufräumungskommando« arbeitet. Prachtvolles Diskussionsmaterial für uns!

Er will versuchen, nächste Woche noch einige so interessante Bücher mitzubringen.

Einer der Franzosen hier hat mir erzählt, daß Grenier augenblicklich beim französischen Ministerium in Algier arbeitet. Gide ist auch dort, und sie werden sich also wohl sprechen.

Wie mag Gide nun über diese Fragen denken?

*4. August*

Durch ein Versehen brachte man mir aus der Bibliothek die »Grübeleien« von Gustav Frenssen mit.

»Hilligenlei« und »Jörn Uhl«, seine beiden berühmtesten Bücher, habe ich nicht in besonders guter Erinnerung behalten, da mich vor vielen Jahren, als ich noch Schüler war, ein Pastor zwang, sie zu lesen, natürlich mit dem Resultat, daß ich mich mit Widerwillen daranmachte. Außerdem hat Goebbels in den vergangenen Jahren Frenssen als den »Nestor der deutschen Schriftsteller« beweihräuchert – aber das ist vielleicht gegen Frenssens Willen geschehen. Daß er nicht emigrierte, kann man ihm wohl verzeihen, denn er ist bereits hoch in den Achtzigern.

Ich habe also das Buch doch angefangen zu lesen und entdeckte – einen sympathischen, ernsten Autor, dessen literarische und philosophische Betrachtungen von einer so großen Menschlichkeit und so echtem sozialem Fühlen zeugen, daß es mich rührte und nicht mehr losließ.

Ich will später auch seine anderen Bücher lesen.

*5. August*

Adi ist wieder für einen Tag hier, um die nötigen Materialien für sein Desinfektionskommando in Allach zu holen. Er war begeistert, als ich ihm die Broschüre von Grenier zeigte. Er nimmt sie morgen mit nach Allach und hofft, daß er sie dort mit Bob C. zusammen durcharbeiten kann.

Meine Bewunderung für Adi, der eigentlich Adolf heißt, aber jetzt nicht so genannt werden will, wächst ständig. Er sitzt bereits über elf Jahre – erst fünf Jahre im Zuchthaus Straubing (wo er sich selbst Englisch und Französisch beigebracht hat) und nun schon sechs Jahre hier in Dachau. Und niemals in all den Jahren hat er auch nur einen Augenblick daran gezweifelt, daß seine politischen Ideen am Ende den Sieg davontragen werden. Er ist auch – im Gegensatz zu einigen seiner Freunde – nicht bei 1933 stehengeblieben, sondern hat seine politische Überzeugung weiter entwickelt und dazu stets möglichst viel Kontakt mit ausländischen Freunden gesucht.

Er kommt aus München, und als ich mit ihm über die Bombardierung sprach, spürte ich, welche Tragödie es für ihn bedeutet, daß seine Heimatstadt nun jeden Tag aufs neue bombardiert wird – auch das Viertel, in dem er geboren wurde, der Platz, auf dem er als Kind spielte, die Straße und das Haus, wo er mit seiner Frau und seinen Eltern gewohnt hat –, und ich erkannte, daß er nur dank seiner felsenfesten Überzeugung dieses tiefe Gefühl von Schmerz und Trauer überwinden konnte, um billigen zu können, was nun dort geschieht ...

Wieviel einfacher und leichter ist das alles doch für uns, für die »München« nur ein Name ist, nicht mehr bedeutet als jede andere große deutsche Stadt.

Darum kann ich es oft auch nicht vertragen, wenn einige Freunde in Adi nur den »Mof« sehen wollen und keinerlei Verständnis für alle diese Probleme aufbringen können.

Aber diese »Moffen« sind mir hundertmal sympathischer als engherzige holländische Chauvinisten. »Moffen« gleich Adi sind meine Freunde – jene Sorte Holländer bestimmt nicht.

*Nach dem Appell*

Auch die meisten Jugoslawen im Lager werden oft »Chauvinisten« genannt, obwohl sie eigentlich nur gute »Patrioten« sind. Vor allem die slowenischen Studenten. Von ihrer Hauptstadt Laibach (Ljubljana) sprechen sie mit einer Liebe und mit einer derartigen Begeisterung, daß man auf den Gedanken kommen könnte, Laibach käme an Bedeutung und Wichtigkeit ungefähr Paris oder Moskau gleich. Und dann ihre Verehrung für Tito! Ihr »Chauvinismus« ist aber auf jeden Fall positiv, nicht gegen etwas oder gegen jemand, er ist zukunftsfreudig, auf eine glückliche Zukunft für ganz Jugoslawien gerichtet.

Sie teilen ihre Leute ein in solche, die »in die Berge« gegangen sind (das heißt, um dort als Partisanen zu kämpfen) und in solche, die *nicht* »in die Berge« gegangen sind. Wer für dieses Nicht-Gehen keine sehr wichtigen und annehmbaren Gründe angeben kann, gilt bei ihnen sofort als Kollaborateur oder Faschist.

*6. August*

Lange mit unseren beiden kleinen Russen gesprochen – so gut oder so schlecht es ging, denn sie verstehen noch nicht viel Deutsch.

Der Oberpfleger hat sie glücklicherweise ins Revier holen können, obwohl sie eigentlich nicht krank sind; aber hier sind sie sicherer, vor allem auch vor dem Armenier (unserem Lagerältesten), der sie nun wenigstens nicht mehr mißbrauchen kann.

Wassilij ist elf und Petrow dreizehn. Beide sind schon zwei Jahre im Lager. Sie stammen aus Woroschilowgrad, und ihre Eltern wurden von den Deutschen erschossen.

Die beiden Knaben liegen hier zusammen in einem Oberbett, helfen dann und wann ein wenig, zum Beispiel wenn das Essen ausgeteilt wird, beim Auswaschen von Bandagen oder beim Schneiden von Verbandsmaterial.

Morgens spielen sie oft Zeck oder Verstecken zwischen den Särgen und den Toten, die aus der Sektionsstube stammen und die auf die Straße vor dem Leichenhaus gelegt werden, bis das Krematoriumkommando seine tägliche, grausige Fracht holen kommt.

Als ich Wassilij fragte, ob er nach dem Kriege mit mir nach Holland kommen wollte, zuckte er verächtlich die Achseln und antwortete kurz und bündig: »Holland? Holland? Nein! Sowjetunion!« Er tat, als ob Holland eine Art Wildnis wäre und ist in seinem kindlichen Gemüt felsenfest davon überzeugt, daß es in seinem Vaterland besser ist als irgendwo anders in der Welt. Ich mußte bei Wassilijs Worten unwillkürlich an André Gide denken, der so etwas bestimmt »von oben befohlen« und »unbegründeten Chauvinismus« genannt hätte! Wer aber die kindlich-argwöhnischen Blicke gesehen hat, mit denen unsere beiden Russen jedesmal einige Polen beobachten, wenn sie den Namen Stalin aussprechen – bereit, sofort und auf jeden Fall ihren Helden zu verteidigen, auch wenn sie gar nicht verstehen, um was es sich handelt –, der begreift, was ihnen ihr Vaterland bedeutet und wie sie es lieben.

Geh' nur zurück nach Woroschilowgrad, Freund Wassilij! Du hast recht – und allen Grund stolz zu sein auf die Sowjetunion, die euch in Kürze mehr zu bieten haben wird als irgendein anderes Land der Welt. Und wenn es möglich ist, werde ich dich dort später einmal besuchen kommen!

*7. August*

Mein heutiges Gespräch mit S. beschäftigt mich noch immer. Er fragte, wie nebenbei (aber ich hatte den Eindruck, daß er es sich schon lange vorgenommen hatte, mir diese Frage zu stellen), warum ich eigentlich keinen Unterschied machte zwischen Nationalsozialisten und Faschisten – da seiner Meinung nach doch ein Unterschied besteht. Ich habe ihm möglichst ausführlich erklärt, daß es nur zu einer Zersplitterung unserer Kräfte führen würde, wenn wir – wie er es möchte – zu differenzieren beginnen.

Denn sowohl die Nationalsozialisten als auch die Faschisten aller Schattierungen sind unsere Feinde. In Holland zum Beispiel nicht nur Mussert und van Rappart, sondern auch Arnold Meyer, Colijn, Gerretson und so weiter. Und ich werde – habe ich ihm gesagt – Horthy auch weiterhin einen ungarischen Hitler nennen, obwohl er das nicht gern hört.

Ich begreife sehr gut, warum S. nicht meiner Meinung ist. Er beginnt, da sich die Fronten immer deutlicher abzeichnen, ein bißchen ängstlich zu werden. Wenn ich nur von »Faschisten«

»Antifaschisten« spreche, bleibt kein Ausweg für einen Kompromiß – und er möchte doch so gern noch ein Hintertürchen offenhalten. Darin steht er übrigens nicht allein. Warum hätte sonst bei seinen Freunden in den letzten Jahren das Interesse für das System von Salazar so sehr zugenommen?

*8. August*

Ein neues Schreibheft für meine Notizen aufgetrieben; aber nachdem ich soeben gelesen habe, was auf seinem Umschlag gedruckt steht, fürchte ich, daß alles, was ich darin notieren werde, niemals interessanter sein kann, als dieses für den deutschen Schulgebrauch bestimmte Lehrmaterial!

Es beginnt mit einer langen Aufzählung: »*Unsere deutschen Kolonien*« – sehr ausführlich mit genauen Angaben über Einwohnerzahl, wieviel Quadratkilometer und so weiter.

Vorläufig steht allerdings hinter »unsere Kolonien« – wenn auch mit ganz kleinen Buchstaben – noch: »unter englischer Verwaltung«, »unter französischer Verwaltung«, »unter belgischer Verwaltung«, »unter japanischer Verwaltung«, aber ... das tut der Liebe weiter keinen Abbruch!

Dann folgt eine Liste verschiedener »historischer« Gedenktage. Daraus habe ich viel erfahren, was ich bisher nicht wußte – und was man als einigermaßen gebildeter Mensch anscheinend wissen muß –, zum Beispiel, daß am 15. Januar 1933 die NSDAP einen großen Sieg errungen hat – bei den Wahlen in ... Lippe! Und daß Karl der Große am 7. April 742 geboren wurde. Ich nehme an, daß man Nazihistoriker sein muß, um dieses Datum so genau zu kennen.

Am 7. März 1936 geschah, was diese Herren »Wiederherstellung der deutschen Einheit im Rheinland« nennen, das aber von jedem rechtschaffenen Menschen als »Schändung des Vertrages von Versailles durch militärische Besetzung des linken Rheinufers« bezeichnet wird.

Am 24. Januar 1932, so meldet die Rückseite meines Heftes, wurde Herbert Norkus ermordet. Obwohl ich nicht weiß, wer Herbert Norkus war, muß er doch außerordentlich berühmt gewesen sein, denn mein Kalender beschränkt sich auf diese lakonische Meldung. Auch bei einem Herrn Dietrich Eckart und einem gewissen Ernst von Rath werden keine näheren Angaben gemacht, es wird also angenommen, daß sie vom gesamten deutschen Volk gekannt werden ...

Bei anderen – anscheinend weniger berühmten Männern – wird dagegen ein Kommentar für nötig gehalten, so steht zum

Beispiel hinter Friedrich von Schiller – »Dichter«, und hinter dem Namen Beethoven steht – »Komponist«.
Und so was will ein »Tausendjähriges Reich« aufbauen!

*9. August*
Heute habe ich dem Pfleger zum erstenmal beim Ausfüllen der Fiebertabellen geholfen. Er hat mich auch gefragt, ob ich morgen einige Krankengeschichten schreiben will. Er wird sie mir diktieren. Hoffentlich kann ich dadurch länger im Revier bleiben und vielleicht später sogar Stubenschreiber werden.

*Nach dem Appell*
Wassilij hat unter der Matratze des Hamburgers, der gestern gestorben ist, ein Buch gefunden und es mir gebracht: »Am offenen Meer« von Strindberg. Ich habe es gelesen, doch war ich am Anfang eigentlich sehr enttäuscht. Die Probleme sind, wie leider oft bei Strindberg, ziemlich veraltet. Auch in diesem Werk wieder sein Mißtrauen gegen alles und alle, wieder seine Verachtung für das Volk, über das er sich so hocherhaben dünkt. Auch hier wieder ein unnötiges und zweckloses Zurschaustellen von gelegentlich aufgelesenen, wissenschaftlichen Kenntnissen.
Doch auch hier wieder: wie tief muß dieser Mann an seiner unerwiderten Liebe gelitten haben!
Auch Strindberg ist sicher durch eine Hölle gegangen, und ich fange erst hier in Dachau an, den vollen Umfang seiner Lebenstragödie zu erkennen und zu begreifen.

*10. August*
Als ich heute früh den Auftrag des Oberpflegers: »Zwei Hilfspfleger mit Tragbahre zum Bad« (es war wieder einmal ein Transport mit Toten und Verwundeten angekommen) auch in Baracke 13, der Tb-Baracke, ausrichtete, rief mich jemand beim Namen.
Ich erkannte ihn erst nicht, aber dann stellte sich heraus, daß wir uns vor einigen Jahren bei Eekmans gesehen hatten. In Brüssel, Avenue Plasky. Er sagte mir, daß »Vati« in Mauthausen gestorben sei. Schon 1943. Das traf mich wie ein Schlag, und ich kann an nichts anderes denken ...
Zus ist auch verhaftet worden – erzählte er – und zur Zeit Blockälteste in Ravensbrück, so daß sie wohl durchkommen wird, aber von Mucke und den anderen Kindern wußte er nichts. Von Walter konnte ich ihm berichten, daß ich ihn vor

vier Monaten in Vught gesprochen hatte, daß er trotz Breendok gesund aussah, ein »gutes« Kommando hatte und seine Moral ausgezeichnet war.

Vati Eekman und sein schönes, großes Haus in der Avenue Plasky!

Vor Ausbruch des Krieges war es ein Staat im Staate gewesen, in dem allen denjenigen Asylrecht gewährt wurde, die aus politischen Gründen ihr Vaterland hatten verlassen müssen. Vati Eekman! Denn wir alle nannten ihn »Vati«, nicht nur seine eigenen sechs Kinder und die fünf spanischen, denen er ein zweiter Vater war, nicht nur die vielen anderen spanischen Kinder, die in seinem Landhaus in Rixensart Obdach und eine neue Heimat gefunden hatten, sondern auch die vielen politischen Emigranten, die oft monatelang bei ihm wohnten. Wie oft haben wir auf die Frage, wo ein »Neuer« untergebracht werden könne, geantwortet: »Bei Eekmans.« Das war so selbstverständlich – und niemand dachte auch nur einen Augenblick daran, daß es vielleicht einmal nicht möglich sein würde. Aber es war immer möglich! Das war das Bewundernswürdige, obwohl es uns damals eigentlich niemals richtig zum Bewußtsein gekommen ist.

Dutzende deutscher Freunde haben bei ihm gewohnt; viele, die illegal aus Deutschland kamen und auf demselben Wege wieder zurückgingen, fanden in der Zwischenzeit bei ihm ein sicheres Unterkommen. Nicht nur in den letzten Jahren – nein, schon von 1933 an! Für Vati war das alles etwas Selbstverständliches; wenn man ihm danken wollte, winkte er sofort ab und sagte nur: »Tu deine Pflicht, dann ist alles in Ordnung!« Manchmal spielte er den Bärbeißigen, doch nur um seine Rührung zu verbergen.

Er hatte englische Geschäftsverbindungen und war in seinen Geschäften und mit seinem Einkommen von England abhängig, aber trotzdem – wie haßte er die englische Reaktion und den englischen Kapitalismus!

*Nach dem Appell*
Unvergeßlich sind mir die Sonntage bei Eekmans, wenn wir – oft zehn bis fünfzehn Freunde – zusammen mit der ohnehin so zahlreichen Familie zu Abend aßen. Gegen neun Uhr wünschten dann die drei jüngsten Kinder und die fünf spanischen Mädelchen Vati und Mucke mit einem Kuß gute Nacht. Wieder steht mir Vatis Gesicht vor Augen, wieder fühle ich seine zärtliche Liebe für den Menschen, die ihn bei allem, was er tat, so tief

beseelte; aber ich erinnere mich auch der festen Entschlossenheit, die von ihm ausging, um mitzuhelfen an der Vernichtung von allem, was dem Glück des Menschen heute noch im Wege steht. Vati wußte, daß der Kommunismus die Jugend der Welt ist (wie Vaillant-Couturier es einmal formulierte) und daß die Jugend ihn verwirklichen wird.

Wer sich dafür einsetzte, war stets willkommen in seinem Hause, zu jeder Tages- und Nachtzeit; wer dafür kämpfte, konnte immer auf seine Unterstützung rechnen – war sein Freund.

Wie viele emigrierte deutsche Schriftsteller und Künstler habe ich zu ihm gebracht und wie herzlich wurden sie stets aufgenommen; ich denke an Hanns Eisler, Ernst Busch, Rudolf Leonhard, Gustav Regler, Erich Kuttner und andere. Auch Jacques Roumain, der Dichter aus Haiti, hat monatelang bei ihm gewohnt.

Vati las sehr viel und interessierte sich vor allem für die Kolonialländer: für Indonesien, Indochina, Korea, China und Äthiopien. Ich sehe noch die vielen englischen und amerikanischen Werke, vor allem Reisebeschreibungen und Reportagen, die sich auf dem Brett neben seinem Bett türmten, zusammen mit den Büchern des Left-Book-Club, die er besonders bewunderte.

*11. August*

In Baracke 13 wieder lange mit deutschen Freunden über Vati Eekman gesprochen, über Mucke und die Kinder und auch über viele Freunde, von denen wir nicht wissen, was aus ihnen geworden ist, nicht wo – und nicht, ob sie noch am Leben sind.

Wir erinnerten uns an die vielen schönen Stunden, die wir in der Avenue Plasky verlebt haben, besonders an die Weihnachtsfeiertage 1938, als wir zusammen mit ungefähr siebzig anderen Freunden um Eekmans Tisch saßen: spanische Republikaner, deutsche Antifaschisten, Belgier und Holländer. Und wieder höre ich die Worte, die Vati damals als »Weihnachtsmann« verkleidet zu uns sprach, Worte eines felsenfesten Glaubens an den Sieg unserer Ideale und voller Sympathie und herzlicher Zuneigung für alle, die seine Gastfreundschaft genossen.

Dann kam das Gespräch auf Eekmans Grammophonplatten: Dreigroschenoper und Claire Waldorff, Ernst Busch und Paul Robeson, auf die chinesischen und tibetanischen, die indischen und türkischen, die Negerplatten und die vielen anderen. Eine Sammlung, nicht aus Snobismus oder einer Laune entstanden, sondern ein Beweis für sein tiefes Bedürfnis, noch mehr, noch andere Länder kennenzulernen und seine große Menschenliebe wirklich auf alle Völker auszudehnen.

Ich glaube, daß er sich trotz allem manchmal nach Einsamkeit gesehnt hat, doch er lieh diesen Wünschen kein Gehör, weil er sich verpflichtet fühlte, an seinem Platz auszuharren. Aber seine Gedanken gingen oft zurück in jene Zeit des Alleinseins – viel früher – in Indien ...

Auch an jenen anderen Abend dachten wir, an dem er seine große Liebe zu Flandern betont hatte, und im Zusammenhang damit auch seine Bewunderung für René de Clercq – und an die lebhafte Debatte, die nun hierauf folgte, wohl folgen mußte!

Denn Vati war kein geschulter Theoretiker, kein großer Politiker, aber ein Gefühlsmensch der Tat, der begriffen hatte, daß der Kampf nötig war, und der darum unter anderem auch mit ganzer Kraft im »Comité de Vigilance« mitarbeitete. Er hatte den tiefen Wunsch, zu helfen, stellte freudig sich selbst und alles, was er besaß, voll und ganz in den Dienst seiner Überzeugung. Hätte irgendeiner von uns mehr für die Verwirklichung seiner Ideale tun können?

*12. August*

Ich werde Vati sehr vermissen. Ihn und sein Haus, das auch für uns ein »Zuhause« war.

Im Sommer 1933 habe ich zum erstenmal seine Schwelle überschritten, und sofort zeigte es sich, daß das große Haus mit den vielen Zimmern, Terrassen und Balkons – eine Ritterburg der Solidarität war.

Genau wie nun hier in Dachau seine Brüsseler Freunde und andere von ihm sprechen und wissen, was sie an ihm verloren haben, so werden wohl in vielen anderen Lagern und Gefängnissen viele andere Freunde an ihn denken und von ihm sprechen, wenn sie seinen Tod erfahren. Und später einmal – wenn der Sieg voll und ganz errungen sein wird – werden wir uns dankbar erinnern, wieviel er dazu beigetragen hat.

*Nach dem Appell*

Ob Mucke und die drei Kleinen vielleicht noch in dem großen Haus wohnen oder ob sie auch verschleppt wurden – und nun die Deutschen darin sitzen? Mögen diese »Moffen« dann den unversöhnlichen Haß fühlen, der jahrelang in diesen Räumen gegen sie gehegt worden ist! Mögen die Mauern über ihren Köpfen einstürzen und sie zerschmettern!

Denn dieses Haus ist ein heiliger Ort, der nicht entweiht werden darf. Und mit größerem Recht als an vielen Gebäuden, in denen Dichter und Maler wohnten, müßte nach dem Kriege an diesem Hause eine Gedenktafel angebracht werden, mit der Inschrift: »Hier wohnte Alex Eekman. Er war für viele hundert Antifaschisten aus vielen Ländern eine Stütze und ein Halt.«

*13. August*

Als ich heute während der »Mittagsruhe« am Tisch saß und schrieb, wurden zwei »Neue« hereingeführt. Beide hundemager. Der eine hatte an beiden Beinen Phlegmone, so groß wie Untertassen, der andere ein völlig vereitertes Achselhöhlengeschwür.

Jurek, unser polnischer Pfleger, fragte sie, bevor er ihnen die Betten anwies, nach Namen und so weiter.

»Name?«

»Aronstein, Herr Doktor.«

»Nationalität?«

»Pole, Herr Doktor.«

»Jude?«

»Ja, Herr Doktor.«

»Dann bist du kein Pole! Juden sind keine Polen!« schnauzte ihn unser Oberpfleger grob an.

Dieser Jurek hat also in all den Jahren nichts dazugelernt – und nichts vergessen. Kein SS-Mann kann ein größerer Antisemit sein als er, und keiner kann die Russen stärker hassen ... Ich frage mich oft, warum sie diese Sorte Polen eigentlich in ein Konzentrationslager gesteckt haben!

*14. August*

In Baracke 13 lernte ich einen Franzosen kennen, der mir heute einen Auswahlband aus den Werken Racines geborgt hat. Ich war erfreut, mich nun eingehender mit dessen Arbeiten beschäftigen und tiefer in sein Wesen eindringen zu können. Aber Charles le Goffic, der dieses Buch zusammenstellte, ist bestimmt nicht der geeignete Mann, um mir hierbei zu helfen. Als ich voller Erwartung das Kapitel »Racine à Port-Royal« zu lesen begann, stieß ich bereits in den ersten paar Zeilen auf folgenden Satz: »Les vrais défenseurs de la liberté humaine aus dix-septième siècle, comme au temps de la Reforme, ce sont les Jésuits.« Dann folgte ein ablehnendes Urteil über die »Solitaires« und die »Arnaulds«, das mir ebenfalls völlig falsch erscheint.

Lazus, unser Stubenpfleger, der außerdem Professor an der Universität Straßburg ist und mit dem ich darüber sprach, erklärte auch sofort, daß jemand, der so über Port-Royal schreibt – über den Geist von Port-Royal, aus dem doch Racines Kunst geboren wurde –, dessen Werk niemals richtig interpretieren kann.

Er schlug vor, jeden Mittag von zwölf bis ein Uhr dreißig »Bérénice« und »Britannicus« mit mir zu lesen und auch Suire zu fragen, ob er sich daran beteiligen wolle.

Einen besseren Mentor als Lazus kann ich mir kaum wünschen. Er hat bei Abbé Brémond studiert, der auch ein ausführliches Werk über Port-Royal schrieb, und ist außerdem ein besonders guter Kenner der Geschichte und der Ideologie der Jansenisten.

*15. August, abends*

Wieder ein Bändchen Grillparzer von Rheinhardt geliehen und den ganzen Nachmittag, während des langen Luftalarms, darin gelesen.

Welch klares Urteil hatte dieser Mann! Immer ehrlich und ohne Ansehen der Person, den Blick auf die Zukunft gerichtet – ohne jede Nebenabsicht, beherrscht und sachlich, auf gründlicher Sachkenntnis beruhend, ursprünglich und historisch-kritisch und stets den Dingen auf den Grund gehend. Und welch geniale Formulierungen!

Wenn ich mir gut überlege, warum ich diesen Autor so besonders hochschätze, komme ich zu dem überraschenden Ergebnis, daß er eigentlich alle Qualitäten hat, um besonders von uns Holländern verstanden und bewundert zu werden. Natürlich ist er durch und durch Österreicher, aber er besitzt außerdem auch noch einige der besten holländischen Eigenschaften. Er steht uns im Grunde viel näher als Goethe, und doch kennt man ihn bei uns viel weniger – er ist in Holland fast unbekannt.

Was ich bei Grillparzer so »holländisch« finde, kommt weniger in seinen Dramen zum Ausdruck als in seiner kritischen Prosa und findet sich vor allem in seinen Tagebuchaufzeichnungen.

Als ich heute darin las, fiel mir ganz besonders auf, wie er zum Beispiel seinen Besuch am Grabe Friedrich des Großen beschreibt. »Des andern Tages machten wir uns auf den Weg, und zwar über Potsdam und Sanssouci, das ich mir eigens für diese Gelegenheit aufgespart hatte. Wir verfolgten dort alle

Erinnerungen an Friedrich den Großen, der mir immer widerlich war, ohne deshalb weniger groß zu sein.« Wie wohltuend berührt seine Reaktion, verglichen mit allem, was wir hierüber jahrzehntelang von deutscher Seite schlucken mußten!

Könnte das nicht von Potgieter, Bakhuizen oder auch von Geel sein?

Auch hier zeigt Grillparzer wieder Eigenschaften, die die besten holländischen Dichter und Schriftsteller auszeichnen: unbestechliche Ehrlichkeit, Bescheidenheit – doch gleichzeitig auch Unabhängigkeit im Denken und Urteilen, stets sachlich und auf den wahren Kern der Probleme eingehend.

Ebenso vortrefflich und zugleich tiefschürfend ist auch die folgende, kurze Notiz:

»Schiller geht nach oben, Goethe kommt von oben.«

Viele deutsche Literarprofessoren haben über dieses Thema unzählige dicke Bücher geschrieben, ohne den wesentlichen Unterschied so klar herauszuarbeiten.

Und dann diese drei Definitionen der Poesie:

»Was die Lebendigkeit der Natur erreicht und doch durch die begleitenden Ideen sich über die Natur hinaus erhebt, das und auch nur das ist Poesie.«

»Poesie ist die Verköeperung des Geistes, die Vergeistigung des Körpers, die Empfindung des Verstandes und das Denken des Gefühls.«

»Poesie ist die Aufhebung der Beschränkungen des Lebens.«

Ich habe diese Erklärungen auch für Eddy abgeschrieben. Er kann sie später im »Criterium« bringen, auch wenn der Name Grillparzer vielleicht manchen stutzig machen wird.

*16. August*

Seit dem frühen Morgen tragen Pfleger an meinem Fenster immer wieder Tragbahren vorbei, auf denen mit weißen Laken zugedeckte Leichen liegen; Opfer des letzten Transportes. Meistens ragen die Füße, an denen ein Stückchen Karton mit der Nummer und dem Geburtsdatum hängt, über den Bahrenrand hervor.

Während ich hier sitze und schreibe, tragen sie wieder neue Leichen vorbei, alle mit weißen Laken zugedeckt.

Zu Hause will ich später nie mehr weiße Laken haben!

Ich werde rotkarierte kaufen, wie sie die Bauern in Groningen und in Drente haben.

Nein, nie mehr weiße Laken!

*Abends*

Rheinhardt hat Recht: Grillparzer ist ein Genie!
Dieser Österreicher sah auch damals schon die Fehler der Deutschen besser und schärfer als jeder andere:

»Was den Deutschen vor allem fehlt, ist der Kunstsinn. Dieser besteht darin, den Gedanken im Bilde zu genießen. Die Deutschen gehen aber auf den Gedanken los, ohne sich um das Bild viel zu bekümmern. Diese Geistesverfassung gehört der Wissenschaft an, zerstört aber die Kunst.«

Sein Urteil über die Verbannung der Madame de Staël könnte auch von einem Holländer stammen, so nüchtern und doch so treffend ist es:

»Worin bestand denn das Unglück ihrer Verbannung? Daß sie nicht mehr in den Zirkeln von Paris glänzen konnte, an denen sie so läppisch hing? Ihre Klagen sind ein Verbrechen an allen, die damals wirklich Ursache hatten zu klagen.«

Es tut gut – besonders hier im KZ –, diese Worte zu lesen, mit denen die berühmte Verbannung der Madame de Staël, die wirklich keine Tragödie war, ins rechte Licht gerückt wird.

*17. August*

Grillparzer könnte mich wahrhaftig noch dazu verführen – Goethe untreu zu werden! Besonders seine Meinung über »Die Wahlverwandtschaften« zwingt mich zum Nachdenken. Trotz meiner großen Bewunderung für dieses Buch, kann ich die Richtigkeit seiner Einwände nicht leugnen. Schade, daß ich jetzt nicht mit Telders darüber reden kann, aber ich werde ihm später Grillparzers Urteil zeigen:

»Was in diesen Wahlverwandtschaften am meisten stört, ist gleich von vornherein die widerliche Wichtigkeit, die den Parkanlagen, kleinlichen Baulichkeiten und dergleichen Zeug, fast parallel mit der Haupthandlung gegeben wird. Es ist, als ob man ein Stück aus Goethes Leben läse, der auch seine unvergleichlichen Gaben dadurch zum Teil paralysiert hat, daß er fast gleichen Anteil an derlei Zeitvertreib, wie an den wichtigsten Angelegenheiten seines eigentlichsten Berufes, nahm. Es soll aber eine Abstufung des Interesses geben, und was man an Nebensachen verschwendet, wird immer der Hauptsache entzogen.«

*18. August*

Ich glaube, daß man nirgends auf der Welt so genau erkennt, was eigentlich die »Hauptsache« ist – das, worauf es im Grunde im Leben ankommt – als in einem Konzentrationslager. Darum habe ich mir auch fest vorgenommen, später alle als »Hauptsachen« erkannten Dinge mit aller Kraft gegen alle unwichtigen und schädlichen Nebensachen zu verteidigen, und ich hoffe nur, daß mir das in der Praxis gelingen wird. Auch das wird ein Kampf sein, vielleicht einer der verwickeltsten, der noch bestanden werden muß.

*19. August*

Grillparzer hat mir in diesen letzten Wochen unendlich viel gegeben – besonders hier und in der augenblicklichen Situation –, mehr als ich sagen kann. Auch wieder mit der folgenden Betrachtung.

»Mir ist es Bedürfnis, mich immer mit einem Lerngegenstand zu beschäftigen. Durch diesen Kunstgriff genieße ich im Mannesalter fortwährend den Nachgeschmack der Kinderzeit, und es soll mich hoffentlich jung erhalten, noch zwei Stunden vor meinem Tode.«

Dieses Lernbedürfnis, von dem er spricht, diesen Drang, immer noch mehr zu lesen, zu lernen und zu studieren, habe ich nie stärker empfunden als hier, und ich benutze mit Freude jede freie Minute dazu. Auch ich fühle mich dadurch jünger als je – trotz allem Elend.

*20. August*

Mit dem Hauptpfleger gesprochen, ob vielleicht eine Möglichkeit besteht, »Personal« zu werden. Er will mir zwar gern helfen, sagte er, aber der Revier-Kapo, der mich »ernennen« müßte, ist ein Freund der Polen – und Holländer können ihm gestohlen bleiben. Dazu kommt noch, daß ich ein »Intellektueller« bin, und die sind ihm noch besonders verhaßt.

Ich kann aber vorläufig noch hierbleiben und soll weiterhin die Krankengeschichten schreiben. Außerdem will er sehen, ob er bei Heini, dem Hauptpfleger von Baracke I, der großen Einfluß zu haben scheint, etwas für mich erreicht.

*21. August*

Kuno vom Arbeitseinsatz (ehemaliger Vorsitzender des Braunschweiger Landtages, bereits über elf Jahre in Haft) machte mich gestern – er ist noch immer krank – mit einem seiner Freunde bekannt, der ebenfalls Sozialdemokrat und auch bereits seit 1933 in Dachau ist. Karl kommt aus Langenbielau in Schlesien – wo vor hundert Jahren die Weberaufstände waren –

und ist nun Kapo in der Schuhmacherei. Er hat es hier also jetzt verhältnismäßig gut, aber als ich eine Weile mit ihm gesprochen hatte, merkte ich, daß ihn das lange, völlige Isoliertsein von der Außenwelt ziemlich in Mitleidenschaft gezogen hat.

Als ich erwähnte, daß ich zufälligerweise die Weberdörfer kenne und vor einigen Jahren in Peterswaldau, Steinkunzendorf und Kaschbach gewesen sei, war er so froh und glücklich, wieder einmal mit jemandem über seine Heimat reden zu können, daß er mir nicht nur sofort ein Paar neue Sohlen zugesagt hat, sondern mir auch seinen »kostbarsten Besitz« zeigen will. Ich habe nicht gut begriffen, was er damit meinte, aber Kuno blinzelte mir zu, als ob er sagen wollte, es sei der Mühe wert...

Dann sprachen wir über das soziale Elend im Riesengebirge, und Karl erzählte, daß er früher auch Mitarbeiter der Parteizeitung »Der Proletarier aus dem Eulengebirge« gewesen ist. Jahrelang hat er sich mit dem Plan getragen, eine Geschichte der Weberaufstände zu schreiben, hatte bereits viel Material aus alten Archiven und Zeitungen gesammelt, aber dann kam Hitler; er wurde verhaftet, und seine sämtlichen Papiere und Aufzeichnungen wurden bei einer Haussuchung mitgenommen. »Die Weberaufstände und Gerhart Hauptmann sind zwei Steckenpferde von Karl«, unterbrach ihn Kuno, und es war deutlich zu merken, daß er damit eine besondere Absicht verfolgte. Bevor wir uns trennten, hat mich Karl gebeten, ihn heute abend nach dem Appell in der Desinfektionsbaracke hinter dem Bordell aufzusuchen.

*22. August*
Ich bin gestern abend so spät zurückgekommen, daß ich keine Zeit mehr für mein Tagebuch hatte.

Nun ist »Mittagsruhe«, und ich will versuchen, alles möglichst ausführlich aufzuschreiben. Ich glaube, es lohnt sich.

Als ich in die »Desinfektion« kam, wartete Karl dort bereits auf mich. Er brachte sofort eine lederne Brieftasche zum Vorschein – die er, wie er in der Schuhmacherei angefertigt hat – und übergab mir einen vergilbten Briefumschlag. »Ich habe hier ein Dokument«, sagte er beinahe feierlich, »das wohl kaum ein anderer Mensch besitzen dürfte. Ich habe es von meinem Freunde Max Baginski bekommen, der mit Gerhart Hauptmann befreundet war und ihn auf einer Reise durch die Weberdörfer begleitete. Hauptmann kam damals nach Langenbielau, seinem Geburtsort; ich habe ihn dort auch gesehen und ihm zugejubelt. Jetzt möchte ich ihn am liebsten ...«

Ich hatte inzwischen den Umschlag geöffnet und darin einen Zeitungsausschnitt gefunden: Einen Artikel aus »Der Proletarier aus dem Eulengebirge« vom 15. November 1930 (Nr. 268). »Ein Brief von G. H.«, erläuterte Karl, »ich habe ihn die ganze Zeit hindurch aufbewahren können. Du kannst dir denken, wie schwierig das oft gewesen ist. Als ich hierherkam, haben sie ihn mir natürlich abgenommen, zusammen mit den Bildern meiner Frau und meiner Kinder, aber glücklicherweise konnte ich ihn später aus der Effektenkammer wieder zurückorganisieren lassen. Wenn du willst, kannst du ihn abschreiben; hier sind Papier und Bleistift. Kuno hat mir gesagt, wer du bist und daß ich Vertrauen zu dir haben kann.«

Er war sehr erregt, und es war deutlich zu merken, wie wichtig ihm diese Angelegenheit und dieser Augenblick waren.

»Berichte später deinen Freunden«, fuhr er mit betontem Ernst fort, »daß ›unser‹ Hauptmann der echte Hauptmann ist, der dieses Briefes und der der ›Weber‹ – nicht aber der, für den Goebbels jetzt Reklame macht. Das mußt du ihnen vor allem sagen, wenn sie auf ihn schimpfen sollten.

Ich weiß, was du jetzt sagen willst, daß ich ja selbst auf ihn schimpfe – aber das tue ich doch, weil ich ihn so sehr bewunderte und noch bewundere. Und darin liegt der große Unterschied. Auch die anderen sollen und können ihn wegen seiner Freundschaft mit den Nazis verurteilen, aber seine Bücher müssen sie trotzdem lesen, und auch seine Theaterstücke sehen!«

»Ich werde es ihnen sagen, Karl, sobald ich hier heraus bin. Das verspreche ich dir!«

Er reichte mir die Hand, und ich fühlte, daß sie zitterte.

»Tu das! Hilf mir dabei – und ich werde dir hier helfen, soviel ich kann: Mit Schuhen oder Sohlen oder Riemen. Wir müssen der Welt später beweisen, daß aus diesem Brief der ›echte‹ Gerhart Hauptmann spricht!

Und sage deinen Freunden dann, daß sie alles andere so schnell wie möglich vergessen sollen. Sag ihnen, daß er damals schon über achtzig war, daß ...«

Aber ich hörte nicht mehr hin, ich war schon beim Abschreiben des Dokumentes, des Briefes von Gerhart Hauptmann, der wie folgt lautete:

»›Der Proletarier aus dem Riesengebirge‹ hat mich um einen Beitrag gebeten. Nach dem Beitrag, den ich vor vierzig Jahren schrieb, bleibt nicht mehr viel zu sagen übrig. Meine Studienreise nach den verschiedenen Weberdörfern wurde des öfteren beschrieben. Sie steht mir noch deutlich vor Augen, doch ich hätte daraus nichts Neues gelernt, wenn ich nicht selbst Weberblut mitgebracht hätte. Wie ich nun festgestellt habe, wohnten meine Vorfahren seit 1700 als kleine Hausweber in Hirschdorf bei Warmbrunn.

Diese merkwürdige Tatsache, die ich nicht kannte, als ich ›Die Weber‹ schrieb, war wahrscheinlich die eigentliche Veranlassung für dieses Werk. Außerdem bin ich als Kind jahrelang in den Hütten der Weber von Niedersalzbrunn ein- und ausgegangen, ohne mich von den anderen Kindern des Dorefs zu unterscheiden. So kam es, daß ich mich mit meinem ganzen Herzen in den Hütten und in den Seelen der Weberfamilien heimisch fühlte. Grüßen Sie die Weber des Eulengebirges von mir, und sagen Sie ihnen, daß ich hoffe, sie nach den vielen, vielen Jahren recht bald einmal wieder besuchen zu können.«

Gerade als ich die letzten Worte notierte, wurde gepfiffen, und wir mußten uns beeilen, um noch rechtzeitig unsere Barakken zu erreichen.

*23. August*

Gestern abend im Bett noch lange an meine Unterhaltung mit Karl denken müssen, an den Brief und an seine Haßliebe für Gerhart Hauptmann. Dieser Dichter hat den Nazis etwas sehr Kostbares gegeben: seinen Namen. Der wird nun für immer diesen Makel tragen!

Doch das gewaltige Werk, das er uns schenkte, müssen wir trotzdem wie einen kostbaren Besitz hüten – darin stimme ich vollständig mit Karl überein – und es, wenn nötig, auch gegen alle diejenigen verteidigen, die es aus kleinlichem Chauvinismus vielleicht angreifen oder herabsetzen werden.

Übrigens hat mir neulich Adi erzählt, daß die Russen voriges Jahr – zu einem Zeitpunkt also, als die Deutschen dicht vor Moskau standen – im Stanislawski-Theater Gerhart Hauptmanns Drama »Vor Sonnenaufgang« gespielt haben!

*24. August*

Die holländische Regierung, die seinerzeit unsere Spanienkämpfer ausgebürgert hat, kann wirklich stolz sein auf diese »Tat«!

Ihre Maßnahme scheint nämlich selbst noch hier in Kraft zu sein, und ohne Dr. D.s Intervention hätte P. gestern kein Rotes-Kreuz-Paket bekommen. Er wäre kein Holländer – behauptete der Blockschreiber –, denn in seinen Häftlingspapieren steht ja: »staatenlos«.

So weit geht das also – bis nach Dachau!

Erst konnte die Gestapo sofort einige Dutzend unserer Spanienkämpfer verhaften – die aberkannte Staatsbürgerschaft war ja ein sehr nützlicher Fingerzeig –, und nun will man, daß sie hier noch schneller verhungern, als wir es ohnehin schon tun.

Wenn wir aber nach Kriegsende die Herren im Haag anklagen und behaupten werden, sie hätten damit den Nazis geholfen, dann ist das »natürlich« nicht wahr: sie haben sich bei ihren Handlungen genau nach Paragraph soundso gerichtet und sind völlig unschuldig, denn damals mußten sie, Gesetz Nummer soundso ... und so weiter.

Inzwischen sind dann hier und in anderen Lagern infolge ihrer verhängnisvollen Maßnahme viele der besten Holländer gestorben, auch wenn – wie wir annehmen wollen – einige der für die Ausbürgerungen verantwortlichen Herren dies nicht wollten. Aber sehr traurig werden sie darüber bestimmt nicht sein.

*25. August*

Mit Lazus und Suire zusammen einige Stücke von Racine gelesen. Bisher empfand ich für ihn nur die mir in der Schule eingeprägte allgemeine Ehrfurcht. Jetzt fange ich an, ihn zu bewundern, ohne mich dazu zwingen zu müssen. Jetzt weiß ich auch, daß es ein Fehler war, Racine einfach lesen zu wollen, ohne mir vorher bewußt klarzumachen, daß ich dabei eine andere Welt betrete, mit anderen, eigenen Grenzen und einer eigenen Schönheit. Es war unrichtig, die Kunst Racines herausgerissen aus den historischen und nationalen Zusammenhängen sehen zu wollen, und darum konnte ich auch früher in Racines Gestalten aus der biblischen und antiken Geschichte nicht die tiefmenschlichen, zeitlosen Züge so gut erkennen, fühlen und verstehen, wie ich es jetzt wohl kann.

*26. August*

Seit gestern nach Stube 1 in Block I verlegt, wo Heini Stöhr Oberpfleger ist. Er kennt mich bereits durch seinen besten Freund Adi, mit dem er schon, bevor sie hier landeten, fünf Jahre im Zuchthaus Straubing zusammensaß.

Heini ist Bayer, in Nürnberg geboren. Kein Kommunist wie Adi, sondern Sozialdemokrat und mehr Gefühlsmensch als Politiker. Er versprach, mich erst einmal solange liegenzulassen, bis mein Abszeß ausgeheilt ist, und will dann sehen, was er für mich tun kann. Er zeigte mir sofort ein Versteck für meine Papiere, denn auch darüber scheint Adi bereits mit ihm gesprochen zu haben.

Heini arbeitet schon seit über sechs Jahren im Revier und hat in dieser Zeit Hunderten von Mithäftlingen das Leben gerettet. Pfarrer B., der ihn von früher her gut kennt, erzählte mir, daß Heini ursprünglich Arzt werden wollte, doch daß für sein Studium nicht genug Geld da war und er in eine Fabrik arbeiten gehen mußte. In den Jahren hier hat er sich ein so gründliches medizinisches Wissen anzueignen gewußt, daß es bei den Ärzten immer wieder höchstes Erstaunen und auch Bewunderung erregt. In der Ecke über seinem Bett steht eine Anzahl wissenschaftlicher, medizinischer Werke, in denen er oft studiert und die er sorgfältig behütet. Er hat sich auch selbst Latein beigebracht, so daß er nun imstande ist, die Krankengeschichten seiner Patienten auf lateinisch zu schreiben oder zu diktieren.

»Die Hauptsache ist, daß die Krankenpapiere in Ordnung sind«, sagte er heute zu mir, »und so ausführlich wie nur möglich ausgefüllt, dann läßt uns die SS in Ruhe und kümmert sich nicht weiter um die Patienten. Sie glauben, damit völlig gedeckt zu sein für später – und alles andere ist ihnen doch gleichgültig. In unsere Baracke kommen sie beinahe niemals kontrollieren, denn ich schreibe ganze Romane mit vielen Einzelheiten in meine Krankenrapporte. Das macht zwar ein bißchen mehr Arbeit, aber auf diese Art und Weise kann ich hier eine ganze Menge für unsere Leute tun – viel mehr, als eigentlich »offiziell« getan werden darf.«

Dann fragte er mich, ob ich ihm bei den Administrationsarbeiten helfen wollte, und ich habe natürlich sofort zugesagt.

*27. August*
Heinis Bett steht in einer Ecke unseres Saales, wo er auch seinen Tisch hat, an dem er die Krankengeschichten schreibt und die Listen ausfüllt. Aber vor seinem Bett steht keine spanische Wand, wie vor den Betten der meisten anderen Oberpfleger. Das ist keineswegs eine Frage der »Möblierung«, sondern vielmehr ein Unterschied in den Weltanschauungen! Heini hat nämlich nichts zu verbergen! Bei ihm können stets alle Kranken sehen, was er tut – und was er ißt!

Er organisiert nichts für sich in der Revierküche, und er besitzt auch nicht – wie die meisten anderen Oberpfleger – einen Lebensmittelvorrat, der aus den geplünderten Paketen der Kranken stammt.

Das einzige, was Heini zu organisieren bemüht ist und wofür er sogar noch den Inhalt der ihm dann und wann von seiner Frau geschickten Päckchen opfert, sind Medikamente für seine Kranken. Offiziell haben wir schon seit Monaten keine Arzneimittel mehr, keine Vitamine, nichts gegen die Diarrhöe, die hier sofort einen lebensgefährlichen Charakter annimmt, wenn sie nicht gleich zu Beginn zum Stehen gebracht werden kann.

Heini hat im Laufe der Jahre schon so vielen das Leben gerettet, daß er hier unzählige Freunde hat: Polnische Geistliche aus Block 26, die bestimmt an den sogenannten »wissenschaftlichen« Versuchen, die die SS mit ihnen anstellte, zugrunde gegangen wären, wenn ihnen Heini nicht heimlich Gegeninjektionen gegeben hätte, oder die vielen anderen, die er trotz schwerer Krankheiten heilte und rettete, weil er ihnen nicht die von der SS befohlene (letzte) »Spritze« machte.

Darum bringen ihm Tschechen, Jugoslawen, Polen und auch viele Geistliche aus Block 26 alle Medikamente, die sie in ihren wenigen Paketen erhalten. Sie wissen, daß er sie ausschließlich für seine Kranken verwendet, daß er damit nicht schachert, sondern sie denen gibt, die sie am nötigsten brauchen. Einige deutsche Häftlinge, die täglich in München oder in der Stadt Dachau arbeiten, bringen ihm ebenfalls ab und zu Medikamente mit, die sie dort von der Zivilbevölkerung im Tausch gegen irgend etwas anderes, aber auch häufig umsonst bekommen, da – besonders in Dachau – wohl viele ahnen, wie wir hier leben müssen, auch wenn sie das Elend nicht in seinem vollen Umfang übersehen können.

Während ich diese Zeilen schreibe, liegt in dem Bett mir gegenüber der alte Richter aus Prag und schläft. Er ist vorige Woche vierundsiebzig Jahre alt geworden, sitzt bereits seit drei Jahren und wäre sicher schon lange tot, wenn ihn Heini nicht hier als »Patienten« versteckt hätte, obwohl er eigentlich nicht krank ist, sondern nur alt. Er ist hier sehr zufrieden, liest viel, meistens Werke von Ranke und Mommsen, und sorgt dafür, daß die Goldfische regelmäßig frisches Wasser und Futter bekommen. Hin und wieder erhält er ein Päckchen und notiert in einem Heftchen, wieviel Stückchen Gebäck und wieviel Pralinen in der Schachtel unter seinem Bett sind. Auch wenn er etwas davon ißt – was selten genug geschieht, denn er geht äußerst sparsam damit um –, dann wird das nachher sorgfältig in seiner Buchhaltung vermerkt.

*28. August*
Gestern und heute in der Autobiographie von Benvenuto Cellini geblättert.

Eigentlich habe ich nie viele Abbildungen seiner Werke gesehen – ich glaube, das meiste blieb Torso –, aber seine Lebensbeschreibung interessiert auch mich immer wieder, genau wie sie bereits viele frühere Generationen fesselte.

Obwohl dieses Buch im vierzehnten Jahrhundert geschrieben wurde, ist es eigentlich die erste Autobiographie – des modernen Menschen. Ich bin zwar der festen Überzeugung, daß Cellini oft sehr übertreibt, aber er ist sein ganzes Leben lang ein Kerl aus einem Guß gewesen, und schon darum werde ich immer eine große Vorliebe und Bewunderung für ihn behalten, auch weil er sein Leben so intensiv und so wahrhaftig lebte.

*Nach dem Appell*
In unserer Baracke ist das Verhältnis Oberpfleger–Arzt glücklicherweise nicht so wie in den meisten anderen Baracken des Reviers. Anfangs, als ich noch in Block 7 lag, dachte ich oft, daß ich mich geirrt hätte, so absurd schien es mir, daß die Ärzte hier die Untergebenen der Pfleger sind, daß sie – gemäß den Lagervorschriften – nur als Helfer der Pfleger auftreten dürfen. Für diese ist der Arzt daher auch oft ein Feind, gehaßt, weil er mehr kann und weiß, ihre Fehler sieht – auch wenn er sie nicht sehen darf.

Heini denkt darüber natürlich ganz anders. Er will vor allen Dingen helfen und – soweit das hier möglich ist – heilen; nicht nur für sich selbst sorgen wie viele seiner Kollegen, oder sich bei der SS beliebt machen, indem er möglichst viele Patienten sterben läßt, wie zum Beispiel Becker, der polnische Oberpfleger von 15!

*29. August*
Heute früh zeigte ich Rheinhardt einen alten »Völkischen Beobachter«, in dem eine neue, vollständige Ausgabe der Werke seines Landsmanns Peter Rosegger angekündigt wurde (bei Staackmann in Leipzig).

»Eine vollständige Ausgabe wird das bestimmt nicht«, meinte er spöttisch lachend, »das ist schon mal gelogen, denn seinen berühmten ›Offenen Brief gegen den Antisemitismus‹ werden sie wohl kaum aufnehmen. Und außerdem heißt in einem seiner wichtigsten Romane – ich muß zu meiner Schande gestehen, daß ich im Augenblick nicht mehr genau weiß in welchem – ein Kapitel ›Der Fremde aus dem Preußenland‹. Ob sie das auch abdrucken? – Das haben sie vielleicht übersehen, und es ist stehengeblieben, denn glücklicherweise sind sie ja oft entsetzlich dumm.«

Dann sprachen wir über Anzengruber, den Goebbels gleichfalls gern zum »Ostmärkler« stempeln möchte. Aber alle diese Annexionsversuche führen doch zu nichts, denn für jeden, der diese Materie auch nur einigermaßen beherrscht, sind sie gar zu durchsichtig.

Rheinhardt nannte Anzengrubers »Steinklopfer-Hannes« einen Repräsentanten des besten österreichischen Humanismus, und erinnerte an das Drama »Der Meineidbauer« mit seinen Aussprüchen gegen den Antisemitismus, die »sie« sich nicht hinter den Spiegel stecken werden! »Ja«, sagt R., »die Herren müßten einmal nachlesen, was meine Landsleute zum Beispiel über die Revolution von 1848 geschrieben haben. Rosegger nannte 1848 »das Jahr des Heils« – Anzengruber feierte es als das Jahr der Bauernbefreiung – Anastasius Grün besang es in leidenschaftlichen Liedern – und vor allem unser Nestroy! Mit dem wissen sie übrigens ganz und gar nichts anzufangen, gegen seinen Spott und seine Ironie sind sie völlig machtlos.«

*Nach dem Appell*

M. muß morgen zurück in seinen Block. Er hat nun beinahe vier Monate hier gelegen, mindestens zwei Monate länger als Heini eigentlich »offiziell« verantworten kann, aber er hatte mit M., der schon über Sechzig ist, Mitleid.

Doch unser Oberpfleger fühlt – eine Selbstverständlichkeit bei ihm – mit seinen Kranken solidarisch; um sie recht lange hierzubehalten, macht er in seinen Rapporten für die Schreibstube ihre Leiden noch viel schlimmer, als sie bereits in Wirklichkeit sind, fälscht die Fiebertabellen und fabriziert – wenn sie von einer Krankheit genesen sind – oft noch eine neue hinzu. So setzt er jeden Tag aufs neue sein Leben aufs Spiel, ohne davon Aufhebens zu machen, denn er ist ein Sozialist, der immer und überall versucht, seine Ideale zu verwirklichen. Das hat er sein ganzes Leben lang getan, zuerst in der Jugendbewegung, dann im Zuchthaus, und nun hier im Revier.

Auch M. sieht wohl, was Heini für ihn und die anderen Kranken tut und tat, aber er empfindet nicht die tieferen Beweggründe, kann sie auch gar nicht empfinden, da ihm die wirkliche Bedeutung des Wortes »Solidarität« gänzlich fremd ist.

Er ist Heini dankbar, daß er hier acht Wochen länger liegen bleiben konnte, und möchte ihm das – auf seine Art – auch zeigen.

»Ich werde meiner Frau sagen« – vertraute er mir heute an –, »daß sie Heini, wenn wir wieder zu Hause sind, jedes Jahr zu Weihnachten einen kleinen Edamer Käse schicken soll. Findest du das nicht eine nette Idee?«

Ich habe mich darauf beschränkt, zustimmend mit dem Kopf zu nicken und nicht gefragt – obwohl mir das auf der Zunge lag –, ob er die Absicht hat, ihm einen »Mageren« – oder »Vollfetten« zu spendieren.

*30. August*

Als ich vor einer Stunde, auf der Suche nach dem Oberpfleger, durch Rheinhardts Stube kam, gab er mir ein Stückchen Papier – ein Blatt aus seinem Notizbuch –, auf das er aus dem Kopf ein Wort von Anzengruber für mich aufgeschrieben hat:

»Und doch, diese Menschheit, dieses zur Stunde noch bettelarme Kind, für sie streiten bis zur Stunde die edelsten Geister, und es ist doch eine schöne Idee, in dem streitbaren Regiment zu stehen, dessen Tochter sie ist, und getroffen im Streit, das verscheidende Haupt ihr in den Schoß zu legen und zu sagen: Bewahre du mein Andenken.«

Ich kannte diesen Ausspruch nicht, ebensowenig übrigens wie die meisten Bücher von Anzengruber, denn eigentlich habe ich immer gedacht, daß er nur eine Art österreichischer »Heimatdichter« wäre.

Obwohl ich mir oft schmeichelte, die deutsche Literatur ziemlich gut zu kennen, erweist sich diese Kenntnis also doch noch als unzureichend, und ich wäre – in diesem Fall – den Nazis beinahe auf den Leim gegangen und hätte geglaubt, daß Anzengruber wirklich zu ihrer Blut-und-Boden-Literatur gehört. Unser Einblick in die deutsche Literatur muß also sehr tief und gründlich sein, um sofort und richtig beurteilen zu können, wo die Lügenhaftigkeit ihrer Interpretation anfängt und wo sie aufhört.

*31. August*

Während der »Mittagsruhe« begann Heini ein sehr ausführliches Gespräch mit mir über die Arbeiterhochschule in Nürnberg, die er jahrelang besucht hat. Er hörte Vorlesungen von Sombart und Oppenheimer über die Entstehung und Entwicklung des Kapitalismus, von Müller-Lyer über kulturelle Probleme, hörte Vorträge über die Lehre von Josef Dietzgen, und es zeigte sich, daß er auch Henriette Roland Holsts Buch über Rousseau kennt.

Es ist eine Tragödie, die viele von uns nicht sehen und begreifen, daß diese Zehntausende deutscher Sozialdemokraten – denn Heini ist wirklich keine Ausnahme – trotz ihres guten Willens und obwohl sie viel belesener und entwickelter waren als die meisten Arbeiter in den anderen Ländern Europas, doch beinahe nichts getan haben, um den Nazis den Weg zur Macht zu versperren.

Sie hatten ein so großes Wissen, doch in der Praxis – in der revolutionären Praxis wußten sie damit nichts anzufangen.

Ich neige oft zu der Annahme, daß den Deutschen, also auch den deutschen Arbeitern, jede politische Intuition fehlt, jedes politische »feeling«.

An diesem Mangel sind natürlich auch verschiedene wirtschaftliche Faktoren schuld, vor allem die ständig größer gewordene gesellschaftliche Verarmung, wodurch die Kräfte und Energien der Deutschen stets auf das Notwendigste gerichtet sein mußten, völlig absorbiert wurden durch die Sorge für den nackten Lebensunterhalt, für die notwendigsten Dinge des täglichen Lebens.

Schuld daran ist auch ihre Vorliebe für strengste Disziplin – die ihnen von frühester Jugend an immer wieder eingeschärft wird –, das ihnen zur zweiten Natur gewordene Bedürfnis zu gehorchen, und ihr fester Glaube an jede »Obrigkeit« ... alles Eigenschaften, die ein Holländer nicht begreifen kann und will – und noch weniger akzeptiert!

Unwillkürlich fällt mir dabei eine Anekdote von Karl Radek ein, der von einem sozialdemokratischen Funktionär zu erzählen pflegte, der in den Novembertagen 1918, als die Berliner Arbeiter das Reichstagsgebäude erstürmen wollten, auf einen Laternenpfahl geklettert sei und, so laut er konnte, gerufen habe: »Aufpassen, Kameraden, nicht auf den Rasen treten!«

*1. September*
Im Laufe eines Gespräches über deutsche und österreichische Literatur, ein Thema, das wir immer wieder anschneiden, wies Rheinhardt heute darauf hin, wie wichtig für ganz Europa eine freie österreichische Literatur auch in Zukunft wieder werden wird, da der Weg vom Südosten zum Westen über Österreich führt. »Wir haben auch früher den Deutschen viel Wissenswertes beigebracht, das sie ohne uns niemals gelernt hätten«,

meinte er. »Was hätten sie zum Beispiel ohne die österreichische Literatur von den Ungarn, von den Tschechen oder von den Rumänen gewußt?«

Ich glaube, er gebrauchte hier ein vortreffliches Argument, denn Österreich spielte tatsächlich die Rolle eines Vermittlers zwischen zwei Kulturen, und nun, da Osteuropa wichtiger denn je werden wird, dürfte die österreichische Literatur auch auf diesem Gebiet wieder eine große Aufgabe zu erfüllen haben.

*Nach dem Appell*
Heini hat mir das Bild seiner Frau gezeigt: eine schlanke Blondine mit langem Haar und einem etwas strengen, aber doch fraulichen Ausdruck, harmonisch und lebensfroh, blond und sehr deutsch, aber ohne die typischen krampfhaft zugekniffenen Lippen und freudlosen Züge.

Sie kommt ebenfalls aus der Jugendbewegung, dort haben sie sich kennengelernt, erzählte er mir, und sie ist auch Sozialdemokratin. Beide waren jahrelang mit Leib und Seele Jugendführer. Heini spricht mit inniger Bewunderung von seiner Frau. Sie ist die große Liebe seines Lebens, er hat sich niemals für eine andere Frau interessiert. Kinder haben sie nicht. – »Wir dachten«, berichtete er, »wir könnten damit noch warten, wir hätten sonst unsere Jugendarbeit unterbrechen müssen, und das wollten wir nicht.«

Besonders stolz ist er auf sie, weil auch sie ihrer politischen Gesinnung nicht untreu wurde, niemals von den Nazis eine Unterstützung oder Pension angenommen hat und nach seiner Verhaftung – sie waren erst kurze Zeit verheiratet – lieber wieder arbeiten wollte, in derselben Fabrik, in die sei bereits als junges Mädchen ging, und da ist sie noch jetzt ...

In den vergangenen zehn Jahren hat er sie nur fünfmal gesehen, aber trotzdem weiß er, daß ihre gegenseitige Liebe unverändert geblieben ist; er liest das nicht nur aus jedem ihrer Briefe, sondern ist davon auch innerlich felsenfest überzeugt, mit ruhiger Sicherheit und tröstender Gewißheit, die ihm immer wieder neue Kraft verleiht.

*2. September*
Beim Lesen einer pompösen deutschen Kunstzeitschrift, die ich unten im Arzneischrank gefunden habe, fielen mir neben der Reproduktion wertloser Schlachtenbilder und geschmackloser »Führer«-Porträts plötzlich einige Fresken von Hans von Marées um so angenehmer auf, und ich las den dazugehörigen

Artikel. Darin stand, daß sie sich in einem Schloß bei Schleißheim befinden. Dies Detail will mir nicht aus dem Sinn. Schleißheim! Das liegt nämlich kaum drei Kilometer von unserem Lager entfernt und war für mich bisher immer nur »Kommando Schleißheim«, ein »gutes« Kommando auf einem Flugplatz, der zwar häufig bombardiert wird, aber wo man Brot organisieren kann und Extrasuppe bekommt.

Und dort sollen Fresken von Marées sein??

*Am nächsten Tag*
Den ganzen Abend und auch noch im Bett lange an von Marées gedacht. An seine »Ruderer«, und vor allem auch an meinen Freund Erich Kuttner, seinen letzten Biographen, der 1933 nach Holland emigriert ist.

Wie mir Apotheker B. in Scheveningen erzählte, hat er Kuttner im Sommer 1943 in Amersfoort auf Transport nach Polen gehen sehen. Ich fürchte also ...

Ihm danke ich, daß mir Marées' Kunst nähergebracht wurde, durch ihn lernte ich sie lieben.

Marées ist oft mit Delacroix verglichen worden, aber Delacroix hatte schließlich Vorgänger, deren Werk er fortsetzte, und das hatte von Marées nicht. Worauf konnte er weiterbauen? Wo waren die kulturellen Beziehungen der deutschen Malerei zu Italien und Frankreich, zu Flandern und den Griechen? Und von einem deutschen Realismus war damals überhaupt noch keine Rede.

Für einen Künstler wie Marées, der mehr wollte als seine Zeitgenossen – durch seine Veranlagung wohl mehr wollen mußte – und dem die Schaffung einer nationalen Kunst vorschwebte, war der Weg noch nicht geebnet – ebensowenig wiefür den genialen Hölderlin, in dessen Schicksal ich immer mehr Ähnlichkeit mit dem Leben Marées entdecke. Auch von Marées mußte sein eigner Wegbereiter sein. Als er nach Rom ging, war er völlig unvorbereitet – kein Akademiker, kein Realist –, nur ein leidenschaftlicher Sucher nach Schönheit. Schon sehr bald mußte er erkennen, daß er der italienischen Malerei nicht gewachsen war, daß er ihr gegenüber ein passiver Zuschauer bleiben müßte, der niemals imstande sein würde, die Schönheit dieser Klassiker, den Charme der Florentiner mit seinen eigenen Möglichkeiten, mit seinem Traum in Einklang zu bringen. Ein Gefühl völliger Ohnmacht überwältigte ihn, Verzweiflung über die elende Machtlosigkeit seines Künstlertums. Er konstatierte, daß er von vorn beginnen müsse, von der

Pike auf umlernen, aber auch, daß er nicht zum Chamäleon werden, niemals diese Kunst einfach nachahmen dürfe. Er begriff, daß er auch hier als Deutscher zu sehen und zu fühlen hätte – und nicht etwa wie die Italiener oder die alten Griechen.

In diesem heroischen Kampf um ein Neubeginnen – nicht nur seiner eigenen Kunst, sondern der gesamten deutschen Malerei –, in diesem Kampf ist er gefallen.

Mußte er wohl fallen ...

*Abends nach dem Appell*

Ausführlich mit Wollheim, dessen Frau Privatsekretärin des Kunsthistorikers Meyer-Graefe war und der selbst – obwohl er von Beruf eigentlich Musiker ist, im Furtwängler-Orchester spielte – auch ein guter Kenner und großer Liebhaber der Malerei ist, über von Marées und dessen Werke gesprochen. Er erinnerte sich, daß tatsächlich Fresken von M. in Schleißheim sind, aber er hatte hier in Dachau nie mehr daran gedacht, so daß meine Mitteilung großen Eindruck auf ihn machte. Er erzählte mir noch, daß Meyer-Graefe einmal im Laufe eines Gespräches erklärt habe: »Die Höhe einer Epoche deutschen Geisteslebens wird von der Frage bestimmt werden, inwieweit Marées für aktuell gilt.« Ein höchst merkwürdiger und interessanter Ausspruch! Besonders auch im Hinblick auf Kuttners Buch, der gerade das kulturpolitische Problem bei Marées viel eingehender und gründlicher behandelt hat als irgendein anderer von dessen Biographen.

*4. September*

Lazus, unser Professor der byzantinischen Kunstgeschichte, erzählte mir, daß er seit über fünfzehn Jahren in Syrien für eine amerikanische, wissenschaftliche Gesellschaft archäologische Ausgrabungen machte; im Laufe des Gespräches entpuppte er sich außerdem auch als ein großer Verehrer von Ernest Renan. Er hat dessen gesamtes Werk – fünfunddreißig Bände! – durchgearbeitet, oft Renans Spuren in Palästina, Antiochien und Syrien gekreuzt und konnte dabei stets konstatieren, daß dessen Untersuchungen und Schlußfolgerungen richtig waren. Obwohl er als guter Katholik natürlich Renans Ansichten über religiöse Fragen nicht teilen kann – der Kardinalpunkt ist seiner Meinung nach, daß der Autor von »La vie de Jésus« nicht an das »Wunder«, nicht an »Le Miracle« glaubt –, hat er mir doch mit großem Nachdruck geraten, auf jeden Fall »Saint Paul«, »Les Apôtres«, »Marc Aurèle«, »L'avenir de la Science« und vor allem »Les souvenirs d'enfance et de jeunesse« (die ich kenne) zu lesen.

Er sprach voller Begeisterung über Renan, lobte den Literaten und den Gelehrten ausführlich und bewies damit besonders als gläubiger Katholik einen außerordentlich großzügigen Standpunkt, den ich besonders sympathisch finde.

*5. September, abends*

Heute Heini geholfen. Wir haben von einem Transport fünf »Neue«. Er untersuchte sie auf dem Operationstisch und diktierte dann seine Diagnose. Auf lateinisch! Was muß dieser Mann doch gearbeitet und studiert haben in den sechs Jahren seines Hierseins!

Während der »Mittagsruhe« sprach er dann mit mir über sein Ideal, das er jahrelang angestrebt hat: Arzt zu werden. Als ich sagte, daß ihm nach dem Krieg für ein Studium sicher große Erleichterungen gewährt werden würden, daß diese Zeit ernster Arbeit und die hier erworbene große Erfahrung doch auch sicher mitzählen und seine Studien erleichtern würden, strahlte er übers ganze Gesicht: »Vielleicht könnte ich es wirklich noch werden« – meinte er dann langsam –, »ich bin nun einundvierzig und fühle noch genug Kraft und Energie für die akademischen Examina – aber die Jugend, die Jugendbewegung! Ich kann die deutsche Jugend, die Kinder, die jetzt heranwachsen und bereits halb vergiftet sind, doch nicht im Stich lassen. Sie werden mich brauchen, und wenn wir hier rauskommen, muß ich sofort wieder mit meiner Jugendarbeit beginnen. Die ist das Wichtigste – und Arzt werden wird wohl für mich ein schöner Traum bleiben müssen. Und ich wäre es doch so gern geworden –«

Meine Achtung vor Heini ist nach diesem Gespräch noch gewachsen, und ich glaube, daß man – solange es noch einige tausend *solcher* Deutscher gibt – an der Zukunft des deutschen Volkes nicht zu verzweifeln braucht.

*6. September*

In der Lagerbibliothek, in der ich zur Zeit ein bißchen stöbern darf (der Kapo ist ein alter Freund von Heini, sie haben auch zusammen im Zuchthaus Straubing gesessen), fand ich heute drei Auswahlbände aus den Werken Jean Pauls. Prachtvoll verlegt bei Jakob Hegner in Hellerau, auf derselben Sorte Papier und mit denselben Typen gedruckt wie die erste Originalausgabe. Vortrefflich!

»Blumen, Früchte und Dornenstücke«, nennt Richard Benz diese 1929 erschienene Auswahl.

Nachdem ich das Vorwort gelesen hatte, war es mir sofort klar, daß die Zusammenstellung des Textes von einem ganz anderen Gesichtspunkt aus geschah, als es den heutigen Herren erwünscht sein dürfte.

Nach dem vorigen, verlorenen Krieg herausgegeben, wimmelt es von Äußerungen Jean Pauls gegen Krieg und gegen Diktatur, von unzähligen Aphorismen über die erlittene politische Katastrophe sowie über die Notwendigkeit einer gründlichen gesellschaftlichen und moralischen Umwälzung. Diese Auswahl ist so aktuell, daß sie bestimmt keine Minute länger in der Lagerbibliothek bleiben würde, wenn die SS eine Ahnung von dem Inhalt dieser harmlos aussehenden Bändchen hätte – aber so intelligent sind sie glücklicherweise nicht. Und Richard Benz, der in den letzten Jahren eifrig bemüht war, sich »anzupassen«, wird sicherlich nicht gern an diese Arbeit erinnert werden!

Wenn es irgendwie geht, möchte ich diese Auswahlbändchen später mitnehmen; auf alle Fälle werde ich aber morgen einige Zitate, die mich besonders interessieren, herausschreiben. Zu Hause, in meiner Gesamtausgabe, werde ich sie nämlich sehr schwer wiederfinden, denn Benz hat die Zitate mit viel Fleiß und Mühe sehr sorgfältig aus allen Werken und Schriften Jean Pauls zusammengesucht. – Vielen Dank, Herr Doktor!

*7. September*

Eines der ersten Prosastücke, das mir beim Durchblättern der drei kleinen Bücher auffiel, heißt »Das Verstummen« und ist von so erschreckender Aktualität, daß es auch »Nacht über Hitler-Deutschland« heißen könnte:

»Gräßliche Zeit, wo die Wahrheit, die Freiheit, die Freude, sogar der Jammer schwieg, und nichts laut wurde als die Kanone mit ihrem ganzen Kriege. Ein Gleichnis dieser Zeit wohnt auf den Eisbergen und auf den Eismeeren: dort auch schweigt die Welt; kein Blatt, kein Vogel, kein Lüftchen wird gehört im weiten Tode; nur von Zeit zu Zeit donnern fallende Schneegebirge und brechende Eisfelder und durchziehen die Wüste des Ohres.«

Und dann diese dichterische Vision, die ebenfalls in unseren Tagen geschrieben sein könnte, und in der Jean Paul verkündet, daß nach der Katastrophe ein neuer Frühling kommen wird:

»Die Asche flog, die der Städte und der Toten, und erstickte die Gegenwart; und die Landschaften wurden, wie unter einem Aschregen Vesuvs, grau – und das Grüne starb. Aber sahet ihr nicht voraus, daß der Aschregen des Feuerbergs später alle Wurzeln nährt, heiß alle Zweige und Blüten treibt und gewaltsam ein Eden aus der Wüste zieht?«

Interessant und beachtenswert ist auch seine Anregung, die deutschen Fürsten sollten für ihre ausländischen Gesandtschaften Schriftsteller und Dichter verpflichten, denn:

»Was hätten die Fürsten nicht von diesen Botschaftern und Nuntien – von Glück und Unglück, Krankheit eigener und fremder Staaten erfahren können? Haben sie nicht die Französische Revolution vorausgesagt – ferner die Jammerfolge deutscher Einmischung in diese –, die Erhebung Frankreichs?« Diesen Rat könnte man auch heute noch den meisten Regierungen erteilen – der holländischen miteinbegriffen! Wer würde wohl bei uns für eine derartige Funktion in Betracht kommen? Diese interessante Frage könnte ich eigentlich Sonntag nachmittag ausführlich mit Eddy besprechen. Eine herrliche Gelegenheit, um über Kollegen zu tratschen, um einige Stunden nicht an den Tod zu denken, nicht ob und wann wohl die Amerikaner kommen werden ... Die Zeit scheint dann viel schneller zu vergehen, man vergißt den Hunger – und plötzlich ist es vier Uhr: Brotausgabe ...

*8. September*

Mir fest vorgenommen, nach meiner Rückkehr nochmals Jean Pauls »Siebenkäs« zu lesen sowie »Der Titan« und »Der Komet«. Vor allem auch Börnes Gedächtnisreden für Jean Paul, die natürlich nicht in der Lagerbibliothek sind.

Hoffentlich kann ich mir dann auch den biographischen Kommentar zu Jean Pauls Werken von Richard Otto Spazier verschaffen (fünf Bände Berlin 1835), ebenso wie dessen Buch »Jean Paul in seinen letzten Tagen und im Tode« (Breslau 1816).

Auch Johannes Nohls Studie über Jean Paul als Philosoph (ich glaube, bei Georg Müller) wird wohl irgendwo aufzutreiben sein, ferner die Auswahl seiner Prosaschriften von Karl Wolfskehl und Stefan George (Bondi 1910).

*9. September*

Heute früh hatte ich in der »Ambulanz« zu tun. Dort saß einer der Polen und las ein Buch.

»Ein gutes Buch?«, fragte ich, eigentlich nur um etwas zu sagen, und sah nach dem Titel.

»Großartig«, antwortete er voll ehrlicher Begeisterung.

»Weißt du, daß der Verfasser ein Holländer war? Ein sehr bekannter holländischer Schriftsteller?«, fragte ich, denn ich hatte inzwischen den Titel gelesen: »Diamant-Stadt« von Hermann Heyermans.

Er wußte das natürlich nicht, und auch der Name sagte ihm nichts. Für die SS war Heyermans selbstverständlich ebensowenig ein Begriff.

»Ein großer holländischer Autor«, fuhr ich fort, »zufällig ein Jude!«

Wütend stand mein antisemitischer Pole auf und warf das Buch weg.

Ich habe es aufgehoben und es dann später dem polnischen Blockschreiber von Block 28 gebracht. Glücklicherweise sind auch bei uns nicht alle Polen – wenn auch leider die Majorität! – reaktionär und antisemitisch, und für sie ist die polnische Übersetzung eines Buches von Heyermans ein kostbarer Besitz.

*10. September*

Da die Bibliothek aus irgendwelchen unbekannten Gründen wieder einmal auf unbestimmte Zeit geschlossen wurde, habe ich vom Kapo noch ein paar andere Bücher Jean Pauls bekommen. Sie machen mich aber in der jetzigen Periode – in der wir mehr denn je täglich vom Tode bedroht sind – nur noch unruhiger, weil ich, trotz aller Mühe, die ich darauf verwende, keinen festen ideologischen Kern in seinem Werk entdecken kann, weil alles im Wesenlosen verschwimmt, zerfließt, weil alle seine Gedanken mir im Augenblick nur geniale Geistesblitze, spirituelles Feuerwerk zu sein scheinen, weil seine schöpferische, hemmungslose Phantasie mir keinen innerlichen Halt gibt. Goethe und Dante mit ihren strengen Formen tun das wohl. Ich spüre natürlich, daß auch Jean Paul ein Genie ist und sein Werk eine Welt für sich, aber den zentralen Punkt darin kann ich nicht finden. Ich weiß auch, welche allumfassende Liebe darin verborgen liegt, doch in meiner augenblicklichen Stimmung ist mir dieser Dichter eben zu allumfassend, nicht konkret genug.

*Nach dem Appell*

Soeben ein kurzes Prosastück von Jean Paul gelesen, das trotz allem, was ich heute vormittag über ihn schrieb – einen unerwartet tiefen und sicherlich auch bleibenden Eindruck auf mich gemacht hat. Ein genialer Wurf! Diese prachtvolle »Rede des toten Christus vom Weltgebäude herab, daß kein Gott sei« ist, meiner Meinung nach, auch dem so oft zitierten und überschätzten Gedicht von Multatuli, »Das Gebet eines Unwissenden«, turmhoch überlegen.

*11. September*

Langsam fange ich nun auch an, das Personal meiner neuen »Stube« genauer kennenzulernen. Mein Stubenpfleger ist Österreicher und heißt Eugen. Sitzt schon seit zehn Jahren. Er hat am Aufstand in Wien teilgenommen und brachte das Gespräch sofort auf den österreichischen Sozialisten Otto Bauer. Dann erzählte er voller Stolz, daß es die Deutschen bis heute noch nicht gewagt haben, den ehemaligen Wiener Bürgermeister Seitz zu verhaften, und daß jeder Arbeiter, der ihn auf der Straße trifft, tief den Hut zieht – eine Art politischer Demonstration.

Eugen ist außerordentlich nervös, verliert bei der geringsten Kleinigkeit den Kopf, aber aus seinen Augen strahlt innige Güte. Er ist der beste Freund von Heini, vor dem er eine große, beinahe kindliche Ehrfurcht hat.

Jup, der »Hauser«, der hier das Essen austeilt, neigt dazu, zuerst und ausschließlich an sich selbst zu denken und ist deshalb eigentlich ein asoziales Element. Er wurde vor neun Jahren verhaftet – nicht aus politischen Gründen –, Jup ist Berufsschmuggler und kommt aus der Gegend von Aachen. Seine einzige Sorge ist, ob es nach dem Kriege auch noch Grenzen geben wird, denn sonst würde er arbeitslos sein.

Da er vor Heini und Eugen großen Respekt hat und sieht, daß diese beiden alles versuchen, um den Kranken zu helfen, bemüht er sich auch, sein Bestes zu tun und nicht nur egoistisch daraufloszuleben. Er organisiert das Essen der Kranken nicht mehr für sich selbst, was er wohl früher getan hat, sondern er sorgt dann und wann dafür, daß sie etwas extra bekommen.

*12. September*

Als ich heute früh durch die Lagerstraße ging, kamen mir vier von den Frauen aus dem Bordell entgegen, die – von einem SS-Mann begleitet – zur Untersuchung ins Revier mußten. Im selben Augenblick gingen etwa dreihundert Häftlinge an ihnen vorüber, die im Bad gewesen waren, und alle dreihundert nahmen beim Vorbeigehen (des SS-Mannes wegen natürlich) vorschriftsmäßig grüßend die Mützen ab. Der SS-Mann drehte den

Kopf nach der andern Seite, und die Frauen grinsten amüsiert. Ein Schauspiel für Daumier – oder auch für George Grosz!

Apropos George Grosz! Der ist bereits 1929 nach Amerika ausgewandert, nachdem er uns in seinen Arbeiten immer wieder und immer eindringlicher vor den kommenden Ereignissen gewarnt hatte. Kein Künstler war prophetischer als er. Selbst diejenigen von uns, die politisch völlig ungeschult waren, hätten das, was jetzt geschieht, lesen und erkennen können in den habgierigen Fratzen, den Macht und Gewalt schwitzenden kahlen Schädeln, in den fetten Schweinsnacken seiner Figuren. Man braucht dazu nur sein Werk »Das Gesicht der herrschenden Klasse« durchzublättern, das, wenn ich mich nicht irre, bereits 1927 erschienen ist. Damals war von Hitler noch keine Rede, denn der deutsche Faschismus hat ja – offiziell wenigstens – erst 1933 angefangen. Aber die Fratzen, die Grosz zeichnete, die Grausamkeit und die Habsucht, vor der er warnte, waren bereits das wahre Gesicht der Pioniere des Faschismus – jener Hugenbergs und Stinnes, der Krupps und Thyssens, der Großgrundbesitzer und der korrupten Justiz, das der ehrsüchtigen Generäle – waren das treue Abbild derjenigen, die Hitler in den Sattel halfen. In Deutschland Hitler, in den anderen Ländern dessen Filialleiter ...

Überall dieselben Fratzen, die George Grosz' Genie mit prophetischer Sicherheit anprangerte, brandmarkte – aber die »man« weder sehen noch erkennen *wollte* ...

*Abends, nach dem Appell*

Heini zeigte mir heute einen Häftling vom Plantagenkommando«, der noch vor einigen Jahren bei den Oberammergauer Festspielen den – Christus gespielt hat, aber später wegen illegaler Tätigkeit verhaftet wurde.

Ich bin sofort bei Hoornik gewesen, um es ihm zu erzählen. Wenn das kein Stoff für ihn ist: Christus in Dachau! – Von der Gestapo arretiert!

Was ist daraus nicht alles zu machen! Hoffentlich verarbeitet er es. Ein Dichter wie er, der den »Matthäus« geschrieben hat, muß das können.

Und vielleicht wird er sich dadurch etwas weniger mit dem Tod – und den Toten beschäftigen.

*14. September*

K. hat mir heute wiederum einen »Völkischen Beobachter« mit einem Artikel über Hölderlin gebracht. Bereits der vierte in dieser Woche, außer dem Artikel in der »Münchener«, den A. mich lesen ließ. Sie hören also mit ihren »totalen« Gleichschaltungsversuchen keineswegs auf. Hölderlin soll mit Gewalt zu *dem* Dichter des Dritten Reiches gemacht werden.

Ich bin aber der festen Überzeugung, daß sie ihn unrechtmäßigerweise für sich reklamieren und daß Hölderlin einer der genialsten deutschen Dichter war. Er ist ein »schwieriger« Dichter, doch ich habe sein Werk, vor allem »Hyperion« nicht nur *ein*mal gelesen, sondern viele, viele Male. Und nicht nur *ein* Buch über ihn, sondern alles, was ich bekommen konnte, alles was Dilthey, Gundolf und Friedrich Michel über ihn geschrieben haben; ganz besonders aber habe ich den Kommentar von Georg Lukacs durchstudiert, der mich Hölderlin sehen lehrte, so wie wir ihn sehen müssen, und der mir auch gleichzeitig die Waffen liefert, um »ihre« Offensive abzuschlagen. Ich habe mich einiger seiner Argumente bereits im vorigen Jahre bedient, als ich in Brüssel – im Wehrmachtsgefängnis, wo wir schreiben durften – meinen Aufsatz »Hyperion in Forest« verfaßt.

Er war auf Lukacs' Theorien aufgebaut, denn ich glaube, daß diese den Nagel auf den Kopf treffen und Hölderlins tiefstes Wesen aufzeigen, dasjenige, worauf es bei ihm eigentlich ankommt.

Ob Edith, nachdem ich auf Transport gegangen bin, diese Arbeit wohl bekommen hat? Und ob sie sie an B. weitergeben konnte?

Auf alle Fälle werde ich – da ich hier wieder schreiben kann und Papier und Bleistift habe – nochmals versuchen, Hölderlin zu ... entsetzen.

*15. September*
Wollte eigentlich gleich heute früh mit meinen Aufzeichnungen über Hölderlin, vor allem über »Hyperion« beginnen, aber da kam H. und langweilte mich stundenlang mit seinen Erzählungen über seine Erlebnisse aus der Zeit, als er – noch dazu als freiwilliger Arbeiter – in Deutschland tätig gewesen ist: überdie Butter und den Speck und was weiß ich noch alles, was er damals jedesmal »in rauhen Mengen« nach Hause – nach Holland – mitnehmen konnte. Dann folgte ein ausführlicher Bericht über seinen kleinen Hund. Aber als er mir anvertraute, welche Sorgen er sich um ihn macht, und wo »das arme Tierchen« wohl tagsüber wäre, während seine Frau für ihn und seine Entlassung bei der Gestapo und so weiter herumläuft, da

habe ich ihn angefahren, und ich mußte mir selbst Gewalt antun, um ihm nicht einfach mit dem hier so beliebten, kräftigen SS-Ausdruck zu antworten. – Darauf hielt er wenigstens den Mund, und ich konnte mich doch noch in aller Ruhe auf Hölderlin konzentrieren.

Es hat sehr lange gedauert, bevor ich entdeckte, von welchem Gesichtspunkt aus ich am besten zum Kern seines Schaffens vordringen konnte. Es war, als ob ich erst Wagenladungen voll Schutt wegräumen mußte, um ihn in seiner wahren Gestalt entdecken zu können, soviel Unsinn ist in den vergangenen Jahren über ihn geschrieben und verkündet worden – und unwillkürlich bleibt doch das eine oder andere davon hängen, besonders bei einem so »schwierigen« Dichter. Nun sehe ich ihn aber wieder, wie ihn mich Lukacs zu sehen lehrte: als eine tragische Reaktion auf die Französische Revolution, als einen genialen Sänger der Freiheit, der seinem Ideal stets treu blieb, es niemals verleugnete und darum in seinem Vaterland zu jener Zeit wohl elend zugrunde gehen mußte.

Ich glaube – und darüber habe ich in den letzten Monaten schon oft nachgedacht und auch mit Telders darüber gesprochen –, daß es bei einer Beurteilung der Werke und des Lebens der deutschen Klassiker vor allem wichtig ist, nachzuprüfen, wie sie auf die Französische Revolution, auf die Ereignisse des Jahres 1793 reagiert haben. Das scheint mir ein guter Ausgangspunkt, um sie sofort in ihrem wahren Kern zu erkennen: Klopstock, Schiller, die beiden Humboldts, Goethe (obwohl bei ihm diese Frage komplizierter ist), Georg Forster, Hegel und auch Hölderlin.

Deutschland war damals, um 1800 herum, noch lange nicht reif für eine Revolution, was allerdings nicht verhindert hat, daß die Ideen von 1793 auch in den Köpfen vieler seiner Dichter und Denker Wurzel schlagen konnten. Daß später eine große Anzahl von ihnen, wie zum Beispiel Klopstock und Hegel, diesen Ideen wieder untreu geworden ist, ist eine andere Frage, die nichts damit zu tun hat.

Ihre Ideale sind allerdings nie Wirklichkeit geworden, konnten es – ohne vorhergegangene Revolution – auch in Deutschland nicht werden. Aber diese Revolution hat damals nicht stattgefunden – eigentlich bis zum heutigen Tag noch nicht –, und doch haben einige ihren Traum von Freiheit, Gleichheit und Brüderlichkeit geträumt, sie waren daher vorbestimmt, Utopisten zu werden. Dann kam, auch in und für Deutschland, die bittere Wirklichkeit: Napoleon. Beim Einfall der Franzosen in Deutschland eine Revolution zu entfesseln, um daraus die Kraft zu einer wahrhaft nationalen Verteidigung ihres Vaterlandes zu schöpfen (wie es zum Beispiel zur Zeit in Jugoslawien geschieht), war damals nicht möglich, da es an allen dafür nötigen Voraussetzungen fehlte. Die damalige Situation war wirklich hoffnungslos ...

Während viele von Hölderlins Freunden keinen anderen Ausweg sahen als eine Flucht in die Romantik und im Laufe der Jahre immer reaktionärer wurden, hielt er seinen Idealen die Treue und hat – infolgedessen – ein tragisches Ende gefunden. Auch im damaligen Deutschland war kein Platz für dergleichen Ideale, und selbst ein Dichter konnte ihnen nicht huldigen, ohne jämmerlich zu vereinsamen.

(Neuer Luftalarm! Ich kann also weiterschreiben.)

Hölderlin war ein Jakobiner und ist es sein Leben lang geblieben. Das war seine Tragödie, aber auch seine ewige Größe! Vielleicht mußte erst der Faschismus kommen, um uns das in vollem Umfang deutlich zu machen. Er war – trotz aller gegenteiligen wöchentlichen Behauptungen im »Völkischen Beobachter«, trotz aller Bäumlers und Konsorten – ein glühender Bewunderer von Jean Jacques Rousseau und von Robespierre. Die Verkörperung seines Ideals war: Griechenland.

»Von Kindesharmonie sind einst die Völker ausgegangen«, habe ich heute morgen in seinem »Hyperion« (den mir Adi verschafft hat) angestrichen, »die Harmonie der Geister wird der Anfang einer neuen Weltgeschichte sein.« Hölderlins Bewunderung für Griechenland, für diese Einheit von Kultur und Natur, wird stets zu einer Anklage gegen die gesellschaftlichen Zustände, die zu seiner Zeit in seinem Vaterlande herrschten, und sie steigert sich zu einem – vergeblichen Aufruf zum Umsturz.

Hölderlin ist außerdem auch wieder so unglaublich aktuell! Träumte er doch in seinem »Hyperion« von einem Freiheitskrieg der Griechen gegen die Türken, der eigentlich zu einem Freiheitskrieg der gesamten Menschheit werden sollte. Der Aufstand der Griechen gegen die Türken im Jahre 1770, der mit Hilfe der russischen Flotte zustande kam, bildet das eigentliche Kernthema, um das die Handlung aufgebaut ist. Es fällt im Anfang nicht leicht, in diesem »Gedicht in Prosa« die Intrige zu entdecken. Alabande, eine der beiden Hauptpersonen, verkörpert gewissermaßen den Wunsch nach einem bewaffneten Aufstand, und das Mädchen Diotima ist die Personifizierung einer mehr religiösen, friedlichen Tendenz. Der Konflikt endet dann

– vorläufig wenigstens – mit einem Sieg von Alabandes Auffassungen. »Hyperion« schließt sich ihm an und will den bewaffneten Aufstand durchführen: »Ich bin zu müßig geworden«, wirft er sich selbst vor – »zu friedenslustig, zu himmlisch, zu träg ... Ja! sanft zu sein, zu rechter Zeit, das ist wohl schön; doch sanft zu sein zur Unzeit, das ist häßlich, denn es ist feig!«

(Ich will mir später, wenn wir frei sein werden und wenn der Tag der Abrechnung gekommen ist, stets diese Worte ins Gedächtnis zurückrufen, wenn ich dazu neigen sollte, »sie« zu ... sanft zu beurteilen!)

Auf Diotimas Warnung: »Du wirst erobern und vergessen, wofür –«, antwortet Hyperion: »Der Knechtsdienst tötet, aber gerechter Krieg macht jede Seele lebendig.«

(Auch das ist ein Ausspruch von brennender Aktualität, und er gibt für später neuen Mut.)

Diotima erkennt aber sofort den tragischen Zwiespalt, der Hölderlin-Hyperion bedroht: »Deine volle Seele gebietet dir's. Ihr nicht zu folgen, führt oft zum Untergange, doch ihr zu folgen, wohl auch.«

Und sehr bald kommt es zur Katastrophe – mußte es wohl kommen. Die Aufständischen erobern, nach einigen kleineren Gefechten, Misistra, das frühere Sparta, doch nach der Belagerung werden viele Einwohner getötet, und es kommt auch zu Plünderungen. Enttäuscht wendet Hyperion den Rebellen den Rücken: »In der Tat! Es war ein außerordentlich Projekt, durch eine Räuberbande mein Elysium zu pflanzen.« Bald darauf werden die Rebellen geschlagen und auseinandergejagt. Hyperion sucht und findet zum Schluß den Tod in den Kämpfen mit der russischen Flotte ...

Es zeigt sich, daß Hyperion – wie auch jetzt noch viele Dichter und Intellektuelle – bang war vor der revolutionären *Methode*. Aber ich glaube nicht, daß er bang war vor dem revolutionären *Ergebnis!* Auch hierdurch unterscheidet er sich wiederum vorteilhaft von den meisten seiner Zeitgenossen.

Vielleicht werde ich später, nach dem Krieg, auch Hyperion mit anderen Augen lesen, aber jetzt – hier in Dachau – neige ich zu dieser Interpretation.

*16. September*

Hölderlin konnte sich – auch das notierte ich in meinen Aufzeichnungen in St. Gilles – mit seinen Ideen über Freiheit und Zukunft weder als Deutscher noch als Dichter auf irgend etwas stützen.

Die Jakobiner, seine französischen Freunde, schöpften ihre Kräfte aus ihrer Verbundenheit mit einem großen Teil des französischen Volkes, genau wie jetzt die Partisanen in ihrem Kampf gegen die deutsche Besatzung und gegen Vichy. Hölderlin fühlte sich mit nichts und mit niemand verbunden, weil nichts und niemand da war, das oder der sich mit ihm verbunden hätte.

Die Jakobiner konnten, da das Volk hinter ihnen stand, den Egoismus der Reaktion bekämpfen und die Revolution fortführen – Hölderlin konnte das nicht. Sein Dichterwort wurde von seinem Volke nicht gehört, rüttelte es nicht auf – erreichte es noch nicht einmal: »Man fragt nicht, ob ihr wollt!«, habe ich im »Hyperion« gefunden, »ihr wollt ja nie, ihr Knechte und Barbaren! Euch will man auch nicht bessern, denn es ist umsonst! Man will nur dafür sorgen, daß ihr dem Siegeslauf der Menschheit aus dem Wege geht.«

Ein Dichter, der das schrieb, der ein derartiges Urteil aussprach, wird nun im Dritten Reich offiziell propagiert? Fühlen sie denn nicht, daß er mit diesen Worten auch über sie das Todesurteil gefällt hat? Und seine Leser, begreifen die es? Oder begreifen sie mit der Zeit überhaupt nichts mehr, sind sie sogar für diese glühenden Dichterworte gefühllos geworden? Ist auch im heutigen Deutschland, genau wie vor einem Jahrhundert, noch immer keine einzige Gruppe von Menschen zu finden, zu denen solche Worte dringen? Niemöller und Wiechert wurden ja dort auch zu – Predigern in der Wüste.

*17. September*

Hölderlin ist, meiner Meinung nach, darum ein so großer Dichter, weil er in seinen wehmütigen Versen niemals ausschließlich sein eigenes Leid besingt, nie nur privates Unglück betrauert, sondern die tiefe Misere, in die sein Land versunken ist. Obwohl er selbst im Leben immer und überall Schiffbruch erlitten hat, nie einen Pfennig verdiente und sogar als Erzieher niemals eine ordentliche Stellung fand, obwohl er als Dichter – ungeachtet der Protektion von Schiller und Schlegel – unbekannt blieb und auch seine Liebe zu Susette Gontard ein tragisches Ende nahm, trotz allem tragen seine elegischen Gedichte niemals einen rein persönlichen Charakter. Ihr wahrer Inhalt ist immer wieder der Gegensatz zwischen dem Griechenland seiner Träume, das er durch eine Revolution zu neuem Leben erwecken möchte, und dem Elend der deutschen Wirklichkeit, in dem zu leben er gezwungen war.

Wir müssen deshalb lernen, in Hölderlins Poesie den Notschrei der besten deutschen Denker und Dichter über ihre Einsamkeit zu hören – eine Einsamkeit, an der sie nichts ändern konnten, da diese, auch wenn sie sich in ihrem persönlichen Leben manifestierte, im Grunde durch den eisernen Zwang der gesellschaftlichen Entwicklung verursacht wurde.

Und Keats? Und Shelley? Ich habe oft versucht, sie mit Hölderlin zu vergleichen, obwohl so etwas immer eine zweischneidige Angelegenheit ist. Keats' Schicksal zeigt aber tatsächlich auch schon rein äußerlich einige Ähnlichkeit mit dem Hölderlins; doch bei Shelley hat das elegische Element einen ganz anderen Charakter. Er besingt den Kampf der alten Götter gegen die neuen, den des gefesselten Prometheus gegen Zeus; bei ihm wird bereits die Befreiung der Menschheit gefeiert. Shelley konnte das, weil er in England schon am fernen Horizont das Morgenrot einer kommenden Revolution zu sehen glaubte. Er schuf sein Werk mit einer ganz anderen Perspektive, fühlte sich dadurch dem Verlangen, das Tausende beseelte, aufs engste verbunden – und vereinsamte nicht.

*Abends*

Ich habe nun einige Tage lang versucht, mich mit dem Problem Hölderlin auseinanderzusetzen und es zu entwirren, und ich glaube, daß mir das – wenigstens für mich selbst – gelungen ist.

Aber seine berühmte Anklage gegen die Deutschen (im »Hyperion«), die in den letzten Jahren so oft zitiert wurde, die voll so bitteren, tödlichen Hasses ist, daß es den Dichter selbst geschmerzt haben muß, als er sie niederschrieb!

Müssen wir dieses Todesurteil über ein ganzes Volk nun bestätigen? Es ist *so* verführerisch, Hölderlin hat in *so* vielen Punkten recht. Und doch zweifle und zögere ich stets aufs neue. Ich kann und will nicht glauben, daß ein Volk in seiner Gesamtheit immer nur dumm und borniert sein und bleiben kann, ohne jedes Gefühl für menschliche Größe, daß es jahrhundertelang blind sein und bleiben wird für die Fülle des Lebens. Je mehr ich darüber nachdenke, desto mehr neige ich zu der Auffassung, das Hölderlins Urteil eine Folge der trostlosen sozialen und politischen Verhältnisse war, unter denen er lebte, und daß es zwar als solches vollkommen begreiflich, aber doch zu einseitig ist.

Auch jetzt unter Hitler scheint die Lage tatsächlich hoffnungsloser als je. Und doch... Auch wenn die meisten Freunde anderer Meinung sind und wir uns über diese Frage oft streiten

– ich sehe nicht ein, warum auch in Zukunft das deutsche Volk dumm und borniert bleiben, warum ihm auch weiterhin jedes Verständnis für menschliche Würde abgehen und warum es in seiner ablehnenden Haltung gegenüber den Schönheiten des Lebens verharren sollte. Nein, ich bin fest davon überzeugt, daß sich das – nach dem immer näher rückenden Zusammenbruch des Regimes – sehr schnell ändern wird. Und ist es nicht letzten Endes auch unsere Aufgabe, daran mitzuarbeiten, dabei zu helfen?

*Einen Tag später*
Beim Durchlesen dessen, was ich gestern abend über Hölderlin schrieb, merke ich, daß sich in meine Schlußfolgerungen ein gefährliches Mißverständnis einzuschleichen drohte. Ich habe die Realität zu wenig berücksichtigt, und das wirkt irreführend. Ich darf nämlich keinen Augenblick vergessen, daß der größte Teil des deutschen Volkes noch hinter Hitler steht – ob freiwillig oder unfreiwillig ist hierbei Nebensache. Es stand und steht noch immer hinter ihm, und auch der Krieg ist noch nicht zu Ende. Erst muß der Faschismus, und zwar in allen seinen Formen, vernichtet werden – und erst dann sind Probleme wie die, über die ich gestern schrieb, an der Tagesordnung –, erst dann, vorher *nicht!*

*19. September*
K. blätterte heute in meinen Aufzeichnungen und äußerte danach sein Befremden, daß ich – seiner Meinung nach – so wenig über mich selbst schreibe, nichts über meine Sorgen um Edith und Tyl, von denen ich doch so oft mit ihm spreche, so wenig von meinem eigenen grauen Elend – und auch kaum über Politik.

Darauf habe ich ihm ausführlich auseinandergesetzt, warum ich dieses Tagebuch so schreibe, daß es nämlich an erster Stelle – ein Mittel ist, um meine Gedanken und meine Energie auf die Literatur zu konzentrieren – immer wieder, möglichst jeden Tag aufs neue –, um gerade dadurch nicht immer an Edith, an Tyl oder an mich selbst zu denken, nicht an Essen, Ungeziefer, Appell und so weiter. Eine Art Selbstschutz also, der mir bis heute viel und oft geholfen hat.

Außerdem kann ein Tagebuch ja auch niemals vollständig sein, das ist hier noch weniger möglich als sonst, und auch das meine enthält nur einen kleinen Teil meiner Gedanken.

Selbstverständlich denke ich trotz allem sehr viel an

Zuhause, an die heutigen und zukünftigen politischen Probleme, an viele Freunde, an besseres Essen, an die Tatsache, ob ich Läuse habe oder nicht – ob das Tierchen, das mich gestern gebissen hat, eine Laus oder ein Floh war –, aber erstens kann ich das nicht alles niederschreiben, und zweitens will ich das auch auf keinen Fall. Ich müßte ja dann immer wieder über meine Hoffnungen und meine Wünsche, über meine Sorgen und mein Elend sprechen, aber ich will mich doch gerade disziplinieren, meine Gedanken sollen all das meistern, Herr bleiben über die gesamte hiesige Materie, das heißt die Materie der SS, einer Brotkruste und der Wassersuppe, der Läuse und der Flöhe ...

Dabei fällt mir wieder das Goethe-Wort ein, das ich mir zur Richtschnur wählte, jene Verse, die ich bereits während meiner Gymnasiastenzeit so bewundert habe:

»Feiger Gedanken
bängliches Schwanken,
weibisches Zagen,
ängstliches Klagen
wendet kein Elend,
macht dich nicht frei.

Allen Gewalten
zum Trotz sich erhalten,
nimmer sich beugen,
kräftig sich zeigen,
rufet die Arme
der Götter herbei.«

Eine Flucht in die Literatur? Ich kann das nicht so genau analysieren, aber eines weiß ich: daß ich dadurch niemals die Wirklichkeit vergesse. Dafür sorgt sie übrigens auch selbst ...

*20. September*

Auf dem Brettchen rechts unter meinem Bett lag heute früh ein Buch von Carl Sonnenschein. Es gehört wahrscheinlich meinem »Untermann«, den ich nur vom Sehen kenne, aber noch nie gesprochen habe. Er gehört zum Personal, arbeitet auf der Schreibstube und schläft nur hier. Nach dem Buch zu urteilen, ein Katholik.

*Abends*

Mit dem Untermann Bekanntschaft gemacht. Ich bat ihn, mir das Buch von Sonnenschein zu borgen, und dadurch kamen wir ins Gespräch. Er wunderte sich, daß ich den Autor kannte, doch als er hörte, daß ich lange Zeit in Berlin gewohnt habe, war er nicht mehr so erstaunt. Sonnenschein war in Berlin auch bei Nichtkatholiken bekannt, besonders durch sein soziales Werk.

Dr. A. stammt aus Freiburg im Breisgau, war ursprünglich Historiker, ist aber jetzt Bibliothekar. Ich bat ihn, meine Kenntnisse der katholischen deutschen Literatur etwas vervollkommnen zu wollen; er hat diese Anregung sofort und gern aufgegriffen und schien sehr erfreut darüber.

*21. September*

Blut gespendet für einen Jugoslawen. Dreihundert Kubikzentimeter.

Adi hat die Transfusion gemacht, so daß alles gut ging.

Ich fürchtete schon, daß es vielleicht der SS-Arzt tun würde; der hat Lazus, der gestern auch Blut gespendet hat, so zugerichtet, daß er den Arm kaum bewegen kann und ihn in einer Binde tragen muß.

*22. September*

Der Bibliothekar wird mir immer sympathischer. Er ist seit beinahe drei Jahren hier, aber wenn ich ihn in die Schreibstube gehen sehe, scheint es, als hätte er seine festen Gewohnheiten beibehalten. Er liest viel, besonders Kirchengeschichte, und ist außerordentlich pünktlich und akkurat.

Auf dem Brettchen neben seinem Bett liegt, außer dem Buch von Sonnenschein, ein Werk über die heilige Theresia, und an der Wand ist mit Reißnägeln eine vergilbte Abbildung des Freiburger Münsters – »seiner« Kirche – befestigt.

Das Elend um ihn herum sieht er zwar, will es aber – aus Selbsterhaltungstrieb – lieber nicht in seinem vollen Umfang wahrnehmen. Doch konnte ich verschiedentlich beobachten, daß er aus seinen Paketen sehr viel verschenkt.

*Abends*

Während der »Mittagsruhe« habe ich heute Dr. A. wohl eine Stunde lang beobachtet. Er saß am Tisch und las, als der halbverhungerte Budapester Jude – der zwei Betten von mir entfernt liegt – zu ihm kam und ihn um ein Stückchen Brot bat. A. war außerordentlich höflich, machte in seinem Buch an der Stelle, wo er beim Lesen stehengeblieben war, einen Bleistiftstrich, schlug das Buch zu, ging zu seinem Schränkchen, nahm ein Stück Brot heraus und gab es dem Ungarn, ohne sich weiter mit ihm zu unterhalten. Dann setzte er seine Lektüre fort bis der zweite Kandidat erschien: Der Pole, der gestern an der Schulter operiert worden ist. Wieder war Dr. A. sehr höflich, und dasselbe Spiel begann: Das Strichchen mit dem Bleistift, das Zuklappen des Buches, der Weg nach dem Schränkchen ... und so weiter.

Eine Viertelstunde später war die »Mittagsruhe« vorbei. Dr. A. legte seine Kirchengeschichte unter sein Kopfkissen, warf noch einen kurzen Blick auf die Abbildung des Münsters und ging in die Schreibstube – ebenso würdevoll, als ob er in Freiburg zu seiner Bibliothek ginge!

*23. September*

Als ich heute mit Heini sprach, fiel zufällig der Name Gustav Landauer. Dabei stellte es sich heraus, daß Heini ihn gut gekannt hat und auch heute noch eine tiefe Verehrung für ihn hegt, was ich übrigens gut begreife.

»Von Landauer habe ich viel gelernt, wovon ich jetzt noch zehre«, sagte er, »das habe ich besonders deutlich während meiner sechs Zuchthausjahre empfunden. Ich wüßte niemand anders zu nennen, der mir soviel gegeben hat.«

Dieses Gespräch bestätigte mir aufs neue, ein wie großes Unrecht es ist, daß Landauers Name – bereits vor 1933 – in keiner deutschen Literaturgeschichte zu finden war, daß sein Werk so unbekannt blieb – auch bei uns. Sein Buch über Shakespeare, seine Essays über Meister Eckhart, über E. A. Poe, Kleist und so weiter, verdienen doch bestimmt genannt zu werden. Landauer war aber ... Sozialist, ein hinreichender Grund für die offiziellen Herren Literarprofessoren, um sein Werk zu unterdrücken und in Vergessenheit geraten zu lassen. Hier gilt es, später ein großes Unrecht wiedergutzumachen.

*24. September*

Nochmals lange und ausführlich mit Heini über Landauer gesprochen. Im April waren es genau fünfundzwanzig Jahre, daß er in Stadelheim – kaum dreißig Kilometer von hier – ermordet wurde. Bayern war damals im Aufstand, und kurze Zeit schien es, als ob sich Deutschland der russischen Revolution anschließen würde. »Hier in Bayern«, erzählte Heini, glücklich, mit mir darüber reden zu können, »hat es damals in Augsburg angefangen, unter Führung von Ernst Nikisch.« Derselbe Nikisch übrigens, der jetzt bereits seit Jahren als Gegner des Nationalsozialismus irgendwo in einem KZ sitzt. Damals stand er an Kurt Eisners und Landauers Seite. Landauer scheint anfangs ein überzeugter Pazifist gewesen zu sein, der in seinem »Aufruf zum Sozialismus« die marxistischen Auffassungen bekämpfte. Aber in den damaligen Apriltagen stellte er sich an die Spitze der Arbeiter.

»Ich kann mich noch sehr genau an ihn erinnern«, fuhr Heini fort, »besonders an eine Versammlung in einem der Säle des Wittelsbacher Palastes; da stand Landauer, und seine hagere Gestalt, sein schwarzer Bart und seine dunklen, funkelnden Augen stachen merkwürdig von den weißen Tapeten und den weißen Möbeln mit ihren goldenen Verzierungen ab. – Und als sie ihn dann Ende April 1919 totschlugen, war es für mich, als ob ich meinen Vater verloren hätte.«

Die Mörder wurden natürlich niemals gefaßt oder gar bestraft, obwohl ihre Namen bekannt waren. Das war schon damals so!

»1933 haben ›sie‹ seine Leiche ausgegraben und verbrannt«, erzählte Heini noch, »aber ich bin fest davon überzeugt, daß ihn viele Freunde in Bayern noch nicht vergessen haben – ihn nicht und die anderen nicht.«

»Welche anderen?« fragte ich.

»Erich Mühsam zum Beispiel, der auch mit uns zusammen gekämpft hat, der dann viele Jahre im Zuchthaus Niederschönefeld saß und den ›sie‹ – denn sie vergessen nichts und niemanden – später, als sie die Macht ergriffen hatten, ermordeten. Schon 1933. In Oranienburg. Vielleicht erinnerst du dich noch daran.«

Und ob ich mich daran erinnere! Nur zu gut! Ende 1932 habe ich Mühsam noch in Berlin gesprochen; im Mai 1933 saß ich dann selbst auch im KZ Oranienburg – und kenne darum genau den Ort, wo sie ihn später aufgehängt haben. Außerdem habe ich danach auch noch einige Artikel über diesen Mord geschrieben, und über Oranienburg ...

Und gewarnt ...

*Abends*

Mußte unwillkürlich wieder an meine Broschüre »Die Brauerei von Oranienburg« denken, die ich im Juli 1933 publizierte. Und an meine Radiorede über dasselbe Thema in dem flämischen Sender Brüssel. Aber auch das alles war – wie leider immer – nur tauben Ohren gepredigt!

Die einzigen, die wohl wußten und begriffen, wovor ich

warnte, waren die NSDAPer; die den Buchhändlern in Amsterdam meine Broschüre mit Gewalt wegnahmen und sie – vor nun mehr als elf Jahren – zerrissen.

*25. September*
Habe Heini erzählt, daß ich Tollers Autobiographie ins Holländische übersetzte und daß mir daher auch der Name Niederschönefeld keineswegs unbekannt ist.

»Ja, Toller hat da auch sehr lange gesessen. Er schrieb dort sein erstes Drama ›Die Wandlung‹ sowie sein ›Schwalbenbuch‹, das später so berühmt geworden ist – bei den deutschen Arbeitern wenigstens; das sind die Gedichte über die Schwalben, die sich in seiner Zelle ihr Nest gebaut hatten, die aber von den Gefängniswärtern natürlich sofort verjagt wurden, als sie sie entdeckten.«

Heini war hocherfreut, als ich ihm sagte, daß sowohl ich als auch viele andere Holländer das »Schwalbenbuch« kennen – und lieben.

»Toller scheint im Zuchthaus gewaltig um sich gebissen zu haben«, berichtete Heini, »denn als ich 1935 in Niederschönefeld saß, also mehr als zehn Jahre nach ihm, warnte mich einer der Aufseher, mich ja nicht etwa ›wie der rote Toller zu benehmen‹. Weißt du übrigens, daß Toller 1919 Kommandant der Stadt Dachau war und sie – leider erfolglos – verteidigt hat?«

Auch daran erinnerte ich mich, ebenso an eine Broschüre voller Vorwürfe über Tollers mangelhafte militärische Qualitäten – Vorwürfe, die wahrscheinlich gerechtfertigt waren, aber die seinem Ruhm doch keinerlei Abbruch tun können.

Dieser Dichter wird ewig leben, er wird unvergessen sein und bleiben, weil er sich für die Rechte seines Volkes einsetzt, für sie gestritten und gekämpft hat, 1919 und auch später, sein ganzes Leben lang – bis zu seinem Tode.

Und Bayern ist nicht nur das Land der Reaktion, nicht nur das Land der Konzentrationslager. Auch hier in Bayern wurde für die Freiheit gekämpft, geblutet und gestorben; von Landauer und Eisner, von Leviné und Mühsam und von zehntausenden Unbekannten.

Es tut gut, hier in Dachau wieder einmal daran zu denken. Das gibt neuen Mut, neues Vertrauen.

*Nach dem Appell*
Auch der Reichstagsabgeordnete Hans Beimler war ein Bayer; er floh bereits im Jahre 1934 aus dem hiesigen Lager (das ging

also damals noch!) und veröffentlichte das erste Buch darüber: »Die Hölle von Dachau!«

Der Gedanke, daß wir nun hier in dieser Hölle sitzen, ist so unwirklich, daß ich heute eigentlich zum erstenmal wieder an Beimler denke. Und meine ersten Gedanken hätten doch ihm gelten müssen, denn er war der erste, der über Dachau geschrieben hat!

Wie viele von denen, die damals glaubten, daß alles, was in diesem Buch steht, ja doch nur – »Greuelpropaganda« sei, mußten inzwischen – und müssen noch täglich – die Wahrheit seiner Worte am eigenen Leibe spüren?

Beimler ist später nach Spanien gegangen, um das Volk im Kampfe gegen die Faschisten zu unterstützen. Er ist 1936 im Universitätsviertel von Madrid gefallen. – Ein *guter* Deutscher!

*26. September*

Wie verabredet war, hat Dr. A. heute vor einem kleinen Kreis über Heinrich Hansjakob gesprochen. Wir saßen in der Ecke der Stube um A.s Bett herum, und Heini hatte versprochen, uns zu warnen, wenn »Besuch« im Anzug sei. Heinrich Hansjakob scheint A.s Steckenpferd zu sein, das war sofort zu merken, und es ist auch begreiflich, denn beide sind in Freiburg geboren und aufgewachsen. Ich mußte zu meiner Schande gestehen, daß ich sehr wenig von ihm gelesen habe, aber ich erinnerte mich doch an eine Reisebeschreibung aus Italien, die in vielen Punkten anders war als üblich: es war nämlich nicht an erster Stelle von Italien die Rede, sondern vom Autor, der sich immer wieder in den Vordergrund drängte. Da er aber wirklich etwas zu sagen hat und dies auf eine, für einen Priester besonders persönliche und unabhängige Weise tut, störte es keine Minute. Hansjakob hat damals den Eindruck eines Priesterrebellen auf mich gemacht, eines Menschen, dessen Werk wohl der Mühe wert ist; A.s Vorlesung bestärkte mich in dieser Ansicht.

Hansjakob scheint viel über das Leben der Bauern im Schwarzwald geschrieben zu haben, vor allem Novellen. Auch sein Reisetagebuch aus Frankreich, der Schweiz und einigen deutschen Provinzen interessiert mich, und vor allem will ich mir später in Holland sein Buch »In den Niederlanden« (1903) aus der Königlichen Bibliothek leihen.

*27. September*

Meine Bewunderung für Dr. A. wird immer größer. Er sitzt nun schon fast drei Jahre hier, aber er ist immer so gleichmäßig ruhig, so ausgeglichen, als ob er in seiner Bibliothek in Freiburg wäre, und nicht in der Hölle, die Dachau heißt. Und was für ein echter Bibliothekar er ist! Vor einer Stunde brachte er mir eine Liste – in seiner korrekten altertümlichen Handschrift, notabene – mit nicht weniger als ... zweiundsechzig Titeln von Werken Hansjakobs. Genau mit Erscheinungsjahr, Format und soweiter. Alles aus dem Kopf notiert, denn hier gibt es kein einziges Buch von Hansjakob.

Auch der Name des flämischen Biographen, über den er gestern gesprochen hat und dessen Buch 1901 in Gent erschien, ist ihm wieder eingefallen: H. Bisschop. Er erinnerte sich sogar auch noch daran, daß ein anderer Priester, nämlich Anton van Rijswijck, vom bischöflichen College zu Roermond (Christoffelstraße 7) an einer ausführlichen Studie über Hansjakob arbeitet. Er bat mich, diesem Priester mitzuteilen, daß er – A. – ihm nach dem Kriege gern weiteres Material verschaffen will.

»Das heißt«, fügte er vorsichtigerweise hinzu, »wenn wir beide hier lebend herauskommen.«

*Abends*

Heini schenkte mir heute »zur Erinnerung an unser Gespräch über Landauer« ein neues Diktatheft, das er für mich im Zimmer des Chefarztes organisiert hat.

Ich werde es für meine Aufzeichnungen benutzen und hoffe, daß ich es später mit nach Hause nehmen kann.

Auf die erste Seite hatte Heini ein Wort von Landauer geschrieben: »Nichts lebt, als die Tat ehrlicher Männer!«

*28. September*

Heute hatten wir von ein Uhr mittags bis gegen fünf Uhr Luftalarm – die beste Gelegenheit, um »ungestört« lesen und schreiben zu können.

Adi hatte mir gestern gerade einen Band Kleist gebracht. Ich habe sehr lange darin gelesen und mußte dabei an K. denken, der mir immer wieder vorwirft, daß ich Klassiker lese, die – wie er behauptet – »uns doch nichts mehr zu sagen haben und außerdem so veraltet sind«. Er selbst liest lieber Romane von Jo van Ammers-Küller.

Plötzlich kam mir eine Idee: Ich übersetzte das kleine »Lehrbuch der französischen Journalistik«, das Kleist 1809 für die »Germania« geschrieben hat. Ich habe einige, wenige Worte – vier oder fünf, nicht mehr – verändert. Gleich nach dem Appell werde ich es ihm zu lesen geben, natürlich ohne zu erzählen, von wem es ist und wann und wo erschienen. Ich bin sehr neugierig was er dazu sagen wird! Hier die neue Fassung:

## LEHRBUCH DER NAZIJOURNALISTIK
### Einleitung

§ 1 Die Journalistik überhaupt ist die treuherzige und unverfängliche Kunst, das Volk von dem zu unterrichten, was in der Welt vorfällt. Sie ist eine gänzliche Privatsache, und alle Zwecke der Regierung, sie mögen heißen, wie man wolle, sind ihr fremd. Wenn man die Nazizeitungen mit Aufmerksamkeit liest, so sieht man, daß sie nach ganz eignen Grundsätzen abgefaßt werden, deren System man die Nazijournalistik nennen kann. Wir wollen uns bemühen, den Entwurf dieses Systems, so, wie er etwa im geheimen Archiv zu Berlin liegen mag, hier zu entfalten.

### Erklärung

§ 2 Die Nazijournalistik ist die Kunst, das Volk glauben zu machen, was die Regierung für gut befindet.

§ 3 Sie ist bloße Sache der Regierung, und alle Einmischung der Privatleute, bis selbst auf die Stellung vertraulicher Briefe, die die Tagesgeschichte betreffen, ist verboten.

§ 4 Ihr Zweck ist, die Regierung, über allen Wechsel der Begebenheiten hinaus, sicherzustellen, und die Gemüter, allen Lockungen des Augenblicks zum Trotz, in schweigender Unterwürfigkeit unter das Joch derselben niederzuhalten.

### Die zwei obersten Grundsätze

§ 5 Was das Volk nicht weiß, macht das Volk nicht heiß.

§ 6 Was man dem Volk dreimal sagt, hält das Volk für wahr.

### Anmerkung

§ 7 Diese Grundsätze könnte man auch Grundsätze des Goebbels nennen. Denn ob sie gleich nicht von ihm erfunden sind, so wenig wie die mathematischen von dem Euklid, so ist er doch der erste, der sie, für ein bestimmtes und schlußgerechtes System, in Anwendung gebracht hat.

### Aufgabe

§ 8 Eine Verbindung von Journalen zu redigieren, welche erstens alles, was in der Welt vorfällt, entstellen, und gleichwohl zweitens ziemliches Vertrauen haben.

### Lehrsatz zum Behuf der Auflösung
Die Wahrheit sagen, heißt allererst die Wahrheit ganz und nichts als die Wahrheit sagen.

### Auflösung
Also redigiere man zwei Blätter, deren eines niemals lügt, das andre aber die Wahrheit sagt: so wird die Aufgabe gelöst sein.

### Beweis
Denn weil das eine niemals lügt, das andre aber die Wahrheit sagt, so wird die zweite Forderung erfüllt sein. Weil aber jenes verschweigt, was wahr ist, und dieses hinzusetzt, was erlogen ist, so wird es auch, wie jedermann zugestehen wird, die erste sein (q. e. d.).

### Erklärung
§ 9 Dasjenige Blatt, welches niemals lügt, aber hin und wieder verschweigt was wahr ist, heiße »Das Reich« und erscheine in offizieller Form; das andre, welches die Wahrheit sagt, aber zuweilen hinzutut, was erstunken und erlogen ist, heiße »Völkischer Beobachter« oder auch »Deutsche Allgemeine Zeitung« und erscheine in Form einer bloßen Privatunternehmung.

### Einteilung der Journalistik
§ 10 Die Nazijournalistik zerfällt in die Lehre von der Verbreitung erstens wahrhaftiger, zweitens falscher Nachrichten. Jede Art der Nachricht erfordert einen eignen Modus der Verbreitung, von welchem hier gehandelt werden soll.

## Kapitel 1
### von den wahrhaftigen Nachrichten

## Artikel 1
### von den guten Nachrichten

### Lehrsatz
§ 11 Das Werk lobt seinen Meister.

### Beweis
Der Beweis für diesen Satz ist klar an sich. Er liegt in der Sonne, besonders wenn sie aufgeht in den ägyptischen

Pyramiden, in der Peterskirche, in der Madonna des Raphael und in vielen andern herrlichen Werken der Götter und Menschen.

### Anmerkung
§ 12 Wirklich und in der Tat: man möchte meinen, daß dieser Satz sich in der Nazijournalistik nicht findet. Wer die Zeitungen aber mit Aufmerksamkeit gelesen hat, der wird gestehen, er findet sich darein; daher wir ihn auch, dem System zu Gefallen, hier haben aufführen müssen.

### Korollarium
§ 13 Inzwischen gilt dieser Satz doch nur in völliger Strenge für »Das Reich«, und auch für dieses nur bei guten Nachrichten von außerordentlichem und entscheidendem Wert. Bei guten Nachrichten von untergeordnetem Wert kann »Das Reich« schon das Werk ein wenig loben, der »Völkische Beobachter« aber und die »DAZ« mit vollen Backen in die Posaune stoßen.

### Aufgabe
§ 14 Dem Volk eine gute Nachricht vorzutragen?

### Auflösung
Ist es zum Beispiel eine gänzliche Niederlage des Feindes, wobei derselbe Kanonen, Bagage und Munition verloren hat und in die Moräste gesprengt worden ist: so sage man dies, und setze das Punktum dahinter (§ 11). Ist es ein bloßes Gefecht, wobei nicht viel herausgekommen ist: so setze man in »Das Reich« eine, im »VB« drei Nullen an jede Zahl und schicke die Blätter mit Kurieren in alle Welt (§ 13).

### Anmerkung
§ 15 Hierbei braucht man nicht notwendig zu lügen. Man braucht nur zum Beispiel die Blessierten, die man auf dem Schlachtfelde gefunden, auch unter den Gefangenen aufzuführen. Dadurch bekommt man zwei Rubriken; und das Gewissen ist gerettet.

### Artikel 2
### von den schlechten Nachrichten

#### Lehrsatz
§ 16 Zeit gewonnen, alles gewonnen.

#### Anmerkung
§ 17 Dieser Satz ist so klar, daß er, wie die Grundsätze, keines Beweises bedarf, daher ihn der »Führer« auch unter die Grundsätze aufgenommen hat. Er führt, in natürlicher Ordnung, auch auf die Kunst, dem Volke schlechte Nachrichten zu verbergen, von welchem sogleich gehandelt werden soll.

#### Korollarium
§ 18 Inzwischen gilt auch dieser Satz nur, in völliger Strenge, für den »VB« und für die »DAZ«, und auch für diese nur bei schlechten Nachrichten von der gefährlichen und verzweifelten Art. Schlechte Nachrichten von erträglicher Art kann »Das Reich« gleich offenherzig gestehen: der »VB« aber und die »DAZ« tun, als ob nicht viel daran wäre.

#### Aufgabe
§ 19 Dem Volke eine schlechte Nachricht zu verbergen?

#### Auflösung
Die Auflösung ist leicht. Es gilt für das Innere des Landes in allen Journalen Stillschweigen, einem Fisch gleich. Unterschlagung der Briefe, die davon handeln, Aufhaltung der Reisenden, Verbote, in Geschäften und in Cafés davon zu reden und für das Ausland Konfiskation der Journale, welche gleichwohl davon zu handeln wagen, Arretierung, Deportierung und Füselierung der Redakteure, Ansetzung neuer Subjekte bei diesem Geschäft: alles mittelbar entweder durch Requisition oder unmittelbar durch Polizeigewalt.

#### Anmerkung
§ 20 Diese Auflösung ist, wie man sieht, nur eine bedingte, und früh oder spät kommt die Wahrheit ans Licht. Will man die Glaubwürdigkeit der Zeitungen nicht aussetzen, so muß es notwendig eine Kunst geben, dem Volke

schlechte Nachrichten vorzutragen. Worauf wird diese Kunst sich stützen?

### Lehrsatz
§ 21 Der Teufel läßt keinen Schelm im Stich.

### Anmerkung
§ 22 Auch dieser Satz ist so klar, daß er nur verworren werden würde, wenn man ihn beweisen wollte, daher wir uns nicht weiter darauf einlassen, sondern sogleich zur Anwendung schreiten wollen.

### Aufgabe
§ 23 Dem Volk eine schlechte Nachricht vorzutragen?

### Auflösung
Man schweige davon (§ 5), bis sich die Umstände geändert haben (§ 15). Inzwischen unterhalte man das Volk mit guten Nachrichten, entweder mit wahrhaftigen aus der Vergangenheit oder auch mit gegenwärtigen, wenn sie vorhanden sind, wie zum Beispiel von der Eroberung von Paris, von dem Sondergesandten des Tenno und vom Eintreffen des Weizens aus der Ukraine oder in Ermangelung aller mit solchen, die erstunken und erlogen sind: sobald sich die Umstände geändert haben, welches niemals ausbleibt (§ 20), und irgendein Vorteil, er sei groß oder klein, errungen worden ist: gebe man (§ 14) eine pomphafte Ankündigung davon, und an ihren Schwanz hänge man die schlechte Nachricht an (q. e. d.).

### Anmerkung
§ 24 Hierin ist eigentlich noch der Lehrsatz enthalten: wenn man dem Kinde ein Licht zeigt, so weint es nicht, denn darauf stützt sich zum Teil das angegebene Verfahren. Nur der Kürze wegen, und weil er von selbst in die Augen springt, geschah es, daß wir denselben in abstracto nicht haben aufführen wollen.

### Korollarium
§ 25 Ganz still zu schweigen, wie die Auflösung fordert, ist in vielen Fällen unmöglich; denn schon das Datum des Wehrmachtberichtes, wenn zum Beispiel eine Schlacht verloren und das Hauptquartier zurückgegangen wäre,

verrät dies Faktum. In diesem Fall antidatiere man entweder den Wehrmachtbericht oder aber fingiere einen Druckfehler im Datum oder endlich lasse das Datum ganz weg. Die Schuld kommt auf den Setzer oder Korrektor.

Wie oft hatte ich mir nicht schon vorgenommen, die französischen Moralisten zu lesen! Und nun bringt mir Suire gerade dieses Buch. Gleich beim Durchblättern stieß ich auf einen Ausspruch, der mich hier wohl besonders tief treffen mußte: »Le courage surmonte tout.«

Also auch den Schreck vor der SS, auch die Angst vor Typhus und Dysenterie, selbst die Furcht vor dem, was uns die letzten Tage hier bringen werden ...
Bin ich eigentlich mutig?
Ich weiß es oft selbst nicht ...

*1. Oktober*

Drost kommt mir soeben sagen, daß Wiardi Beckman heute als »Blutspender« ins Revier eingeschmuggelt werden soll, dann werden wir wohl Gelegenheit zu einigen längeren Gesprächen haben. Darauf freue ich mich.

*2. Oktober*

Den ganzen Vormittag mit Wiardi Beckman in angeregter Unterhaltung auf der Bank vor der Totenkammer gesessen. Erst wollte es nicht recht gehen, und wir sprachen beide – ich glaube absichtlich, doch ohne es uns gegenseitig merken zu lassen – über mehr allgemeine Dinge, und erst nach einem Weilchen und sehr vorsichtig kamen wir auf das Problem eines eventuellen Zusammengehens von Sozialdemokraten und Kommunisten nach dem Kriege. Zwar schien W. B. in dieser Frage völlig mit mir übereinzustimmen, trotzdem hatte ich den Eindruck, daß er es – wenn es darauf ankommt – nicht mehr tun wird. Ich fürchte, er beurteilt diese Angelegenheit noch zu sehr von der Vorkriegssituation aus. Meiner Meinung nach müssen wir zuerst und vor allem von der Erkenntnis ausgehen, daß ein solches Zusammenarbeiten eine absolute Notwendigkeit ist. Das muß die Grundlage bilden, und dieser Notwendigkeit sind alle örtlichen Schwierigkeiten unterzuordnen. Das dürfte in der Praxis eine Frage des guten Willens sein, und ob W. B. eigentlich wirklich ehrlich will, scheint mir ziemlich zweifelhaft.

Als wir beide noch wie Katzen um den heißen Brei herumgingen, setzte sich Hoornik zu uns, und das Gespräch nahm eine andere Wendung. Hoornik und Beckman sprachen über eventuelle spätere Mitarbeit an der Zeitung »Het Volk«, und W. B. erklärte sich bereit, einen begabten jungen katholischen Journalisten – ich glaube von »De Tijd« –, den Hoornik ihm empfahl, nach dem Kriege für sein Blatt zu engagieren. Ich schwieg dazu, und erst als W. B. mich um meine Ansicht bat, habe ich ihm gesagt, daß ich glaube, daß die Wahl eines Mitarbeiters für eine wirkliche Arbeiterzeitung von anderen Gesichtspunkten aus zu erfolgen habe als für bürgerliche Blätter. Ein solcher Mitarbeiter muß nicht nur die Gedankenwelt der Arbeiterschaft kennen, ihre geistigen Nöte und Bedürfnisse nachempfinden können, sondern auch ihre materiellen; er muß von einem ganz anderen gesellschaftlichen Standpunkt aus schreiben, und muß auch den politischen Problemen ganz anders gegenüberstehen.

Während der anschließenden Debatte gingen wir noch weiterauf den Kern dieses Problemes ein, und es kam zu einem interessanten und anregenden Gespräch.

*4. Oktober*
Gestern und heute wieder sehr lange und ausführlich mit W. B. gesprochen. Als Mensch wird er mir stets sympathischer, doch in allen politischen Fragen decken sich unsere Ansichten immer weniger. Ein dauerhaftes Zusammengehen dürfte wohl auch in der Zukunft kaum möglich sein, denn unsere Ausgangspunkte sind so völlig verschieden. Und ich dachte, es müßten doch dieselben sein...

*6. Oktober*
Die Diskussionen mit W. B. führen zu nichts. Trotz meiner Erfahrungen mit einigen von W. B.s flämischen Freunden, scheine ich das wahre Wesen der sozialdemokratischen Führung noch immer nicht zu verstehen. W. B. lehnt zum Beispiel steif und fest ab, die Theorien von Marx zu akzeptieren, ohne daß er jedoch etwas anderes an deren Stelle zu setzen wüßte. Je mehr wir auf die politischen Probleme eingehen, und bei allen Diskussionen über weltanschauliche Fragen, stellt sich zum Schluß immer deutlicher heraus, daß er eigentlich ein kalvinistisch denkender und fühlender Mensch ist und außerdem ein begeisterter Oranien-Verehrer. Der Grund, warum er für die Königin ist, liegt aber nicht in der Tatsache, daß der größte Teil des holländischen Volkes hinter ihr steht, sondern weil er ein glühender Bewunderer des Hauses Oranien ist. Schade, daß er

hierüber soviel zu sagen und zu erzählen weiß und so blutwenig über die Möglichkeiten einer eventuellen späteren Einheitsfront. Doppelt schade, daß er dergleichen eigentlich nebensächliche Probleme, die keineswegs ein Hindernis für ein späteres Zusammengehen bilden müssen, so in den Vordergrund schiebt.

*7. Oktober*
Im »Völkischen Beobachter« habe ich heute eine kurze Notiz gefunden, derzufolge es Hendrik de Man gelungen ist, glücklich die Schweizer Grenze zu überschreiben, obwohl ihm die französischen Partisanen auf der Spur waren.

Ich ließ es auch W. B. lesen, denn: der Vorsitzende der Zweiten Internationale auf der Flucht vor französischen Arbeitern, von ihnen gehaßt und verfolgt – ist das kein tieftragisches Symbol, ein Drama von geschichtlicher Bedeutung?

*10. Oktober*
Gestern war ich an der Reihe, einen »Vortrag« zu halten, und darum habe ich bei uns in der Stubenecke zwischen den Betten, so gut es eben ging, über Potgieter gesprochen. Merkwürdig – ich verspürte selbst so etwas wie nationale Verantwortung, als ich von diesem Dichter berichtete, den ich, obwohl einige Freunde (besonders Closset) anderer Meinung sind, für einen der größten holländischen Autoren des vorigen Jahrhunderts halte.

Nach den Maitagen 1940 war Verweys »Leven van Potgieter« das erste Buch, das ich las – und wenn ich hier herauskomme, werde ich es wiederum lesen.

Ich weiß nicht, ob es mir gelungen ist, unserem »Klub« einen Eindruck von Potgieters Kunst zu vermitteln, denn sein Werk wird Ausländern wohl stets unzugänglich bleiben. Es wäre vielleicht zu übersetzen, aber erstens ist das außerordentlich schwer, und zweitens müßten Werke wie »Gedroomd Paardrijden« oder »De nalatenschap van een Landjonker« auch mit so ausführlichen Kommentaren versehen werden, daß dafür ein ganzes Potgieter-Studium erforderlich wäre. Übrigens wird auch dann noch für Nicht-Holländer das typisch Holländische seiner Kunst kaum nachzuempfinden sein.

Ich habe gestern versucht, ihn als eine der bedeutendsten Persönlichkeiten der europäischen Romantik – neben Multatuli – zu zeichnen, wobei ich besonders betonte, daß er nicht nur ein bedeutender Holländer, sondern auch ein großer Europäer gewesen ist. Ich wies dann auf seine vielseitige Kenntnis der französischen, englischen, amerikanischen und schwedischen Literatur hin. Ich nannte ferner – besonders für A. – das Gedicht »Voor het Eeuwfeest van Friedrich Schillers geboorte«; leider kannte ich davon keine einzige Zeile mehr auswendig. Potgieter huldigte Schiller – genau wie auch Dante in seiner »Florence« – vor allem als dem großen Vorkämpfer für Freiheit, Glaube und Vaterland. Sind nicht auch sein »George Washington« sowie »Abraham Lincoln« heute wieder Themen, die uns mehr denn je interessieren? Eine Bestätigung mehr, daß Potgieter auch als Dichter keineswegs veraltet ist. Ich geriet so in Begeisterung, daß ich ihn sogar unseren nationalen Friedensdichter nannte – und ich bin bereit, diese Behauptung später gegenüber allen Freunden zu verteidigen.

Als A. mich fragte, ob Potgieter auch ein guter Kenner der deutschen Kultur gewesen sei, antwortete ich, daß er das bestimmt war, daß aber seine Sympathie Amerika galt. Für das damalige, reaktionäre Deutschland fühlte er natürlich nichts, denn er hatte – genau wie Bakhuizen – einen überraschend scharfen Blick für die deutschen Zustände.

(Meine größere Studie »Bakhuizen und Heine«, an der ich arbeitete, als ich verhaftet wurde, hoffe ich später einmal beenden zu können.)

K. meinte zum Schluß noch, daß ihm Potgieters Poesie zu schwer sei. Ich erinnerte ihn an die Gedichte Paul Valérys, die er mit Recht so bewundert, sowie an Faust II, den er auch nicht ohne Kommentar lesen kann. Ebensowenig übrigens wie Dante.

*11. Oktober*

Telders und ich haben in Vught oft über Potgieter gesprochen. Bei einer dieser Gelegenheiten und im Zusammenhang mit der großen Bewunderung des Dichters für die Amerikaner, besonders für die demokratischen Auffassungen der Concord-Gruppe, riet mir Telders, einige von ihnen, vor allem Henry D. Thoreau – von dem ich nur »Walden« kenne – näher zu studieren.

Während ich nun wieder an Telders denke, wird mir allmählich klar, daß ich eigentlich an ihm die gleichen Eigenschaften bewundere, die ich an Potgieter so schätze: die große Freiheitsliebe, die echte Ehrfurcht vor Hollands Vergangenheit (die niemals hindert, Weltbürger zu sein und zu bleiben), die Träume vom Leben und von der Zukunft ...

*13. Oktober*

Mit Wiardi Beckman hatte ich heute früh eine besonders angenehme und erfreuliche Unterhaltung. Sobald wir über Literatur sprechen, geht es ausgezeichnet. Er erwies sich als ein ebenso großer Bewunderer Verweys wie ich, und wir haben den ganzen Vormittag, während wir auf der Lagerstraße hin und her spazierten, den Plan eines Buches über Verwey – das zu schreiben ich ihm vorschlug – entworfen; wir haben nicht nur den Stoff, sondern auch bereits die einzelnen Kapitel genau eingeteilt!

Es erzeugte ein warmes, wohltuendes Gefühl, in so vielen Punkten übereinzustimmen, aus sich herausgehen zu können, gemeinsam ein Projekt zu entwerfen und im Geiste zusammen auszuarbeiten.

*Nach dem Appell*

W. B. kennt seine Klassiker beneidenswert gut, liest sowohl Homer als auch Vergil – die beide in der Lagerbibliothek sind! – ohne Wörterbuch und ohne Kommentar.

*15. Oktober*

Fritz van Hall steht auf der Liste für den nächsten Transport. Wohin wissen wir noch nicht:

Das durfte nicht geschehen. Ich fühle es wie ein nahendes Unheil. Warum hat er sich nicht wieder versteckt wie bereits einige Male vorher? Warum ist er nicht ins Revier geflüchtet, zu Drost oder zu van Dommelen? Warum ließ er mich nicht sofort verständigen? Vielleicht hätte ich dann über Adi noch etwas für ihn erreichen können. – Die Art, wie er auf meine Vorhaltungen reagierte, beunruhigt mich: Er habe genug von dem ewigen Verstecken, das hätte ja doch alles keinen Zweck und so weiter! Also: »Schicksal nimm deinen Lauf.«

Haben wir ihn in den letzten Wochen etwa zuviel sich selbst überlassen? Ich glaube nicht. Er wußte, daß wir ihm alle immer und gern geholfen haben und es wieder getan hätten; er wußte, wo er sich stets verstecken konnte. Aber er ist müde geworden, und darum habe ich Angst um ihn.

*16. Oktober*

Die Entscheidung ist gefallen: Fritz geht nach Auschwitz. Nun sieht er selbst ein, wie verkehrt es war, sich nicht auch weiterhin zu wehren. Er versuchte zu lächeln, als wir darüber sprachen.

Habe dann noch einen letzten Versuch gemacht, um zu verhindern, daß er auf Transport geht, doch die Liste war bereits weitergegeben, schon nicht mehr beim »Arbeitseinsatz«. Nun heißt es unwiderruflich: Auschwitz! Schlimmer konnte er es wirklich nicht treffen!

Ich fürchte, wir werden ihn nie wiedersehen; auch Eddy und Drost stehen ganz unter dem Eindruck der alarmierenden Nachricht. Er gehörte so zu uns, sowohl in Vught als dann auch später in Dachau. Von uns allen war er derjenige, dessen Gedanken sich stets in den höchsten Sphären bewegten, doch ohne daß er dadurch auch nur einen Augenblick lang den Kontakt mit der Realität verloren hätte. Er ist ein Aristokrat: sauber und vornehm. Er sah den Schmutz, der ihn umgab, nicht, wollte ihn nicht sehen. Er ist und bleibt – auch im Lager – ein Künstler, ein Sucher nach Schönheit. Er teilt unsere politische Meinung und verteidigt sie leidenschaftlich gegenüber Dritten; er hat sie so tief verarbeitet, daß sie zu einem harmonisch gewachsenen Teil seines Denkens geworden ist. Wie wohltuend wirkten in Vught – zwischen allzuviel Egoismus einerseits und der SS-Ideologie andererseits – die kleinen Plaketten, die er dort machte: Zarte Frauenfigürchen, immer spielerischer, stets vergeistigt und von der gleichen Reinheit – und doch stets anders.

Wenn er nur mit Lebau, Mulder und van Zweden zusammen in seinem ersten Kommando, in der Porzellanfabrik, geblieben wäre!

Aber im August war das Unerwartete geschehen, war die Anfrage von Thorak gekommen. »Der Lieblingsbildhauer des Führers«, der sein Atelier in der Nähe von Garmisch-Partenkirchen hat, suchte »Hilfskräfte«.

Was war also bequemer und einfacher für ihn, als beim Lagerkommandanten von Dachau zwei Sklaven zu bestellen? »Man sende mir umgehend, gegen billigsten Preis, zwei tüchtige Bildhauer!«

Fritz und van Zweden wurden dafür ausgewählt, sollten zu Thorak. In Zivilkleidung. Hätten sich nur einmal täglich bei der örtlichen Polizeibehörde zu melden. Das beste Kommando von Dachau! Wochenlang haben wir darüber gesprochen und Zukunftspläne geschmiedet, während wir auf der kleinen Straße zwischen Block 20 und Block 2 auf und ab gingen. Wir glaubten, unsere große Chance sei gekommen. Van Zweden sollte dafür sorgen, daß auch ich »angefordert« würde, angeblich um eine Monographie über Thorak zu schreiben, und dann wollten wir drei zusammen fliehen ...

Aber der Kommandant hatte dann wochenlang keinen SS-

Mann, keinen »Posten« frei, um die beiden nach ihrem Bestimmungsort zu bringen. Trotzdem war ihr »reserviert für Bildhauer Thorak« lange ein Zauberspruch, der sie vor anderen Transporten oder Kommandos bewahrte. Bis auch diese Worte eines Tages wertlos wurden und Fritz sich wieder wie ein gehetztes Tier zu fühlen begann. Nun hat er sich fangen lassen...

*17. Oktober*
Thorak! Der »offizielle« Bildhauer des Dritten Reiches.
Ich entsinne mich seiner noch recht gut – aus dem Romanischen Café in Berlin. Vor 1933. Ein Streber, der nichts unversucht ließ, um die Kunstkritiker für sich zu gewinnen, sie wohlwollend zu stimmen, der es auch nicht verschmähte, recht bedeutende Beträge von jüdischen Mäzenen anzunehmen und der außerdem wer weiß was darum gegeben hätte, um bei Flechtheim ausstellen zu können.
Das war allerdings vor Hitler. – Jetzt aber: Lehmbrucks Genie wird nicht anerkannt, Barlach ist in den Tod getrieben, doch Thoraks Stern steigt höher und immer höher – bis zur höchsten Sprosse seiner allerhöchsten Leiter in seinem riesigenAtelier. Höher aber, über diese Sprosse hinaus, wird er allerdings niemals steigen können...
Ob er das nicht auch selbst spürt? Ob er nicht auch selber weiß, daß seinem Werk baldiger Untergang und schnelles Vergessen bestimmt sind?
»Trahir ou pas trahir, that is the question« – sagte Swire neulich, in einem Gespräch über Céline.
Thorak *hat* verraten!
Das spiegelt sich auch in seinen Arbeiten immer deutlicher wieder: Denkmäler und Statuen von immer gewaltigeren Ausmaßen sollen über Thoraks Hohlheit hinwegtäuschen, doch sie demonstrieren nur um so nachdrücklicher die Fäulnis seines unwahrhaftigen Denkens. Wie klar und rein sind dagegen Fritzens kleine Plaketten aus Vught. Sie haben nichts von Fäulnis, weil er wahrhaft ist und außerdem ein großer Künstler. Warum kann ich – wenn ich an ihn denke – nur dieses beklemmende Angstgefühl nicht loswerden? Vielleicht weil er selber mit dem Leben bereits abgeschlossen zu haben scheint?
Ich möchte ihm so gern noch sagen, daß er alles tun muß um durchzuhalten; ihm ans Herz legen, daß er das nicht nur sich selbst schuldig ist, sondern auch seinem Werk – und uns! Ich will versuchen, ob ich ihn nicht doch noch vor dem Transport – vielleicht im Großen Bad – sprechen kann.

Ob meine Worte allerdings noch Eindruck auf ihn machen werden?

*18. Oktober*

Ein Tag voll tragischer Zufälle.

Um drei Uhr rief mich Pratomo. Ich war gerade von meinem Rundgang mit den Totenlisten zurück.

»Bei der Zahnstation stehen holländische Frauen; sie kommen aus München. Eine davon will dich sprechen!«

»Wie heißt sie?«

»Es ist eine Schwester von Fritz van Hall.«

Ich sah die Frauen schon von weitem. Vielleicht zehn oder zwölf. Auch Polinnen darunter. Sie waren von Ravensbrück nach München transportiert worden, um dort in den Agfa-Fabriken zu arbeiten. Kamen nun zur Behandlung ins Revier. Polen umringten die polnischen Frauen und bestürmten sie mit Fragen.

Ich fand Fritzens Schwester sofort heraus, obwohl ich sie nicht persönlich kannte. Aber er hatte mir viel von ihr erzählt, auch von Gerrit van der Veen. Ich wußte daher, daß sie verhaftet war. Sie haben sich seit über eineinhalb Jahren nicht gesehen. Sie hofften, ihn nun hier sprechen zu können; hatte sich aus diesem Grunde zur Zahnbehandlung gemeldet. Als sie mich ansah, merkte ich, daß sie es bereits wußte.

»Gesundheitlich geht es ihm gut.«

Das war alles, was ich sagen konnte. Ich faßte tröstend ihre Hand, und der alte Scharführer, der die Frauen begleitete, sah weg; er dachte vielleicht, daß wir verheiratet oder verlobt wären.

»Ist er schon fort?«

»Sie stehen noch beim großen Tor, aber du kannst ihn nicht mehr sehen oder sprechen, sie werden von SS bewacht.«

Ich lief durchs Revier – nach dem Großen Bad. Ich wollte versuchen, Fritz wenigstens noch wissen zu lassen, daß seine Schwester hier sei – daß sie gesund ist. Es würde ihm gut tun, seinen Mut stärken ...

Auf dem Appellplatz traf ich den Jugoslawen vom Arbeitseinsatz und fragte ihn nach dem Transport für Auschwitz.

»Vor noch nicht fünf Minuten sind sie durchs große Tor ...«

Als ich zur Zahnstation zurückkam, sah sie mich schweigend an. Sie begriff, was ich gewollt hatte – und daß ich nichts erreicht hatte.

Dann kam Drost und gab ihr das für Fritz bestimmte Rote-

109

Kreuz-Paket, das gestern ankam, als er schon im Großen Bad war. Andere Freunde brachten Brot und Seife, einen Kamm und ein Messer.

Es war für uns alle ein aufsehenerregendes Ereignis: Frauen – Holländerinnen in Dachau!

Es hinterließ eine uns fremde Unruhe; auch Mitleid – und gleichzeitig etwas Prickelndes...

*19. Oktober*
Das gestrige Erlebnis zittert noch in uns nach. Es gibt plötzlich ein neues Element in unserem Leben. Die Frauen sollen in der nächsten Woche wiederkommen; das verschafft uns ein Gefühl, als wäre unsere Zukunft dadurch aussichtsreicher geworden.

Bevor wir gestern abend schlafen gingen, fragte Eddy: »Wo Fritz nun wohl sein mag?«

Wir beide waren bestimmt nicht die einzigen, die an ihn dachten. Trotz des Frauenbesuches...

*20. Oktober*
Mir ist aufgefallen, wie gezwungen Wiardi Beckman oft im Umgang mit anderen Häftlingen ist, besonders wenn es sich um Nichtakademiker handelt, wie gezwungen seine Gespräche mit Arbeitern sind, mit allen, die keine höhere Schule besuchten. Er wirkt dann nie natürlich. Ich glaube, daß er sich einfach nicht einfühlen kann in das, was in einem Arbeiter vorgeht, und es ist sehr schade, daß er sich so wenig Mühe gibt, sie zu begreifen.

Daß er auch anscheinend gar kein Bedürfnis dazu verspürt, wundert mich. Ein Mann, der in der Arbeiterpresse an leitender Stelle steht, müßte das doch wohl tun. Natürlich erkenne ich Wiardi Beckmans enorm große Fähigkeiten sehr gut, die ich ganz und gar nicht gering schätze, aber meiner Meinung nach liegen sie auf einem anderen Gebiet. Ich fürchte allerdings, daß er später auf dem einmal eingeschlagenen Wege weitergehen – und daß unsere Freundschaft dadurch nicht von langer Dauer sein wird.

*21. Oktober*
W. B. ließ mich heute ein paar Verse lesen, die er in diesen Tagen geschrieben hat. Sie haben mich tief gerührt und ihn mir wieder viel nähergebracht. Es ist ein Gedicht für seine Tochter. Wehmütig, doch keineswegs sentimental, und voll echten Gefühls. Diese reinen, ungekünstelten Verse sind echt, in

ihnen ist nichts Gezwungenes, nichts von dem etwas Gewollten, Krampfhaften, das auch Geistlichen oft anhaftet, nichts von dem Zurückschrecken vor jeder natürlichen und einfachen Gefühlsäußerung. Dieses Gedicht zeugt von einer erhabenen innigen Menschlichkeit, für die ich tiefste Sympathie empfinde.

Und die letzte, nicht ganz gelungene Zeile, hat etwas Unbeholfenes, das mich rührt.

*22. Oktober*

Dr. A. sprach heute für unseren kleinen »Klub« über eine katholische Persönlichkeit der deutschen Literatur, über Alban Stolz; Priester wie Hansjakob. Er scheint in Deutschland sehr bekannt zu sein, aber ich hatte noch nie von ihm gehört, obwohl ich glaubte, das Gebiet der deutschen Literatur einigermaßen gut zu beherrschen. Vielleicht bin ich doch zu einseitig orientiert, obwohl ich mich bemühe, es nicht zu sein? Werden in den mir bekannten Literaturgeschichten derartige Persönlichkeiten nicht erwähnt, weil ihre literarischen Qualitäten dafür nicht ausreichen, oder sind dabei politische Gründe ausschlaggebend?

A. gebrauchte oft die Wendung »katholische Literatur«. Ich wollte ihm nicht in die Rede fallen, werde aber an einem dieser Tage diese Frage zur Debatte stellen, denn meiner Meinung nach ist nämlich auch die Literatur *unteilbar*. Dante und Cervantes zum Beispiel sind *Welt*literatur – keineswegs *»katholische«* Literatur.

*23. Oktober*

Eigentlich wollte ich gestern einige Aufzeichnungen über Alban Stolz notieren, bin aber vom Thema abgekommen. Dann hatten wir wieder einmal Läusekontrolle, so daß ich nicht weiterschreiben konnte.

Die Werke von Alban Stolz (1808–1883) kommen mir trotz A.s Ausführungen doch ziemlich trocken und langweilig vor; ich gewann nicht den Eindruck, daß sie mich beim Lesen sehr fesseln würden. Seine Tagebücher »Witterungen der Seele« scheinen allerdings der Mühe wert zu sein, und da A. so begeistert darüber sprach, habe ich mir vorgenommen, sie später zu lesen – eigentlich mehr, um ihm einen Gefallen zu tun. Dann vielleicht noch ein Buch, auf das A. mich aufmerksam macht- und das ein Holländer, Pater Herschhof aus Nijmegen, über Stolz schrieb. Erschienen beim Wachter-Verlag in Graz.

*24. Oktober*

Heute mittag traf ich hier plötzlich Alfredo, den spanischen Chauffeur, der mich 1937 von Port-Bou nach Madrid fuhr, zusammen mit Brouwer, Andersen-Nexö, Anna Seghers und einem chinesischen Freund, dessen Namen ich vergessen habe. Auch er erkannte mich sofort wieder und war so kindlich froh, mich zu sehen, daß ich beinahe verlegen wurde.

Glücklicherweise ist er nicht so schwerkrank – eine beginnende Phlegmone an seinem rechten Bein –, so daß er wohl genesen wird. Ich habe Suire sofort gesagt, daß Alfredo ein Freund von mir ist, und auch mit Heini über ihn gesprochen.

Juni 1937 habe ich ihn zuletzt gesehen; danach hat er noch bei Brunete und später in der Brigade Lister gekämpft. Bis zum Schluß. Dann ist er zusammen mit vielen seiner Freunde über die französische Grenze gegangen und dort – im Süden – durch die Laval-Regierung in ein Lager gesteckt worden, wo man sie nicht nur schlug und mißhandelte, sondern wo auch Hunderte an Typhus starben. Als dann nach drei Jahren die Deutschen kamen, haben sie die Häftlinge in deutsche Lager transportiert. Er selbst ist – bevor er hier landete – in Mauthausen gewesen. Er fragte mich sofort nach Brouwer und war einige Minuten sehr still, als ich ihm sagte, daß Brouwer von den Deutschen erschossen wurde.

*25. Oktober*

Alfredo weiß noch ganz genau, daß ich damals mit bei seiner Familie gewesen bin und bringt immer wieder das Gespräch darauf. Er hatte uns erst von Port-Bou nach Barcelona gefahren, von dort nach Valencia und dann nach Madrid. Seit Wochen hatte er seine Familie nicht gesehen. Sie wußten nicht, ob er noch lebte – er nicht, ob sie noch am Leben waren und ob ihr Haus noch stand. Außerdem wollte er ihnen – und allen anderen in seiner Straße – so gern zeigen, daß wir, einige ausländische Schriftsteller, zu seinen Freunden gehörten und gekommen waren, um ihnen – den republikanischen Spaniern – zu helfen. Brouwer, der einzige von uns, der perfekt Spanisch sprach, hatte diese Wünsche sehr rasch begriffen und schlug vor, erst bei den Eltern unseres Chauffeurs vorbeizufahren, bevor wir mit den anderen in unser Hotel gingen.

Ich sehe uns dann noch in Alfredos Straße, irgendwo in der Gegend der Puerta del Sol, und wie sich seine Familie und die Nachbarn um uns drängten. Sie umarmten uns, klopften uns immer wieder auf die Rücken und waren stolz und glücklich über unseren Besuch. Brouwer sprach einige tiefempfundene und innige Worte. Er gab das feierliche Versprechen, dem spanischen Volke immer nach besten Kräften helfen zu wollen.

Wenn ich nun wieder über Brouwers Leben nachdenke, glaube ich, daß er in den letzten Jahren wohl nicht mehr oft so glücklich gewesen ist, wie damals ...

*26. Oktober*

Wortwechsel mit K. gehabt. Er wollte nicht glauben, daß – nach Beendigung des spanischen Bürgerkrieges – Alfredo und Tausende seiner Landsleute durch die französische Regierung in Lager gesteckt worden sind, daß sie dort auch mißhandelt wurden, daß sie dort auch an Hungerödemen litten und daß auch dort Hunderte an Typhus gestorben sind.

Weil er in Holland nichts davon wußte?

Für ihn hat der Krieg erst am 10. Mai 1940 begonnen und vorher herrschte überall in der Welt süßer Friede und fromme Eintracht.

»Aber davon hat doch nichts in den Zeitungen gestanden«, war immer sein letztes und einziges Argument.

Es hat damals so viel nicht in den Zeitungen gestanden, was darin hätte stehen müssen ...

Wenn K. nun wenigstens begreifen würde, warum es nicht in den Zeitungen gestanden hat, und wer daran interessiert war, daß es nicht darin stand.

*Abends*

Vielleicht kann Alfredo einige Monate hier im Revier bleiben, als Stubendienst. Er spricht ganz gut Französisch und ist dabei, auch Deutsch zu lernen: aus einer Grammatik, die er stets bei sich trägt.

*28. Oktober*

Ich will mir die Namen und Arbeiten von noch einigen anderen Schriftstellern notieren, die mir wohl der Mühe wert scheinen und die zu Unrecht wenig bekannt sind, wenigstens in nichtkatholischen Kreisen. Vor allem Theodor Haecker, der unter anderem Kierkegaard bei seinen deutschen Glaubensgenossen einführte, eine prachtvolle Übersetzung von Vergils »Bucolica« besorgte und noch vor einigen Jahren ein Buch: »Vergil, Vater des Abendlandes« herausgab.

Ferner Reinhold Schneider. Ich las von ihm ein Buch über den portugiesischen Klassiker Camoes. Ob Slauerhof es wohl kannte, als er seinen Roman über Camoes schrieb? Es würde ihn sicherlich sehr interessiert haben!

Warum wird eigentlich auch Schneiders Buch über Wilhelm von Oranien niemals bei uns zitiert, und warum ist es nicht übersetzt?

Beide Autoren sind in unseren Kreisen leider bis heute völlig unbekannt. Andrerseits wissen die meisten Katholiken kaum etwas von einem der neueren amerikanischen oder russischen Schriftsteller.

Wenn wir uns nach dem Kriege besser kennenlernen und verstehen wollen – und das wird wohl wünschenswert und nötig sein –, ist dafür meiner Meinung nach eines der besten Mittel die gründlichere Kenntnis der gegenseitigen Literatur.

*29. Oktober*

Die Frauen waren wieder hier, doch leider von einem anderen Scharführer begleitet, so daß wir kaum Gelegenheit hatten, mit ihnen zu sprechen. Wir konnten ihnen nur einiges von dem zustecken, was wir für sie aufgespart und organisiert hatten, und dabei ein paar Zettelchen austauschen.

Suse von Hall brachte mir Grüße von Jean Guillissens Frau, die mit ihr im gleichen Frauenlager in München sitzt und die ich aus Brüssel kenne. Guillissen! Er wurde kurz vor meiner Verhaftung Anfang Mai 1943 hingerichtet.

In einem der Briefchen stand, daß auch Rie Schönberg sitzt, und daß man von Dolf nichts mehr gehört hat. Wo mag er wohl sein? Untergetaucht auf Walcheren, wo er Verwandte hatte? Oder noch in Brüssel? Hochgegangen? Vielleicht sogar schon nach Polen deportiert?

Wo sind unsere anderen Freunde, mit denen wir – noch kurz vor Ausbruch des Krieges – in Brüssel die Ausstellung der Freien Deutschen Literatur: »Malgré les Autodafés« veranstaltet haben? Was mag aus ihnen allen geworden sein?

*Abends*

So viele unserer deutschen und österreichischen Kameraden, mit denen wir damals zusammenarbeiteten, sind inzwischen schon tot.

Guillissen, der die wissenschaftliche Abteilung leitete, ist hingerichtet. »Der Hochflieger« hatte ich ihn getauft, weil er seinerzeit Assistent von Piccard gewesen ist, dem Stratosphärenprofessor. Guillissen war ein Held – und wäre sicherlich ein ebenso großer Gelehrter geworden. Ich bin fest davon überzeugt, daß man seinen Namen später in Belgien mit tiefer Ehrfurcht nennen wird, ebenso wie in Holland Brouwers Namen.

Ich hoffe natürlich, hier lebend herauszukommen, doch wenn ich hier sterben muß: Mein Leben war doch wert, gelebt zu werden – mit solchen Freunden, wie diesen beiden bewundernswerten Menschen!

»Et s'il était à refaire, je refairais le chemin.«

*31. Oktober*

Als ich heute vormittag, nachdem ich für Heini einige Patienten ins Röntgenzimmer gebracht hatte, zurück in unsere Stube kam, waren dort inzwischen einige »Neue« eingeliefert worden, die, als sie mich sahen, sofort riefen: »Der Herr Doktor! – Der Herr Doktor!« Zuerst erkannte ich sie nicht, doch nach ein paar Worten wußte ich wieder, wer sie waren: Der eine, ein gewisser Sterenbach, ein jüdischer Holzhändler aus Wolowoje, und der andere, ein Apotheker aus Chust – beide hatte ich seinerzeit auf meiner Reportagereise durch Karpato-Rußland kennengelernt.

Nun steht es mit ihnen recht schlimm, sie sind zu Gerippen abgemagert und haben an den Beinen Phlegmone, so groß wie Untertassen.

Ich habe ihnen versprochen, ihnen hier nach Möglichkeit zu helfen, was sie etwas beruhigte. Hoffentlich können sie einige Wochen hierbleiben; Rückkehr in eines der »Judenlager« wäre ihr sicherer Tod.

Ich konnte ihnen gute Betten besorgen und etwas Brei. Sie waren so froh, hier jemanden zu treffen, den sie kannten. – Was aus ihren Frauen und Kindern geworden ist, wissen sie nicht, nur daß sie auch von den Deutschen verschleppt worden sind. Als sie mir dann voller Stolz erzählten, daß ihre Söhen bereits auf dem Hebräischen Gymnasium in Munkács waren, habe ich – ihnen zuliebe – so getan, als ob ich mich noch gut an ihre Familien erinnere.

*3. November*

Nicolai brachte mir heute wieder triumphierend seine neueste Beute: zwei französische Bücher, die er in Stube 2 unter dem Strohsack eines Toten gefunden hat. Einen Band Racine und eine Gedichtsammlung von de Nerval mit einer ausführlichen Einleitung, in der ich den ganzen Nachmittag gelesen habe.

De Nerval hat mich schon immer interessiert. Eine besonders saubere Persönlichkeit, und außerdem kannte er auch die deutschen Klassiker so gut. Mit knapp zwanzig Jahren veröffentlichte er bereits seine, von Goethe sehr gelobte Übersetzung des Faust I, und kaum zwei Jahre danach die »Poésies allemandes«, Übersetzungen von Schiller, Goethe, Klopstock und Bürger. Später auch noch die eines großen Fragmentes aus Faust II und viele Gedichte von Heine.

Nach dem Kriege möchte ich doch noch gründlich untersuchen und aufspüren, mit wem de Nerval auf seinen vielen Reisen in Deutschland persönlich in Berührung gekommen ist. Seine »Souvenirs d'Allemagne« dürften hierfür wertvolle Fingerzeige enthalten. Heine wird er wohl in Paris gesehen und gesprochen haben. Auch in unserem Lande ist er einige Male gewesen, aber leider kenne ich seine Reiseberichte hierüber nicht. »L'Imagier de Haarlem«, das 1851 in Paris aufgeführt wurde – ein Resultat dieser Besuche?

Die Einleitung zu dem Gedichtbändchen bestärkt mich immer mehr in der Überzeugung, daß ein sorgfältiges Studium der Werke de Nervals zu bemerkenswerten Entdeckungen führen kann. Hoffentlich werde ich noch einmal die Möglichkeit dazu haben.

*5. November*

Der Holzhändler aus Wolowoje liegt nun im Nebenbett. Wir sprachen den ganzen Vormittag von seinem Dorf, in dem ich, vor mehr als zwölf Jahren, ein paar Tage zugebracht habe.

K. fragte mich, wo das denn eigentlich liege, und wie ich dort hingekommen sei.

Darauf habe ich ihm von Karpato-Rußland erzählt, von diesem entlegenen, vergessenen Winkel der Tschechoslowakei, in dem viele Jahre lang Hunger und Hungersnot herrschten, daß ich dorthingefahren bin, um durch eine große Reportage die Aufmerksamkeit auf die dortigen Zustände zu lenken und die öffentliche Meinung zu alarmieren – doch daß man mir damals nicht glauben wollte.

Das einzige »Resultat« war, daß ich auf Grund dieser Reportage die Tschechoslowakei nicht mehr betreten durfte.

Ich hatte heute mittag stark den Eindruck, daß auch K. mir nicht ganz glaubte, als ich ihm sagte, daß jene Gegend durch eine – nach dem vorigen Krieg erfolgte – verbrecherische Grenzregulierung, eigentlich einem großen Konzentrationslager ähnelte, wo – genau wie hier – zu Hunderten Fälle von Hungerödemen vorkamen; wo die Bewohner jahrelang – genau wie wir hier – Brot kaum zu sehen bekamen und von Kohlsuppen und verdorbenen Kartoffeln leben mußten; und wo – genau wie hier – jährlich Hunderte von Typhuserkrankungen zu verzeichnen waren. Und das noch keine sechs Stunden Eisenbahnfahrt von Wien entfernt! Er konnte es einfach nicht begreifen, daß vor dem Kriege mitten in Europa eine solche Hungersnot geherrscht hat, ohne daß er davon in irgendeiner Zeitung etwas gelesen haben sollte! Ich habe ihm nochmals feierlichst versichern müssen, daß ich selber dort gewesen bin, und ihm dann noch gesagt, daß ich später, wenn ich einmal meine Lageraufzeichnungen ausarbeiten werde, ein Fragment aus meiner alten Reportage übernehmen und nochmals veröffentlichen will. Es wird nämlich gut und nötig sein, ihn und viele andere daran zu erinnern, daß auch nicht alles restlos »gut« war, in der sogenannten »guten, alten Zeit« *vor* dem Kriege!

*6. November*

Immer wenn ich mit K. debattiere, muß ich an die Broschüre von Minister van Kleffens denken, die ich kurz vor meiner Verhaftung las. Darin ist dasselbe Nichts-begreifen-Wollen vom wahren Wesen des Faschismus, der doch wahrhaftig nicht am 10. Mai 1940 völlig überraschend und unerwartet wie ein Teufelchen aus dem Kasten gesprungen kam. Der Minister war gerade zum holländischen Gesandten in der Schweiz ernannt worden, als er in Bern durch die auswärtige Politik der Nazis überrascht wurde. Er teilt uns unter anderem in seinem Bericht vertraulich mit, daß »sein Weinkeller gerade gefüllt war« und daß »die Gardinen bereits hingen« (ich erinnere mich an diese beiden klassischen Sätze so genau, als ob ich sie gestern gelesen hätte) – und ach, dann auf einmal kam der böse Hitler und macht ihm einen Strich durch die Rechnung!

Ich schweife vom Thema ab und schreibe Dinge, die vielleicht teilweise ungerecht sind; doch ich glaube, daß man von einem Außenminister und von akademisch gebildeten Menschen wie K. verlangen kann, daß sie – im Jahre 1940 – doch etwas mehr von dem wußten, was in der Welt vorging.

Ebensogut, wie mir bekannt war, daß damals in Karpato-Rußland Tausende Hungers starben, hätte auch K. das wissen können.

Und dann sein Einwand, er habe sich damals nicht mit Politik beschäftigt! Dann muß er sich auch nicht wundern, wenn sich die Politik mit ihm beschäftigt!

Ich lasse nun hier – etwas gekürzt – folgen, was ich 1932 in meiner in Gent, Belgien, erschienenen Broschüre: »Ein Landverhungert mitten in Europa« über meine Begegnung mit Sterenbach schrieb, der dann zwölf Jahre später in Dachau mein Bettnachbar werden sollte!

... Sterenbach, ein Holzhändler, der früher gut verdiente, doch dessen Geschäft nun stilliegt, weil der Handel mit Ungarn verboten ist, führte mich durch das Dorf. Er ist ein moderner Jude, und seine älteste Tochter besucht das Hebräische Gymnasium in Munkács.

Wir gehen in das erste Haus der Dorfstraße, in dem ein Tischler wohnt: Mann, Frau und elf Kinder in einer großen Werkstätte. Seit Monaten ist er bereits ohne Arbeit. In einer Ecke steht ein Schrank, der vor zwei Jahren bestellt, doch niemals abgeholt wurde. Zwei seiner Kinder haben die englische Krankheit, eines ist schwachsinnig. Die Frau gibt sich nicht einmal die Mühe, ihre ausgetrockneten Brüste zu verbergen. Hier ist auch nichts mehr zu verbergen. Hier ist nur noch nackte Armut ...

»Wann haben Sie zum letztenmal Fleisch gegessen?«

»Während meiner Militärzeit, mein Herr. Als Soldat. Vor vielen Jahren. Die Kinder wissen nicht einmal, wie Fleisch oder Fett schmeckt.«

»Haben Sie Geld im Haus?«

»Nein, Herr.«

»Keine fünf oder zehn Kronen?«

»Keinen Heller, Herr.«

»Wie lange schon nicht?«

»Seit neun Monaten.«

»Was haben Sie heute zu Mittag gegessen?«

»Maisbrei, Herr. Seit vierzehn Tagen täglich nur Maisbrei, weiter nichts.«

Im Nebenhaus wohnt ein Schuster. Eine Familie mit neun Kindern. Eines leidet an Epilepsie, ein anderes ist bucklig. Seitdem Bata hier eine Fabrik errichtete, ist er arbeitslos. Er hat auch kein Leder mehr, um eventuell Schuhreparaturen auszuführen. Eine zwanzigjährige Tochter schrieb vor zwei Monaten aus Südamerika, daß sie vielleicht einmal zehn Dollar schicken würde.

»Was haben Sie heute zu Mittag gegessen?«

»Maisbrei, Herr; gestern Kartoffelbrei, aber die Kartoffeln waren verdorben, so daß zwei Kinder krank geworden sind. Wenn es ihnen wieder besser geht, müssen sie ihn aber doch wieder essen, denn wir haben nichts anderes.«

»Haben Sie Zucker, Salz oder Petroleum im Haus?«
»Nein, Herr, schon seit Monaten nicht mehr.«
»Haben Sie noch etwas Geld?«
»Nein.«
»Nicht fünf oder zehn Kronen?«
»Keinen roten Heller, Herr!«

Sein Nachbar ist Buchbinder, seit Jahren ohne Arbeit. Wer hat in Wolowoje noch Geld, um seine heiligen Bücher neu binden zu lassen? Seine Frau ist vor drei Monaten an Flecktyphus gestorben. Vierzehn Tage später auch drei seiner Kinder. Nun hat er noch fünf. Eine Nachbarin hilft ihm dann und wann einmal, aber ihnen etwas zu essen geben, kann sie auch nicht. Auf meine Fragen gibt er dieselben Antworten wie der Tischler und der Schuster.

Neben ihm wohnt ein Bäcker. Mann, Frau und neun Kinder, alle in der Bäckerei. Ein anderer Raum ist nicht vorhanden.

»Wer kauft hier Brot?«
»Beinahe ausschließlich die tschechischen Beamten.«
»Und die anderen?«
»Nur zu Ostern und Weihnachten. Drei Familien aus Wolowoje kaufen noch manchmal für den Sonntag etwas Brot, aber eigentlich backe ich nur für die Tschechen.«

Alle diese Menschen könnten, berichtete mir Sterenbach, zur Not mit zweihundert Tschechenkronen pro Monat auskommen, dann würden sie nicht so zu hungern brauchen, aber kaum einer in Wolowoje verdient so viel. Die meisten Familien müssen von dreißig bis vierzig Kronen leben.

»Wird hier viel gestohlen?«
»Bei wem soll man stehlen? Niemand besitzt etwas, das sich zu stehlen lohnte! Und um zu betteln, muß man erst ungefähr hundert Kilometer laufen, denn hier in dieser Gegend hat ja keiner was.«

Ein Serpentinenweg führt bergauf nach Verecky. Die Autofahrt kostet fünfzig Kronen. Bettelnde Frauen und Kinder, die das Auto ankommen sehen, rennen uns entgegen. Hier soll mich der Kaufmann des Dorfes umherführen, für den ich einen Empfehlungsbrief bei mir habe.

Das ganze Dorf hat bei Kaufmann Rosen Schulden. Fast niemand bezahlt. Hin und wieder gehen ein paar Kronen ein. Er gibt soviel und solange Kredit, wie er nur kann. Er selbst hat zwar zu essen, aber auch sein Leben ist hundertmal ärmlicher, schwerer und schlechter als das eines Kaufmannes in den ärmsten Straßen von Whitechapel oder im Berliner Norden.

In dem ersten Haus von Verecky, in das mich Rosen führt, wohnt eine Frau mit sechs Kindern. Zwei leiden an Rachitis. Vier haben nichts weiter an als ein Hemd. Andere Kleidungsstücke besitzen sie nicht. In diesem Raum steht nicht einmal ein Bett, die gesamte Familie schläft auf dem Fußboden; auf Lumpen. In einer Ecke liegt ein ungefähr fünfjähriges Mädelchen, das sich an eine magere Ziege anpreßt.

»Seit über drei Monaten haben wir nichts anderes mehr gegessen als Buchweizen oder Kartoffeln.«

»Bekommen die Kinder Milch?«

»Unsere Ziege gibt schon wochenlang keine Milch mehr. Wir haben nicht genügend Futter für sie.«

»Wo ist Ihr Mann?«

»Der konnte das Elend hier nicht mehr mit ansehen und ist nach Amerika ausgewandert. Seit eineinhalb Jahren habe ich nichts mehr von ihm gehört. Rosen hat beim amerikanischen Konsulat in Prag Erkundigungen eingeholt, aber da ist seine Adresse auch nicht bekannt. Er wird wohl arbeitslos sein ...«

In einem Holzschuppen der Synagoge wohnt eine Familie mit drei Kindern. Drei von ihnen zeigen deutliche Spuren von Hungerödemen.

»Wir haben schon seit Jahren kein Fleisch mehr gegessen.«

»Und Brot?«

»Brot is a seltene Sach, Herr! Nur an den hohen Feiertagen.«

Auch hier: Kartoffeln oder Buchweizen, kein Zucker, kein Salz, kein Petroleum, keine Milch.

»Was verdient hier der Rabbi?«

»Fünfzig Mark im Monat, Herr. Er hat auch sieben Kinder.«

Plötzlich nimmt die Mutter einen kleinen, etwa sechsjährigen Jungen bei der Hand. Ein mageres, unterernährtes Kind mit großen, fragenden Augen, das nur ein schmutziges Hemdchen an hat. »Erzähle dem holländischen Herrn, was du später werden willst, Chajim«, sagt sie und schiebt ihn mir zu. Und in all diesem Elend, inmitten dieser schreienden Armut sagt dieser Knabe stolz und ohne Zögern:

»E jiddische Minister in Palästina, Herr.«

Chajim geht in Verecky zur Schule und schreibt mit Kieselsteinchen auf einer Schiefertafel. Einen richtigen Griffel kann ihm der Vater nicht kaufen, denn selbst dazu reicht das Geld nicht.

Das Haus neben der Synagoge sollte ich lieber nicht besuchen – riet mir Rosen. Dort wohnt eine alte Frau mit einer neunundzwanzigjährigen Tochter, die seit einer Woche an

Wahnsinnsanfällen leidet. Folgen der dauernden Unterernährung.

Noch fünfzehn andere Häuser habe ich an diesem Tage in Verecky besucht. Überall Hunger und Flecktyphus. Überall Hungerödeme und Tuberkulose. Überall körperlich und geistig zurückgebliebene Kinder, viele Schwachsinnige, ja oft völlige Idioten.

So sieht es übrigens in allen Dörfern der Verchowina aus. In Hust – einem der größten Orte in Karpato-Rußland nach Uzhorod und Munkács – traf ich auf dem Markt eine ruthenische Bäuerin, deren ganze Ware aus – fünf Eiern und vier Äpfeln bestand. Wenn sie nun tatsächlich alles verkaufte, betrug der Erlös – zwei bis drei Kronen. Aber das war dann auch der allergünstigste Fall! Es konnte nämlich auch geschehen, daß sie ihre Eier und die Äpfel gar nicht oder nur zum Teil loswerden würde. Und dafür war sie fünf Stunden gelaufen, um von ihrem Bergdorf bis nach Hust zu kommen, und nach Marktschluß mußte sie dann natürlich wiederum fünf Stunden zurücklaufen.

In Wolosanka führte man mich zu einer Frau, die am Tage zuvor niedergekommen war. Mit ihrem siebenten Kind. Diese Frau war gelb vom Hunger, und das Neugeborene lag jämmerlich schreiend in einem alten Kartoffelkorb.

»Woraus bestand Ihre Nahrung in den letzten Monaten?« fragte ich die junge Mutter.

»Aus Kartoffeln, Herr, nur aus Kartoffeln. Und ohne Salz, denn selbst das haben wir nicht.«

»Was mußten Sie für die Entbindung bezahlen?«

»Wir sind das Geld schuldig geblieben.«

»Wieviel?«

»Fünf Kronen, Herr. Der Doktor wohnt hier gegenüber.«

Im Gebäude des Roten Kreuzes sprach ich dann den Arzt. Er darf bis zu einem Höchstbetrag von fünfhundert Kronen pro Jahr Gratisrezepte verschreiben. Das ist aber auch alles, was von seiten der Regierung für sein Gebiet, das ungefähr tausend Kinder und sechshundert Mütter zählt, getan wird. In Karpato-Rußland stehen für siebenhundertfünfzigtausend Einwoher – in sechs Krankenhäusern – nur tausendzweihundert Betten zur Verfügung.

*7. November*

Gestern abend noch lange mit Sterenbach gesprochen. Wir sind beide der Ansicht, daß die Schuld an dem Hunger und dem Elend in Karpato-Rußland zum großen Teil die ehemalige tschechische Regierung trifft. Sie baute in diesem Gebiet zwar viele neue Kasernen, aber ließ die Bevölkerung in Schweineställen verkommen. Außerdem versuchte sie mit allen Mitteln zu verhindern, daß die dort herrschenden Mißstände der Weltöffentlichkeit bekannt wurden.

Ich sagte zu Sterenbach, daß meiner Meinung nach wohl auch noch gewisse politische Gründe mitgespielt haben dürften, und daß dieses Gebiet – das eigentlich zur Ukraine gehört – nach dem Kriege sicherlich zur Sowjetunion kommen wird.

*8. November*
Heute früh hielt mich D. an, der Blockschreiber, der in dem Bett rechts unter mir schläft. Er sagte, er habe meine Unterhaltung mit Sterenbach gehört und möchte mich deswegen sprechen:

»Ich war nämlich Chargé d'affaires bei der tschechischen Gesandtschaft in Wien, und darum interessierten mich Ihre Worte ganz besonders.«

»Es würde mir leid tun, wenn ich Sie damit gekränkt habe, aber ...«

»Sie haben gestern wirklich nicht viel Gutes von der ehemaligen tschechischen Regierung gesagt. Wir haben aber für unser Land alles getan, was wir nur tun konnten.«

»Das ist möglich, doch leider muß ich Ihnen widersprechen. Das Gebiet, über das wir gestern gesprochen haben, wurde nämlich mehr als unverantwortlich vernachlässigt.«

»Die dortige Bevölkerung hat immer gehungert.«

»Glauben Sie eigentlich, daß das ein gutes Argument ist? Ist das nicht vielmehr ein Beweis dafür, daß die Politik in diesem Gebiet – milde ausgedrückt – völlig verkehrt war?«

Im weiteren Verlauf unseres Gespräches stellte sich heraus, daß D. Karpato-Rußland niemals besucht hat, so daß meine Stellung ihm gegenüber ziemlich stark war. Er bestritt aber doch energisch, daß man es damals absichtlich unterlassen hätte, Informationen über die dortigen Zustände zu erteilen. Darauf habe ich ihm erzählt, daß ich vor Antritt meiner Reportagereise – 1932 – auf der tschechischen Gesandtschaft in Berlin gewesen bin, um dort Informationen und Material über dies Gebiet einzuholen.

»Und wen von unseren Herren haben Sie dort gesprochen?« fragte er interessiert. »Ich kenne sie fast alle.«

»Camill Hoffman.«

»Das ist ein Freund von mir. Übrigens auch ein Literat.«

»Und wissen Sie, was das einzige ›Material‹ war, das er mir gab? Ein kunsthistorisches Werk über die aus dem 17. Jahrhundert stammenden hölzernen Kirchen und Kapellen in Karpato-Rußland.«

Ich bin dann auf dieses unerquickliche Thema lieber nicht weiter eingegangen, und so kam es doch noch zu einem recht interessanten Gespräch. D. erzählte unter anderem, daß er dem Vorstand des tschechischen PEN-Klub angehört habe, und ich erfuhr von ihm, daß Joseph Capek – Karels Bruder – und Rudolf Fuchs gestorben waren. Beide im KZ. Capek ist in Buchenwald gestorben und Fuchs hier in Dachau; sogar in unserer Stube! Schon 1940.

Ich habe ihn früher oft in Berlin gesehen, und seine prachtvolle Übersetzung von Bezručs Gedichten ist eines meiner Lieblingsbücher.

*9. November*

Blut gespendet für einen Österreicher aus Klagenfurt. Dreihundert Kubikzentimeter.

*10. November*

K. meinte heute vormittag, ich müßte vor dem Krieg wohl sehr »berüchtigt« gewesen sein, da ich hier immer wieder Ausländer treffe, die mich von früher her kennen. Er hält mich, so kam es mir vor, mindestens für eine Art »Agent der Komintern« oder so etwas Ähnliches.

Natürlich sind hier viele alte Bekannte, deutsche und österreichische Emigranten, die ich in Belgien traf, die beiden tschechischen Juden, mit denen er mich einen dieser Tage sprechen sah, Alfredo, der spanische Chauffeur, einige Tschechen, deren Bekanntschaft ich in Prag gemacht habe, Bob, der belgische Rechtsanwalt, mit dem ich mich für die deutschen Flüchtlinge einsetzte, der französische Journalist, den ich auf dem Friedenskongreß in Paris traf – und noch einige andere...

Ich habe versucht, K. klarzumachen, daß das doch nur eine logische Folge meiner politischen Einstellung ist, meines Kampfes gegen den Faschismus – den ich bereits seit seinen frühesten Anfängen führe.

Deshalb kenne ich die meisten dieser Menschen; wir kämpften, arbeiteten ja schon so lange für das gemeinsame Ziel, so daß es kein Wunder ist, wenn wir uns nun hier – und in anderen KZs – wiedersehen.

Ich habe wohl eine Stunde lang mit ihm gesprochen und bekam den Eindruck, daß er mich begriff, und nun auch alles mit anderen Augen sieht.

Ich hoffe es wenigstens, denn ich bin nicht gerade sehr versessen auf derartige Verdächtigungen. Schließlich wird man noch behaupten, daß ich – Brillanten von Stalin bekommen habe, oder so ...

*11. November*

Der jüdische Apotheker aus Hust rief mich gestern abend an sein Bett und gab mir ein Buch in die Hand, ein Geschenk für mich. Ich wollte es nicht annehmen, aber er gab sich erst zufrieden, als ich es nahm. Er ist so froh, hier zu liegen, daß er nicht weiß, was er tun soll, um seine Dankbarkeit zu beweisen.

Es war eine Einführung in das Werk des Maimonides, geschrieben von einem Rabbiner D. J. Münz.

Maimonides! Einer der großen Lehrmeister Spinozas. Wie oft bin ich schon seinem Namen begegnet, hatte mir dann immer vorgenommen, mich mehr über ihn zu orientieren, mich eventuell in seine Arbeiten zu vertiefen. Nun besitze ich eine ausführliche Einleitung und kann mit der Verwirklichung dieser Pläne beginnen. Und wenn die SS das Buch entdeckt?

Von denen weiß ja doch keiner, wer Maimonides war.

*13. November*

Gestern in jeder freien Minute das Buch über Maimonides zur Hand genommen. Er war ein spanischer Jude, geboren 30. März 1135 und verfaßte – wie ich las – auch eine Terminologie der Logik. Auf das Studium der Logik hat er immer besonderen Wert gelegt:

»Die Logik wird nicht als eine besondere, für sich abgeschlossene Wissenschaft betrachtet, die nur einen Selbstzweck hat, sie ist vielmehr das Instrument, der Kern aller andern Wissenschaften, und mit Recht behaupten die Gelehrten, man könne weder im Lernen noch im Lehren irgendeiner Disziplin eine ersprießliche Tätigkeit entfalten, wenn man nicht zuvor die Logik studiert habe. Sie ist für den Verstand das, was die Grammatik für die Sprache ist; die eine Wissenschaft dient zur Richtigkeit der Sprache, die andere zur Richtigkeit des Denkens.«

Wie modern das klingt!

Es ist kaum zu glauben, daß diese Sätze vor mehr als achthundert Jahren geschrieben wurden. Nun begreife ich auch, warum Spinoza Maimonides zu seinem Lehrer wählte. Ich bin mehr denn je der Überzeugung, daß eine der machtvollsten uns zur Verfügung stehenden Waffen die Logik ist.

*14. November*

Wieder in »Maimonides« gelesen. Von seinem Einfluß auf Albertus Magnus, Thomas von Aquino und Duns Scotus, auf Leibniz, Hegel und Moses Mendelssohn. Der Autor meines Buches lobt außerdem wiederholt das Werk eines – seiner Meinung nach – großen holländischen Gelehrten namens Wilhelm Surenhus, der zu Beginn des 18. Jahrhunderts lebte, einige Werke des Maimonides ins Lateinische übersetzte und mit einem wissenschaftlichen Kommentar versehen hat.

Ich habe den Namen dieses Mannes früher noch niemals gelesen oder gehört.

War er nicht so groß und wichtig, wie Münz behauptet, oder versagt hier mein Wissen?

Werde später Vic danach fragen.

*Abends*

Auch was Maimonides über die Pflichten schreibt, die ein jeder hat, der zum Volke spricht, ist höchst aktuell:

»Wissen aber sollst du, daß man nicht öffentlich vor dem Volke sprechen soll, ohne jedes Wort zwei-, drei- oder viermal überdacht und wohlerwogen zu haben, wie dies unsere Weisen, anknüpfend an Hiob, bereits lehren. Dies gilt schon vor jedem mündlichen Vortrag; was man aber niederschreibt und in einer Schrift veröffentlicht, das soll man, wenn es möglich ist, tausendmal prüfen, ob es richtig und wahr ist.« Eine schärfere Verurteilung von Goebbels – sowie seiner Trabanten in allen Ländern – scheint mir kaum möglich.

*15. November*

Ein schwarzer Tag: *Zweiundneunzig Tote!*

Ich saß am Bett von Sepp, meinem österreichischen Freund aus dem Röntgenzimmer, dem wieder einmal sein Magengeschwür schwer zu schaffen machte, als ein Tscheche, der auf der Schreibstube arbeitet, hereinkam und uns zuflüsterte, daß vor einer Viertelstunde die zweiundneunzig russischen Offiziere aus dem Bunker geholt und weggeführt worden waren. Wir wußten sofort, wohin! Zu dem kleinen Hügel hinter dem Krematorium. Um dort erschossen zu werden ...

Wir sprachen kein Wort mehr, saßen stumm und schweigend – und warteten.

Sepp stand auf und öffnete das Fenster. Erst etwas später begriff ich, warum ...

Die Essenholer gingen die Suppe »fassen«; Kranke wurden herein- und hinausgetragen, Verbände erneuert, Wunden gesäubert. Es wurde vor Schmerzen geschrien, über Zukunftsaussichten diskutiert, gelacht und geschimpft.

Sepp und ich saßen stumm und schweigend – und warteten. Dann – fiel der erste Schuß! Unwillkürlich fanden sich unsere Hände. Sepp sah auf seine Armbanduhr; es war genau elf Uhr dreißig. Dann wieder Schüsse. – Und wieder. – Und wieder. – Immer wieder. Wir versuchten sie zu zählen, aber die Essenholer kamen mit der Suppe zurück und machten einen ohrenbetäubenden Lärm: »Gute Suppe. – Gute Suppe. – Dicke Suppe!«

Wir lehnten uns aus dem offenen Fenster: Wieder Schüsse, Schüsse, Schüsse. Um zwölf Uhr fünf fiel der letzte Schuß, wurde es draußen still – endlich.

Dann sagte Sepp nur leise und fest: »Immer daran denken – und nie vergessen!« – eine Zeile aus dem Lied, das Ernst Busch unzählige Male gesungen hat.

Er sagte das nicht etwa rhetorisch, nicht einmal feierlich, sondern ruhig, sehr ruhig und sehr entschlossen – und er drückte damit genau das aus, was wir dachten.

*Nach dem Appell*
Adi berichtete, daß die zweiundneunzig russischen Offiziere, als man sie abführte, laut die Internationale angestimmt haben.

*18. November*
Der Kapo von der Bibliothek hat mir vorgestern ein Buch gebracht, das ich zwar schon kannte, doch mit Freuden ein zweites Mal gelesen habe. Gerhard Heines Lebensbeschreibung von Seume, die 1940 in Berlin im Paul-Neff-Verlag erschienen ist. Auch jetzt gewann ich wieder sehr den Eindruck, daß dieser Gerhard Heine bestimmt kein Nazi ist, sondern ein anständiger Deutscher, der mit diesem Buch über Seume auf vorsichtige Weise zu sagen versucht, was er augenblicklich auf keine andere Art sagen kann.

*Abends*
K. versprochen, ihm morgen etwas über Seume und dessen Werk zu erzählen. Darum will ich – als eine Art Vorbereitung – nun notieren, was ich davon weiß und was Heines Buch mir wieder in Erinnerung rief.

Seume gehört, meiner Meinung nach, nicht zu den deutschen Klassikern, obwohl er von einigen Literarhistorikern dazu gerechnet wird.

Im Jahre 1763 in Leipzig geboren, studierte er dort Theologie, verließ aber mit achtzehn Jahren seine Vaterstadt und machte sich mit einigen Büchern und etwas Wäsche im Rucksack auf den Weg nach Paris. Bestimmt nicht, weil er es in seinem Vaterland so herrlich fand!

Kaum unterwegs, wurde er durch Agenten des Landgrafen von Hessen aufgegriffen. »Was hatte er denn verbrochen?«, höre ich im Geiste K. fragen. – Er hatte nichts verbrochen, aber der Landgraf von Hessen brauchte Geld und verkaufte daher seine Untertanen als Soldaten nach Amerika. Seume bekam eine Uniform und wurde zusammen mit einigen Dutzend anderer armer Teufel, die von den Werbern – zur Zeit nennt man diese Herren »Beamte der Werbestelle« – mehr oder weniger gewaltsam angeworben waren, vorläufig einmal in eine Kaserne gesteckt. (Auch das kennen wir.)

Einige Wochen später wurde er dann nach Amerika transportiert. Seume selbst hat diese Periode seines Lebens ausführlich beschrieben, aber leider ist dieses Buch nicht in der Lagerbibliothek.

Kaum ist er wieder zurück in Deutschland, als er auch schon desertiert. Aber der Dichter wird durch die Preußen (immer diese Preußen!) wieder gefangengenommen und nach Emden gebracht. Ein neuer Fluchtversuch mißlingt wiederum, und er sollte sogar zum Tode verurteilt werden, als einer der Offiziere des Kriegsgerichtes zu seinem größten Erstaunen bemerkt, daß der Angeklagte ... Verse von Vergil auswendig kannte. Darauf wurde er nicht nur amnestiert, sondern der General machte ihn sogar auch noch zum Erzieher seiner beiden Kinder.

Später wurde er gegen Kaution freigelassen, war 1792 als Magister in Leipzig tätig, trat dann in russische Dienste, rettete beim Kosciuszko-Aufstand in Warschau mit knapper Not sein Leben und kehrte in sein Vaterland zurück. Göschen, der Verleger, stellte ihn als Korrektor ein, aber diesen Beruf hatte Seume sehr schnell satt: »Wenn ich so fort korrigiere, fürchte ich nur, mein ganzes Leben wird ein Druckfehler«, notierte er damals.

Er zog also wieder in die weite Welt – zu Fuß – und schrieb darüber das bekannteste seiner Bücher: »Spaziergang nach Syrakus«.

Die rührende Einfachheit, der unstillbare Drang nach Frei-

*127*

heit und seine große Liebe zur Heimat, die mich in seinen Werken stets besonders beeindruckt haben, werden auch von Gerhard Heine stark betont.

*20. November*
Nachdem ich das Buch über Seume nochmals gelesen habe, steht es für mich fest, daß die Zitate von einem bestimmten politischen Gesichtspunkt aus gewählt wurden, und zwar, um auf diese Art und Weise das Hitler-Regime zu kritisieren.

Gerhard Heine erzählt zum Beispiel, wie Seume auf seiner Wanderung in St. Petersburg landete und dort über die Zustände in seinem Vaterlande nachzudenken begann.

Wieder zurück in Leipzig, wollte ein Verleger »vaterländische« Gedichte von ihm haben. Seume lehnte das ab, und Gerhard Heine druckt mit sichtbarem Wohlgefallen dessen Begründung: »Für wen soll der deutsche Grenadier sich auf die Batterie und in die Bajonette stürzen? Er bleibt sicher, was er ist und erntet kaum ein freundliches Wort von seinem mürrischen Gewalthaber. Er soll dem Tod unverwandt ins Auge sehen, und zu Hause pflügt sein alter schwacher Vater fronend die Felder des gnädigen Junkers, der nichts tut und nichts zahlt und mit Mißhandlungen vergilt. Der Alte fährt schwitzend die Ernte des Hofes ein und muß die seinige draußen verfaulen lassen, und dafür hat er die jämmerliche Ehre, der einzige Lastträger des Staates zu sein. Soll der Soldat deshalb mutig fechten, um eben dies Glück einst selbst zu genießen?«

Dieses Zitat stammte aus »Mein Sommer 1805«, einer Arbeit, die zwar vom Autor mit seinem Namen gezeichnet wurde, dessen Verleger es aber vorzog, ungenannt zu bleiben.

Also so etwas wie eine halb illegale Ausgabe.

*21. November*
Auch Seumes Antwort an einige Kritiker, die ihm vorgeworfen hatten, daß sein Werk einen zu politischen Charakter trage, findet sich in Heines Buch. Diese Erklärung war mir immer besonders sympathisch. Sie ist höchst beachtenswert und interessant, beinahe marxistisch: »Wenn man mir vorwirft, daß dieses Buch zu politisch sei, so ist meine Antwort, daß ich glaube, jedes gute Buch müsse näher oder entfernter politisch sein. Ein Buch, das dieses nicht ist, ist sehr überflüssig oder gar schlecht. Politisch ist, was zu dem allgemeinen Wohl etwas beiträgt oder beitragen soll: quod bonum publicum promovet.«

*Abends*
Noch etwas über Seume. Als er seine Meinung nicht mehr frei äußern konnte, half er sich, indem er eine Arbeit begann über – schwierige Stellen bei Plutarch. Auf lateinisch. In seinem Vorwort versucht er noch einmal, seine politischen Ansichten zu erklären, doch wiederum war kein Verleger dafür zu finden.

Er griff also auf die Klassiker zurück (was jetzt auch wieder von vielen getan wird, nicht nur in Deutschland) und schrieb: »Unter den Toten mit Thukydides, Tacitus und Plutarch bei Marathon und Salamis zu leben, ist schließlich noch die ehrenhafteste Art des Lebens, wenn man der Würde und der Majestät keine Tätigkeit weiter zuwenden darf.« Das sind die Schlußworte seiner Einleitung, die auch heute nur von einem Verleger gedruckt würden, der genau weiß, was er tut.

*22. November*
Eine Jugoslawin, die vorübergehend hier im Revier liegt und die in einigen Tagen wieder zurück nach München zu den anderen Frauen muß, hat mir angeboten, für mich Briefe mitzunehmen. Aber ich vertraue ihr eigentlich nicht recht ...

*23. November*
Die Jugoslawin hat mir bei der Ohrenstation einen Zettel zugesteckt, den ich sofort zerrissen habe. Jetzt ist es mir klar: sie ist entweder nervenkrank – oder eine Provokateurin.

An Artur hat sie auch geschrieben.

Ich gebe ihr auf keinen Fall etwas für München mit.

*24. November*
Heute früh habe ich mich wohl eine Stunde lang mit einem Neuen »herumgezankt«. Wir haben uns schließlich doch wieder vertragen. Er heißt Miesen, ist Deutscher, Doktor der Philosophie, hat bei Prof. Ernst Bertram und Prof. E. R. Curtius studiert und später auch bei Jaspers in Heidelberg. Noch sehr jung – vielleicht sechsundzwanzig oder siebenundzwanzig. Seine Nieren sind nicht in Ordnung, und er hat außerdem – als Folge eines Bombenangriffs auf Köln – auch noch eine Herzgeschichte. Als Suire und Heini ihn heute untersuchten, konnte ich das Herz schlagen *sehen* – so stark klopfte es.

Anfang des Krieges ist er ungefähr ein Jahr lang in Holland gewesen, erzählte er mir, hat Artikel für die »Kölnische Zeitung« geschrieben, aber ist damals kaum mit Holländern in Berührung gekommen. Natürlich wurde ich wütend und habe ihm sein Verhalten vorgeworfen.

Er ist kein Nazi – das spürte ich sofort, und dann würde er ja auch nicht hier sitzen – aber meiner Meinung nach hätte er, gerade um uns zu beweisen, daß er es nicht war, in unserem Lande Kontakt mit antifaschistischen Holländern aufnehmen und ihnen helfen müssen. Wenn er auch »anti« war, hatten sie doch die gleichen Interessen.

Er wußte mir darauf nicht viel zu antworten; sagte nur, daß er das wohl gern gewollt, aber nicht gewagt habe; der Gestapo wegen, die ihm sowieso schon mißtraute.

Im Laufe des Gesprächs (das meinerseits eigentlich mehr einem Verhör glich!) stellte sich dann heraus, daß er damals nur einige wissenschaftliche Artikel geschrieben hat; vor allem über Huizinga, den er sehr bewundert – was mich bereits milder stimmte. Und als er erzählte, daß er die restliche Zeit meistens im Spinoza-Haus zugebracht hat, begann mein Zorn langsam zu verrauchen. Doch als er dann über Hans Carossa zu reden begann, bin ich wieder wild geworden. Daß sich Carossa von Goebbels zum Vorsitzenden einer sogenannten Europäischen Schriftstellervereinigung – in der Holland durch Eekhout und irgendeinen friesischen NSB-Schreiberling »repräsentiert« wird – machen und mit seinem Namen Schindluder treiben läßt, ist einfach Verrat am Geist. Dafür gibt es keine Entschuldigung – und das habe ich Miesen auch gesagt. Er ist der Ansicht, daß Carossa es gegen seinen Willen tat: »Er hat geweint, als er es tun mußte«, berichtete er, aber das kann mir nicht imponieren: Er hat es getan – ob mit oder ohne Tränen –, das ist völlig uninteressant. Er hätte ja genau so gut emigrieren können wie Thomas und Heinrich Mann und wie so viele andere.

*Abends*
Miesen ist sehr schwächlich und auch nicht besonders geschickt. Ein schweres Kommando kann er sicher nicht aushalten. Vielleicht kann Heini etwas für ihn tun, ihn vielleicht auf die Schreibstube bekommen? Ich werde ihn auf jeden Fall fragen.

*26. November*
Miesen erwähnte heute die Namen einiger jüngerer Autoren, die er »Schriftsteller der inneren Emigration« nannte – die also keine Nazis sind und sich in ihren Arbeiten nach Möglichkeit widersetzen. Ein großer Teil von ihnen ist um Ernst Jünger gruppiert, dessen letzte Publikationen auch verboten zu sein scheinen.

Ich gebe gern zu, daß Ernst Jünger ein Schriftsteller von Format ist und auch kein widerlicher Lakai wie Blunck, Johst, Steguweit und ähnliche Herren – aber daß er nun ein Antifaschist geworden sein soll, das wage ich doch zu bezweifeln. Ein »Frondeur« des Nationalsozialismus, ja, sicher – aber ist das genug?

Ich habe die Namen, die M. nannte, notiert und will mir später ihre Arbeiten besorgen – das heißt, wenn es möglich sein wird.

Wir werden dann versuchen müssen, Verbindung zu diesen Jüngeren aufzunehmen und ihnen zu helfen, sich von allen eventuellen Überresten der faschistischen Ideologie zu befreien. Miesen erwähnte unter anderem folgende Namen und Titel: *Friedrich Georg Jünger* (ein Bruder von Ernst Jünger). Sein Werk ist in Nikischs Widerstandsverlag erschienen.

Dann eine – nach Miesen – interessante und wichtige Abhandlung über Oberst Lawrence in einem Essayband »Gestalten und Probleme« (Rauch-Verlag, Dessau, 1936), von einem gewissen *Eugen Gottlob*.

*Winkler,* der mit 24 Jahren Selbstmord verübt hat.

Ferner: *Max Bense* und *Gustav René Höcke*. Von letzterem unter anderem eine kleine Arbeit, »Das geistige Paris«, ebenfalls bei Rauch in Dessau.

Auf *Reinhold Schneider* hat mich bereits A. kürzlich aufmerksam gemacht, und nun empfiehlt mir Miesen aufs neue dessen Bücher, ebenso wie auch »Das Lob der Einsamkeit« von *Herbert Werner Rüssel,* das im Gefängnis geschrieben und Anfang des Krieges in Amsterdam (Pantheon-Verlag) erschienen ist.

Wahrscheinlich ist Miesens Auswahl etwas einseitig – er ist Katholik –, doch andere Freunde werden sie später wohl vervollständigen können.

*28. November*
Nach einigen ausführlichen Gesprächen mit Miesen über die jüngeren deutschen Schriftsteller mußte ich meine Meinung über sie in einigen Punkten – zu ihren Gunsten – revidieren. So habe ich zum Beispiel zugeben müssen, daß ihre Möglichkeiten – nach zehn Jahren Faschismus – viel kleiner waren, als die unsrigen. Andererseits sehe ich allerdings nicht, daß sie jetzt etwas »tun«; aber vielleicht wird sich das erst später herausstellen, und vielleicht kann ich das von hier aus auch nicht gut beurteilen.

Das einzige, was sie zur Zeit tun können, ist – nach M. –, die faschistische Ideologie untergraben und vorsichtig angreifen. Er hat wahrscheinlich auch recht, wenn er mir versichert, daß es schwer, sehr schwer für sie sei, ihre Arbeiten völlig frei von faschistischen Einflüssen zu halten, denn die meisten von ihnen hatten und haben keine Gelegenheit, sich im Ausland zu orientieren oder ausländische Literatur zu lesen und zu studieren.

»Viele von ihnen sind übrigens bereits verhaftet«, fügte M. noch hinzu, »und andere haben Selbstmord verübt.«

*29. November*

A. sagte mir soeben, daß er uns heute nachmittag etwas über Robert Saitschik erzählen will, über dessen Leben und Werk. Ich teile seine Bewunderung für diesen Autor keineswegs, doch das werde ich ihm nicht sagen. Warum auch? Er ist mit Saitschik befreundet und sehr stolz auf diese Freundschaft, und wenn ich ihm erzähle, daß ich S. als Schriftsteller nicht schätze, würde ihn das sicherlich kränken. Wir kommen aber zusammen, um uns gegenseitig etwas aufzufrischen und nicht, um uns zu streiten oder zu verletzen.

Ich erinnere mich noch sehr genau an einige Vorlesungen, die Prof. Saitschik 1925 in seiner Villa in Ascona hielt, und ebenso an den Eindruck, den ich damals von ihm bekam; außergewöhnlich stark von sich selbst eingenommen, wollte er durchaus von seinen Zuhörern bewundert werden, während er auf eine viel zu häßliche, unkritische Art allerlei Gemeinplätze über Goethe zum besten gab. Die Bücher, die ich dann später von ihm las, bestärkten mich noch in meinem Urteil: ein Mann, der gern ein Jakob Burckhardt werden wollte, doch es niemals weiter als zu einer Kreuzung von Emil Ludwig und Prof. Casimir gebracht hat.

Einige Essays von ihm über Tolstoi, die ich hier in einem alten Jahrgang des katholischen Monatsheftes »Hochland« las (von A. bekommen; viele der alten Jahrgänge sind wirklich der Mühe wert, gelesen zu werden), erinnerten mich durch die oberflächliche Art, in der sie geschrieben sind, wieder sehr an seine Vorlesungen über Goethe.

*30. November*

Blut gespendet für einen Italiener.

Wieder dreihundert Kubikzentimeter.

Hoffentlich schafft er es – und es ist nicht wieder vergebens, wie die beiden letzten Male.

*1. Dezember*

Adi hat mir »Wilhelm Meisters Lehrjahre« gebracht. Dieses Buch beschäftigt mich bereits seit Jahren. Bram hat es mir auf meinen Wunsch auch nach Scheveningen geschickt, dann haben Telders und ich in Vught tagelang darüber gesprochen – und nun werde ich es aufs neue lesen. Es läßt mich nicht los.

Es ist ein »Entwicklungsroman«, genau wie »Der grüne Heinrich«, wie »Johann Christoph« und Andersen-Nexös »Pelle, der Eroberer«. Der Kapo von der Bibliothek erzählte, daß die Nachfrage nach dieser Art Bücher sogar hier stets sehr groß ist.

Heute kam ich – eigentlich zum erstenmal – zu der Entdeckung, daß die Hauptperson in allen diesen Werken immer ein Künstler ist, oder zumindest jemand, der eine große Vorliebe für eine bestimmte Kunstart hat: Wilhelm Meister für das Theater, der Grüne Heinrich für die Malerei, Johann Christoph für Musik. Das ist natürlich kein Zufall. Menschen mit künstlerischen Anlagen sind ja meistens empfänglicher für alle Spiegelungen des Lebens, und dadurch kann der Autor die Entwicklung seiner Hauptperson viel intensiver darlegen.

Das wichtigste Problem, das Goethe in seinem »Wilhelm Meister« anschneidet, ist das Verhältnis des Menschen zur Gesellschaft. Zu dieser Schlußfolgerung bin ich nach mehrmaligem Lesen gekommen; nun konstatierte ich auch, daß die Rolle, die Goethe in diesem Buch der Schauspielkunst zuteilt, eigentlich eine – Nebenrolle ist, obwohl anfänglich gerade das Entgegengesetzte der Fall zu sein scheint. Auch für Goethe ist hier die Kunst, die Schauspielkunst, nur ein Mittel – eines der vielen –, um Wilhelm Meisters Persönlichkeit zur völligen Entfaltung kommen zu lassen. Die eigentliche Bühne ist die Gesellschaft. Dadurch erhält auch Goethes Kritik an der Rolle des Bürgers in dieser Gesellschaft erst ihre tiefe Bedeutung, besonders wenn er schreibt:

»Ein Bürger kann sich Verdienst erwerben, und zur höchsten Not seinen Geist ausbilden; seine Persönlichkeit geht aber verloren, er mag sich stellen, wie er will. Er darf nicht fragen: wer bist du?, sondern nur: was hast du? Welche Einsicht, welche Kenntnis, welche Fähigkeit, wieviel Vermögen? – er soll einzelne Fähigkeiten ausbilden, um brauchbar zu werden, und es wird schon vorausgesetzt, daß in seinem Wesen keine Harmonie sei noch sein dürfe, weil er, um sich auf eine Weise brauchbar zu machen, alles übrige vernachlässigen muß.«

Goethes Betrachtungen über das gesellschaftliche Geschehen zeugen von klugem Verständnis, und ich begreife jetzt noch besser, warum Marx eine so große Verehrung für ihn hegte. Auch im »Wilhelm Meister« bleiben Goethes Versuche zur Verwirklichung seines humanistischen Ideals das Primäre, und im Zusammenhang hiermit wird alles entwickelt und beschrieben.

*Eine Stunde später*
Luftalarm! Soeben glaubten wir, das Lager sei getroffen. Die Bomben sind in unmittelbarer Nähe gefallen. Unsere Baracke wackelte sehr, Regale mit Flaschen stürzten um, die bettlägerigen Kranken wurden nervös ...

Es kann natürlich geschehen, daß jetzt hier noch mehr Bomben fallen und daß es dann weniger gut abläuft – aber ist das eigentlich ein Grund, um mit Schreiben aufzuhören? Es geht doch über ein Buch der Weltliteratur, das von den höchsten Idealen der Menschheit handelt. Kann ich mich in einer gefährlichen Stunde – die vielleicht meine letzte ist – würdiger und intensiver mit dem LEBEN beschäftigen?

Denn immer ist es der Mensch, der im »Wilhelm Meister«, den viele meiner Freunde so trocken und veraltet finden, im Mittelpunkt der Handlung steht, der MENSCH ist es, um den sich in diesem Buche alles dreht.

Übrigens sieht und schildert Goethe die Versuche zur Verwirklichung aller humanistischer Ideale stets von den Möglichkeiten seiner Zeit aus, wohl wissend, daß sie – infolge der sozialen Misere jener Tage – noch nicht realisiert werden konnten. Er will aber weder unrealistisch noch zum Utopisten werden, und darum erschafft er eine Art »Insel«.

Ich mußte hierbei unwillkürlich an van Eedens Kolonie Walden denken – ebenfalls eine »Insel«, die aber auch der Gesellschaft stets verbunden geblieben ist.

In »Wilhelm Meister« gelingt es Goethes Genie – was wohl keinem anderen geglückt wäre – nämlich eine Art Gesellschaft zu schildern, ohne daß es gezwungen wirkt. Das Gegenteil ist sogar der Fall: wir fühlen, daß hier die Keime für kommende Umwälzungen in der anderen, der größeren Gesellschaft freigelegt werden.

*3. Dezember*
Wieder lange in »Wilhelm Meister« gelesen. Ich weiß nun auch, daß der komplizierte Mechanismus der »Türme« – wobei ich an Kafka denken mußte – dazu dienen muß, die Aufmerksamkeit

auf das pädagogische Element zu lenken. Goethe will uns dadurch zeigen, daß Wilhelm Meisters Entwicklung von Anfang an vorherbestimmt ist, geleitet und gleichsam kontrolliert wird – was mich wiederum an Kafka erinnerte.

Den Zusammenhang des sechsten Buches, den »Bekenntnissen einer schönen Seele«, mit dem Ganzen erkenne ich noch nicht deutlich. Vielleicht beabsichtigte Goethe, mit den »Bekenntnissen« ein warnendes Beispiel für Wilhelm aufzustellen, damit er sich nicht im Abstrakten verliere?

Als ich vor vielen Jahren »Wilhelm Meister« zum erstenmal gelesen hatte, hielt ich es für ein romantisches Buch, vor allem im Hinblick auf Gestalten wie Mignon und den Harfenspieler. Jetzt bin ich anderer Ansicht, ja ich möchte sogar behaupten, daß sein eigentlicher Inhalt die Entwicklung und die Erziehung des Menschen ist, um die Wirklichkeit zu begreifen und zu akzeptieren. Trotz Mignon und trotz Harfenspieler verliert Goethe nämlich keinen Augenblick die Realität aus den Augen.

*Nach dem Appell*

Je häufiger ich dieses Werk lese, desto moderner – ja selbst aktueller finde ich es. So läßt Goethe zum Beispiel den Abbé sagen:

»Nur alle Menschen machen die Menschheit aus, nur alle Kräfte die Welt. Diese sind unter sich oft im Widerstreit, und indem sie sich zu zerstören suchen, hält sie die Nation zusammen und bringt sie wieder hervor. Jede Anlage ist wichtig, und sie muß entwickelt werden. Eine Kraft beherrscht die andere, aber keine kann die andere bilden – in jeder Anlage liegt auch allein die Kraft, sich zu vollenden! Das verstehen so wenig Menschen, die doch lehren und wirken wollen.«

Man kann das vielleicht eine alte Wahrheit nennen, aber veraltet ist sie bestimmt nicht.

*4. Dezember*

Es herrscht eine riesige Aufregung im Lager: die deutschen Häftlinge scheinen an die Front geschickt zu werden.

So weit gehen »sie« also mit ihren Maßnahmen – und mit ihrem Zynismus.

Eugen erzählte, daß sie vorläufig nur »Freiwillige« aufrufen. Das kennen wir!

*Abends*

Die meisten Holländer sind froh, daß die Deutschen nun wahrscheinlich wegkommen. Ich kann ihre Ansicht keineswegs teilen und hatte deshalb mit K. einen Wortwechsel.

»Hurrah! Die Moffen kommen weg!« rief er.

Und was dann?

Wer wird dann hier das große Wort führen?

Wenn die deutschen Häftlinge weg sind, bekommen wir die Diktatur der polnischen Kapos!

Natürlich sind auch unter den Deutschen schlechte Elemente – ich bin gewiß der letzte, das zu leugnen – aber sehr viele von ihnen haben uns geholfen, mit Rat und Tat. Sie sind ja schließlich schon am längsten hier und – meiner Meinung nach – werden wir sie und ihre Erfahrung noch sehr nötig haben, besonders, wenn es sich dem Ende nähert.

*5. Dezember*

Die meisten unserer deutschen Mitgefangenen haben sich für den »Volkssturm« gemeldet. Noch bevor sie dazu gezwungen waren!

Kollektive Blödheit!

Ich habe zu Eugen sofort gesagt, daß ich diese Haltung – gelinde ausgedrückt – unbegreiflich finde.

Sie hätten gemeinsam beratschlagt, antwortete er, und wären zu dem Entschluß gekommen: »Nur heraus aus dem Lager!«

»Aber das wollen wir ja schließlich alle. Ich glaube nicht, daß das der richtige Weg ist. So helft ihr ja den Krieg verlängern«, hielt ich ihm vor.

»Was konnten wir anderes tun?«

»Weigern, euch beharrlich weigern. Ihr könnt ja nie genug mit eurem Luther angeben. Nun hättet ihr ihn euch zum Vorbild nehmen sollen, der hat gesagt: ›Hier stehe ich – ich kann nicht anders!‹«

Wahrscheinlich war dieser historische Vergleich nicht sehr treffend – solche Vergleiche sind es ja selten –, aber Eugen begriff sehr gut, was ich meinte! Und das war schließlich die Hauptsache.

*6. Dezember*

Die Diskussionen darüber, ob es richtig oder unrichtig war, sich freiwillig zu melden, sind nun in allen Baracken in vollem Gange.

»Wir können draußen mehr tun«, sagen die Deutschen.

Das kann, meiner Meinung nach, niemand von hier aus beurteilen, auch nicht die Deutschen, die sich einschreiben ließen. Dieses Argument ist nur eine geschickte Ausrede.
Ich bleibe dabei, daß sie falsch handeln.

*7. Dezember*
Eugen ist verzweifelt, denn er ist einer der wenigen Österreicher, die sich gemeldet haben (die meisten von ihnen taten es nicht), und auch bei den deutschen Freunden ist die Stimmung nun merklich gesunken.

Viele von ihnen sind jetzt gleichfalls der Überzeugung, daß es ein großer Fehler war, sich freiwillig zu melden, aber nun können sie nicht mehr zurück.

Übrigens sind nicht einmal alle angenommen worden. Einschreibungen von Spanienkämpfern wurden von vornherein nicht akzeptiert, und auch viele Kommunisten wurden abgewiesen.

*8. Dezember*
Heute »Wilhelm Meisters Lehrjahre« wieder zu Ende gelesen. Ich bin bereit, dieses Werk gegen jeden zu verteidigen, der es für »veraltet und ungenießbar« erklären sollte. Es ist und bleibt für mich eines der genialsten Bücher, die ich kenne. In welchem modernen Roman finden sich so unvergleichliche Gestalten wieetwa Philine oder Mignon?

In der Vorrede meiner hiesigen Ausgabe wird ein Ausspruch Schillers über »Wilhelm Meister« zitiert: »Ruhig und tief, klar und doch unbegreiflich wie die Natur.«

Wahrlich, eine bessere und treffendere Charakteristik ist kaum denkbar.

*9. Dezember*
Die deutschen Häftlinge, die sich für den »Volkssturm« gemeldet haben, sind nun in ... SS-Uniformen gesteckt worden und sollen morgen wegkommen. Wohin, weiß niemand.

Sie machen einen todunglücklichen Eindruck. Sie fragen sich selbst, ob sie dafür gegen Hitler gekämpft haben – um nun in SS-Uniform an die Front geschickt zu werden. Und natürlich an die gefährlichsten Stellen – und mit »echter« SS im Rücken.

*Abends*
Als die »neuen« SS-Männer heute nachmittag über die Lagerstraße gingen, um sich von ihren Freunden zu verabschieden,

hatte ich sehr den Eindruck, daß das große Chaos, der allgemeine Auflösungsprozeß begonnen hat.

Häftlinge, Arm in Arm mit SS-Männern – auch wenn es nur die »unechten«, neugebackenen SS-Leute waren ...

SS, die wir nicht grüßen, vor der wir keine Angst zu haben brauchen ...

Da ist etwas verändert – etwas zerbrochen.

Die »Heiligkeit der SS-Uniform« hat ihren Nimbus eingebüßt. Das ist der Anfang vom Ende.

Ein historisches Datum.

*Eine Stunde später*

Der Revierkapo geht auch mit. Wer wird sein Nachfolger werden?

*10. Dezember*

In Block 3 zufällig mit einem sehr prominenten Häftling Bekanntschaft gemacht. Eigentlich ist er nicht »krank genug« für die Aufnahme ins Revier, aber er wird in der »Lichtstation« behandelt, gegen Gicht. Auf seinem Bett lag ein Buch von Paléologue, durch das ich auf ihn aufmerksam wurde und mit ihm ins Gespräch kam. Er heißt Cirini, ist Baron und Privatsekretär von ... Prinz Friedrich Leopold von Preußen. Glücklicherweise spielte er sich ganz und gar nicht als »Prominenz« auf, und seine politischen Bemerkungen waren noch nicht einmal so reaktionär, wie ich erwartet hatte.

Er braucht nicht in einem »Block« zu schlafen, hat ein herrliches Kommando – »SS-Kantine« – und dadurch natürlich genug zu essen, sein »Chef« sitzt in demselben guten Kommando. Sie werden also alle beide bevorzugt behandelt, was ja eigentlich auch nicht weiter verwunderlich ist, denn schließlich gehören die Hohenzollern gewiß nicht zu »ihren« ärgsten Feinden.

Als wir noch über Paléologue sprachen, erschien Nummer zwei. »Der Prinz«, stellte Cirini vor; ein vielleicht fünfundvierzigjähriger, ziemlich steifer, hölzerner, doch sehr bescheidener freundlicher Herr.

Ich sah sofort, daß er nicht kahlgeschoren war; hat also Sondererlaubnis. Etwas in seinem Gesicht – ich glaube, es war die Nase und der dumme Zug um die Oberlippe – erinnerten an den deutschen Kronprinzen.

Im übrigen war er sehr nett; zwar nicht so intelligent wie Cirini, doch guten Willens. Ich hatte den Eindruck, daß beide in ihrem Kommando mehr Neuigkeiten hören als wir, und will darum versuchen, sie des öfteren zu sprechen.

*Abends*

W., der österreichische Oberpfleger von sieben, ist Revierkapo geworden.

Er ist Spanienkämpfer, und es wird also wohl bald ein anderer – besserer – Wind hier im Revier wehen, besonders, da er auch sehr gegen die schlechten polnischen Elemente ist, die versuchen, sich hier als die Herren aufzuspielen.

*11. Dezember*

Bevor ich heute vormittag vor unserem kleinen Kreis über vanEeden sprach, habe ich – als Gegenstück zu A.s Hansjakob-Liste – eine möglichst große Anzahl Titel seiner Werke aus dem Kopfe aufgeschrieben, konnte mich aber nur noch an vierunddreißig erinnern, obwohl ich weiß, daß er bedeutend mehr publiziert hat.

Wenn ich nun – hier vom Lager aus gesehen – an van Eeden denke, komme ich wiederum zu dem Schluß, daß er, trotz aller Unzulänglichkeiten, eine Persönlichkeit von europäischem Format war; ein Schriftsteller, der uns in Holland zum erstenmal mit vielen sozialen und kulturellen Problemen in Berührung brachte, die gleichzeitig europäische Probleme waren. Er hat auch unseren Horizont bedeutend erweitert, wußte unser Interesse zu wecken für die Weisheit und die Philosophie des Ostens, für Konfuzius und für Laotse (für letzteren in Zusammenarbeit mit Borel), für »Pauls ontwaken« oder sein Walden-Experiment.

*Abends*

Es sollen wieder »Personal«-Ernennungen vorgenommen werden, weil so viele Deutsche weg sind. Heini hat aus diesem Grunde mit dem neuen Revierkapo über mich gesprochen, und nun soll ich morgen zu ihm auf die Schreibstube kommen.

*12. Dezember*

Heute nacht hatten wir mehrere Stunden hintereinander Luftalarm. Ich bin aufgestanden, habe mich an den Tisch gesetzt und versucht, meine Gedanken wieder auf van Eeden zu konzentrieren. Dabei fiel mir ein, daß ich vergaß, ein paar Worte über die »Internationale Tribüne« zu sagen, die er während des Ersten Weltkrieges in De Groene redigiert hat und an der

Schriftsteller verschiedener Länder mitarbeiteten. Damals habe ich viele Bücher dieser ausländischen Verfasser bestellt und gelesen, und ich werde van Eeden mein Leben lang dankbar sein, daß er den Anstoß dazu gab, daß er mir diese Bekanntschaften vermittelte und mich so bereits im vorigen Weltkrieg vor jedem kleinlichen Chauvinismus bewahrt hat.

Ich erinnere mich noch sehr genau, daß ich durch van Eeden viele der wertvollsten Autoren kennenlernte, zum Beispiel Romain Rolland, Norman Angell, Carl Spitteler, Allen Upward, Bernard Shaw, Havelock Ellis, Paul Bjerre, Erich Gutkind, Siegmund Freud, Franz Oppenheimer, Walther Rathenau, Gustav Landauer, Tagore, Ulpton Sinclair, Oliver Lodge, Alexander Mercerau und vieleandere, die mir im Augenblick nicht einfallen.

*Abends*

Nachtpfleger auf der Malariastation geworden.

Der Kapo wollte mir erst die Leitung der Wäschekammer übertragen, aber das habe ich abgelehnt: Ich bin erst ein halbes Jahr hier und fühle mich den polnischen Pflegern keineswegs gewachsen. Die würden mir unter allerlei Vorwänden täglich Laken und Handtücher und Unterwäsche abschwindeln, alles natürlich ohne Empfangsbescheinigung, so daß ich nach einer Woche »ausverkauft« – und dafür verantwortlich gewesen wäre! Anfangs begriff W. meine Weigerung nicht, hielt mich, glaube ich, für undankbar und für einen Besserwisser und sagte zum Schluß ziemlich unfreundlich: »Na, dann eben Nachtpfleger – Malariastation.«

In einer Stunde fängt mein neuer Dienst an ...

*13. Dezember*

Diese Nacht werde ich niemals vergessen.

Es schien doch alles so einfach: dreimal in der Nacht Fieber messen, Puls fühlen und die Ergebnisse in die Fiebertabellen einzeichnen. Weiter nichts. Doch ich hatte sofort ein eigenartiges Gefühl, als ob hier irgendwo und irgendwie Gefahr drohte.

Um neun Uhr machte ich meine erste Runde.

»Paß vor allem auf, daß du mit August, dem dicken Pfleger von der Malariabaracke, keinen Krach bekommst«, warnte mich noch der alte Pole von der Nachtwache, als ich wegging. Fünfzig Patienten. Fünfzigmal Fiebermessen und fünfzigmal den Puls fühlen.

Viele hatten über vierzig und phantasierten. Das Pulszählen

und die Eintragungen in die Listen machten die meiste Arbeit. Dann bis zwölf Uhr warten; um zwölf Uhr die zweite Runde. .Bei einigen war das Fieber plötzlich jäh gestiegen, bei anderen gefährlich gefallen.

Als ich fertig war, winkte mich aus einer Ecke ein älterer Deutscher an sein Bett. Er war so erfreut, daß ich deutsch sprach, daß er mit mir reden konnte! Er erzählte, er habe hier schon viele Hunderte sterben sehen und ihn selber hätten »sie« zum Krüppel gemacht: Er hat nämlich – als erstes »Resultat« von Schillings Versuchen – einen Arm verloren.

Plötzlich kam mir wieder voll und ganz zum Bewußtsein, was sich hier eigentlich abspielt! Nun weiß ich auch, wozu die Fliegen dienen, die August tagtäglich so feierlich in diese Stube bringt ...

Jeden Morgen Punkt zehn Uhr. Und täglich dasselbe Schauspiel: Voran Professor Schilling, der hier das Kommando führt (ein alter, bärbeißiger Kerl, vor dem alle Angst haben), gefolgt von zwei Pflegern, und hinter ihnen August mit seinen – durch eine Art Käseglocke überdeckten – Fliegen, die er so vorsichtig und feierlich vor sich her trägt, als ob er in einer Prozession schritte, mit dem Allerheiligsten in seinen Händen.

Diese Fliegen werden also dazu benutzt, um hier bei Häftlingen – zur Zeit fast ausschließlich bei Italienern, Zigeunern und Russen, so erzählte mir der alte Deutsche – Malaria hervorzurufen. Versuche, an denen bereits Hunderte gestorben sind und an denen noch viele, viele sterben werden.

Kurz nach zwei Uhr war wieder Luftalarm. Der Pole, dem ich helfen mußte, überall das Licht auszudrehen, und den ich um seine Meinung fragte über das, was »sie« hier tun, nannte es »wissenschaftliche Untersuchungen zum Besten der deutschen Kolonien«.

Dabei haben sie gar keine Kolonien mehr und werden wohl auch niemals wieder Kolonien bekommen!!!

Als ich dann durch den dunklen Gang nach Baracke 15 ging, fiel in unmittelbarer Nähe des Lagers eine schwere Bombe. Ich fühlte mich sehr allein und verlassen – eigentlich zum erstenmal, seitdem ich hier bin.

Kurz nach drei Uhr war die Gefahr vorüber, und ich machte meine letzte Runde. Der alte Deutsche war noch immer wach, und wieder winkte er mir. Nachdem er sich erst vorsichtig und mißtrauisch vergewissert hatte, daß seine Nachbarn schliefen, flüsterte er mir zu, mich vor allem vor August in acht zu nehmen. Dann warnte er mich auch noch vor dem Professor!

»Schilling«, sagte er, »kontrolliert nämlich jeden Morgen sehr genau und äußerst sorgfältig die Fiebertabellen und ist – selbst bei dem unbedeutendsten Versehen – unerbittlich. Für den kleinsten Irrtum und für den geringsten Fehler fliegt man bei ihm sofort in den Bunker oder bekommt fünfundzwanzig auf den Hintern. Hier im Revier hat er mehr zu sagen als der Kommandant. Er untersteht nämlich direkt ›Berlin‹.

Und sowohl August als auch einer der Pfleger machen gemeinsame Sache mit dem Professor, also aufgepaßt«, flüsterte mir der alte Mann noch einmal warnend ins Ohr.

*14. Dezember*

Soeben beim Revierkapo gewesen und gesagt, daß ich – »leider« – meinen Posten als »Nachtpfleger Malariastation« aufgeben muß, da meine Augen zu schlecht und meine Brillengläser zu schwach sind, um die kleinen Striche auf dem Fieberthermometer richtig ablesen zu können.

Er war ziemlich unfreundlich, hat mich aber nicht als »Personal« entlassen, was ich eigentlich befürchtete.

Ich kann also doch noch im Revier bleiben.

*Abends*

Heute wurde bei uns der erste Fall von Flecktyphus festgestellt. Dr. Krediet und der russische Arzt vermuten, daß bald wieder eine Epidemie ausbrechen wird.

Als ich das heute mittag – noch ziemlich aufgeregt – Adi erzählte, meinte er nur: »Jetzt schon? Meistens kommt die Epidemie doch erst im Januar oder Februar. Voriges Jahr auch. Da war es Bauchtyphus. Wir hatten über achthundert Tote. Aber jetzt – mit diesem Hunger werden wohl noch viel mehr dran glauben müssen.«

Nach diesem Gespräch mit Adi bin ich mir noch eindeutiger darüber im klaren, daß auch solche Epidemien der SS nur ein weiteres willkommenes Mittel zu unserer »Liquidierung« sind, zu unserer völligen Vernichtung.

Jedes Jahr im Januar oder Februar!! Und dann? Wie viele von uns werden diesmal daran sterben?

In Kürze wird also Dachau wieder mit seinem üblichen jährlichen Räumungsausverkauf beginnen ...

*15. Dezember*

Heute früh, nachdem Sepp mit ihm über mich gesprochen hatte, ließ mich der Kapo wiederum rufen: er hatte einen neuen

Posten für mich. Und zwar besteht mein neuer »Beruf« darin, dafür zu sorgen, daß alle Türen auf dem langen Gang zwischen den Baracken 1 und 9 wieder gut zugemacht werden, so daß es dort weniger zieht!

Eine blöde Beschäftigung, aber dadurch bleibe ich wenigstens hier im Revier. Außerdem kann ich im Gang mehr sehen und hören als irgendwo anders, auch mit viel mehr Freunden sprechen und so Verbindungen anknüpfen oder wiederaufnehmen. Ein anderer großer Vorteil für das Personal ist auch das aparte WC – das sogar eine Tür hat!! Endlich, endlich eine Möglichkeit, um hin und wieder ein paar Minuten allein zu sein.

*Nach dem Appell*

Der Oberpfleger von 15 erzählte mir soeben ganz aufgeregt, daß die Jugoslawin tatsächlich eine Provokateurin ist!

In einem Brief, den sie an den Schutzhaftlagerführer geschrieben hat und den sie heute früh, als sie zurück nach München ging, am Tor abgegeben haben soll, steht, daß einige der hiesigen Häftlinge planen, die Frauen aus München mit Waffen zu versorgen – damit sie sich befreien können, wenn die Alliierten im Anmarsch sind.

In ihrem Schreiben behauptet sie außerdem, die Leiter dieser Aktion wären der Belgier Arthur Haulot und ... ich!!!

*Eine Stunde später*

Bin sofort bei Arthur gewesen.

Er hat der Frau tatsächlich einen Brief mitgegeben, doch der enthielt natürlich nur einige unwichtige private Mitteilungen. Auch er ist nun sehr beunruhigt und sehr nervös.

Welche Verteidigungsmöglichkeiten haben wir auch gegen solche Anschuldigungen?

Daß »sie« keinerlei Geweise gegen uns haben?

Die brauchen sie natürlich nicht ...

Wann werden sie uns holen?

*16. Dezember*

Noch nichts gehört. Bin aber so unruhig – Arthur übrigens nicht minder –, daß ich weder schlafen noch essen kann, und an schreiben ist ganz und gar nicht zu denken.

*17. Dezember*

Noch nichts gehört.

Ist das nun ein gutes – oder ein schlechtes Zeichen?

*18. Dezember*

Nichts gehört ...

*19. Dezember*

Wir sind noch nicht geholt.
Ist die ganze Geschichte am Ende nur eine Sch ... parole?
Ich neige beinahe dazu, es zu glauben, denn wenn Ruppert den Brief wirklich bekommen hätte, dann ...

*20. Dezember*

Noch immer nichts gehört!
Ich beginne langsam, etwas aufzuatmen.
Der Oberpfleger von 15 hat versprochen, nähere Informationen einzuholen. Er tat, wie übrigens meistens, äußerst wichtig, und ich gewann sehr den Eindruck, daß er nur wieder einmal versucht hat, sich interessant zu machen.
Arthur glaubt nun auch, daß es nur eine Sch ... parole war!

*21. Dezember*

Gerettet!
Bericht aus München!
Die Jugoslawin hat zwar tatsächlich einen Denunziationsbrief geschrieben, aber erstens nicht hier, sondern in München, und zweitens scheint dieser »Bericht« so verwirrt und hysterisch gewesen zu sein, daß ihr Oberscharführer ihn sofort in den Ofen geworfen hat!
So lauten wenigstens die letzten Nachrichten.
Auf jeden Fall haben wir erleichtert aufgeatmet!

*Abends*

Je mehr ich über das Geschehene nachdenke und je ruhiger ich es tue, desto mehr verstärkt sich bei mir der Verdacht, daß ein gewisser Jemand unbedingt wieder einmal eine Rolle spielen wollte!
Aus diesem Grunde hat er die Erzählung über H. und mich hier lanciert.

*22. Dezember*

Seit einer Woche spiele ich nun bereits »Portier«. Im Gang ist es oft eisig kalt und zug ig – und ich wundere mich eigentlich, daß ich mir noch keine Lungenentzündung geholt habe. Glücklicherweise kann ich mich von Zeit zu Zeit bei dem französischen Arzt in der Lichtstation ein bißchen aufwärmen.

Andererseits hat meine neue »Stelle« doch noch mehr Vorteile, als ich zuerst dachte. Ich sehe und spreche nun viele Freunde aus dem Lager – kann ihnen oft helfen, auch von Zeit zu Zeit etwas zustecken, denn ich kenne nun auch aus den anderen Baracken alle »Hauser«, die das Essen austeilen.

*23. Dezember*

Noch immer kein Paket vom holländischen Roten Kreuz! Und wir hatten doch so darauf gehofft – hatten jedenfalls erwartet, zu Weihnachten etwas zu bekommen!

Die Belgier und die Franzosen haben natürlich wieder ihre RK-Pakete, die Belgier sogar jeder zwei!

Ich habe diese Dinge bis jetzt in meinem Tagebuch noch mit keiner Silbe erwähnt – und werde es weiterhin auch nicht mehr tun – aber wir hatten für die Festtage *so* darauf gerechnet! Besonders, da wir schon seit Monaten und immer vergeblich auf ein Paket warten, während doch die Belgier, die Polen, die Franzosen und die Tschechen regelmäßig mit Paketen versorgt werden. Manche bekommen sogar zwei pro Woche.

Natürlich vergeht kein Tag, an dem wir nicht darüber sprechen und uns fragen, woran das wohl bei uns liegen mag. Wir haben bereits so viele Möglichkeiten, so viele Ursachen und Gründe genannt und diskutiert, doch ohne eine stichhaltige Erklärung für dieses Versagen finden zu können. Selbst für den – sehr unwahrscheinlichen – Fall, daß Seiß das holländische Rote Kreuz verboten und aufgelöst haben sollte, blieb doch für sie immer noch der Weg von London aus offen! Und wenn auch das nicht möglich ist – aber warum soll es eigentlich nicht auch für das holländische Rote Kreuz ebensogut möglich sein, die Paketfrage von London aus zu regeln, wie es die anderen tun? – Sie könnten doch durch Vermittlung des schwedischen Roten Kreuzes arbeiten, wie zum Beispiel die Dänen.

Oder über die Schweiz! Wozu haben wir schließlich einen holländischen Gesandten in Bern?

Später, wenn wir einmal wieder frei und zu Hause sind, wird die Paketfrage – über die wir nun täglich stundenlang sprechen und um die unsere Bedanken immer wieder kreisen – vielleicht sehr schnell durch andere Probleme und Interessen verdrängt werden.

*Das darf keineswegs geschehen!*

Sie darf auf keinen Fall in Vergessenheit geraten, denn das eine steht schon heute fest: Es starben und sterben in Dachau täglich Holländer an Hunger und infolge Unterernährung, die wahrscheinlich nicht hätten sterben müssen, wenn auch wir regelmäßig mit RK-Paketen versorgt würden.

Ich weiß sehr wohl, daß das eine schwere Beschuldigung der verantwortlichen Stellen ist, aber sie wird keineswegs leichtfertig ausgesprochen und niedergeschrieben, sondern auf Grund von Tatsachen – von äußerst traurigen Tatsachen sogar!!

*1. Weihnachtsfeiertag, 12 Uhr mittags*
Gestern abend mit Fritz zusammen bis gegen elf Uhr aufgeblieben. Wir hatten uns ein Spiel ausgedacht, das uns auch wirklich geholfen hat, nicht zuviel an Zuhause zu denken. (Glücklicherweise ist ja Edith wieder frei, und es geht ihr gesundheitlich auch wieder besser; und über Tylie hatte ich vor drei Wochen noch Nachricht.)

Das Spiel begann mit einer Frage von Fritz: »Wie würde sich Goethe wohl benommen haben, wenn er hier bei uns in Dachau säße?«

Wir haben beide unsere Antworten aufgeschrieben und verglichen. Danach kamen noch ein paar andere deutsche Dichter und Denker an die Reihe.

Da wir heute doch frei haben, will ich nun das »Resultat« unserer amüsanten Untersuchung aufschreiben, dann kann ich es Edith später lesen lassen. Also:

*Goethe:* Verhaftet, weil er sich in der Pariser Zeitschrift »Le Globe« in einem wissenschaftlichen Artikel über Ontologie abfällig über die Theorien des Rassenforschers Professor Günther geäußert hat. Sitzt bereits zwei Jahre, da er – so hieß es in seinem Schutzhaftbefehl – mit seiner Publikation den Namen der nationalsozialistischen Wissenschaft verunglimpft hat. Er wird aber wohl bald frei kommen, denn Hans Carossa hat sich persönlich bei Goebbels für Goethes Freilassung eingesetzt. Hier in Dachau wäre er wahrscheinlich Revierkapo gewesen oder auch Kapo von der Totenkammer; auf jeden Fall aber *sehr* prominent! Sicherlich hätte er nicht nur ausgezeichnete Beziehungen zu den Polen unterhalten, sondern auch zu den Kommunisten! Im Umgang mit der SS würde er sehr diplomatisch und zuvorkommend gewesen sein, doch so, daß letzten Endes auch von unserer Seite nichts dagegen einzuwenden wäre.

Und natürlich hätte er Sondererlaubnis, um sein Haar wachsen zu lassen.

*Schiller:* Verhaftet, weil er in seiner Zeitschrift »Horen« ein großes Gedicht »Ex oriente lux« publizierte, das man für einen Lobgesang auf die Sowjetunion ansah. Bei seinem Verhör stelte sich heraus, daß Goethe – als Mitredakteur – gegen Aufnahme dieses Gedichtes gewesen war, weil er in ihm – einen Angriff auf das Regime seines Fürsten, Karl August, zu sehen meinte.

Schiller hat es hier sehr schwer: Lokomotivenkommando München. Bei seinen Mitgefangenen, für deren Rechte er sich bei jeder Gelegenheit einsetzt, ist er außerordentlich gut angeschrieben; mit den meisten Kapos und den Blockältesten steht er aber auf sehr schlechtem Fuß, so daß er bereits zweimal »fünfundzwanzig auf den Arsch« bekommen hat und stets Gefahr läuft, »auf Transport« geschickt zu werden.

*Georg Büchner:* Verhaftet, da Kommunist – und wegen Verbreitung illegaler Literatur, unter anderem des Pamphlets »Friede den Hütten, Krieg den Palästen«. Wurde dann, auf besonderen Befehl von Berlin, hier in Dachau aufgehängt.

Abends nach dem Appell veranstalteten seine Mithäftlinge eine geheime Toten- und Erinnerungsfeier für ihn.

*Heinrich von Kleist:* Verhaftet als Mitarbeiter am Widerstandsverlag (Direktion: Ernst Jünger und Ernst Nikisch) sowie unter Verdacht der Teilnahme an der Verschwörung des 20. Juli. Obwohl er es gut meinte, bekam er in seiner Stube bald mit jedem Streitigkeiten. Eines schönen Tages beging er Selbstmord – zusammen mit einem homosexuellen ungarischen Offizier. Nicht etwa aus Angst vor der SS, sondern weil er der Überzeugung war, daß wir alle und allezeit in der Erfüllung derjenigen Pflichten versagen, die uns das Leben auferlegt.

*Hölderlin:* Verhaftet als asoziales Element. Hatte es abgelehnt, sich für den »Arbeitseinsatz« zu melden. Erwies sich bereits in den ersten Tagen nach seiner Ankunft in Dachau als so sehr ungeeignet für das Lagerleben, daß er von seinem polnischen Blockältesten ins Nervenzimmer des Krankenreviers gebracht wurde, wo sie ihn sofort in eine Zwangsjacke steckten. Wurde kurze Zeit darauf durch den Oberpfleger, der ihn ganz besonders haßte («Dieser Hölderlin behauptet auch noch ... Griechisch zu können!«), auf Invalidentransport geschickt.

*Schopenhauer:* Verhaftet, weil er Leys Hund, der seinen Pudel Atmaa gebissen hatte, ein »plebejisches Rindvieh« nannte.

Bekleidet in Dachau einen prominenten Posten und bekommt viele Pakete, von denen er jedoch nur sehr selten – und dann auch nur an ebenso »Prominente« – eine Kleinigkeit abgibt.

Ist außerordentlich stolz und egoistisch, betrachtet die meisten seiner Mitgefangenen nur als »Fabrikware der Natur«.

*Nietzsche:* Verhaftet wegen einer scharfen Kritik an Rosenbergs »Mythus des zwanzigsten Jahrhunderts«, das er »geschwätzigen Dilettantismus« nannte.

Ist schon nach wenigen Wochen Lager ein Muselmann geworden, der dauernd weint und abends am Eingang von Block 26 um etwas Suppe bettelt.

*Gerhart Hauptmann:* Ihn hatten wir gerade als nächsten für unser Spiel notiert, als Luftalarm gegeben wurde und die Flak ganz in unserer Nähe – wahrscheinlich die in der Plantage – einen derartigen Lärm machte und alles so zu wacheln begann, daß wir leider nicht weiterschreiben konnten ...

*26. Dezember*

Blut gespendet (dreihundert Kubikzentimeter).

*27. Dezember*

Während der »Mittagsruhe« hatte ich ein sehr ausführliches und interessantes Gespräch mit Miesen. Er fragte mich nach meiner Meinung über Kierkegaards Philosophie. Ich antwortete, daß ich lange nicht alles von K. gelesen habe, aber der Ansicht bin, daß er in seiner Lehre versucht, die enge Verbundenheit von Mensch und Gesellschaft zu leugnen und zu zerreißen, daß er seinen Lesern immer wieder vorhält und beweisen will, daß das Leben keinerlei Wert hat, und niemals einen Wert bekommen wird.

Ich machte ihn auf das große – unter Hitlers Regime – zu neuem Leben erwachte Interesse für diesen Philosophen aufmerksam, auch auf die vielen neuen Ausgaben und Interpretationen seiner Werke, auf die immer häufigere Nennung seines Namens in der offiziellen deutschen Presse und fragte ihn, ob das nicht eigentlich ein Beweis dafür sei, daß Kierkegaards Ideen keineswegs im Widerspruch stehen zu ... der faschistischen Ideologie.

»Ebensowenig übrigens, wie die Theorien deines Professors Heidegger«, sagte ich dann noch – aber da ging der Krach los! Miesen ist nämlich ein Schüler Heideggers, hat bei ihm Kolleg gehört und begann sofort über dessen Lehren zu reden: vom Dasein, dem In-der-Welt-Sein, daß wir in einem »Seinsverständnis« leben, über dessen Thesen von der Geworfenheit des Daseins, vom Mit-Dasein und so weiter.

Ich gebe – und gab – gern zu, daß Miesen diese Materie durch und durch beherrscht und daß ich nur versucht habe, das Buch von Prof. Waelhens über Heidegger durchzuarbeiten. Auch bei ihm fand ich, genau wie bei seinem großen Lehrmeister Kierkegaard, dieselbe Angst vor dem Leben, die gleiche Auffassung von der Zweck- und Nutzlosigkeit des Lebens, die Behauptung, daß alle Hoffnung eitel und es daher sinnlos sei (denn das ist letzten Endes die Konsequenz), an die Kräfte des Lebens zu glauben und zu appellieren.

Also kein Kampf gegen die Kräfte und Mächte, die das Leben vernichten wollen? Daraus würde – meiner Meinung nach – nur der Faschismus Nutzen ziehen. Das habe ich M. – trotz seiner Entrüstung – gesagt, und auch, daß ich sehr gut begreife, warum unter Hitler die Werke Heideggers *nicht* verboten sind – sondern sogar propagiert werden. Miesen meinte, daß für Heidegger die Lösung im mutigen Hinnehmen eines absurden Daseins besteht. Mir kommt es richtiger vor, dagegen zu kämpfen, denn das »mutige Hinnehmen« – ist doch nur Wasser auf die Mühlen der Nazis!

Ich bin mir wohl bewußt, daß Heideggers Philosophie viel komplizierter, wahrscheinlich auch reicher ist, als ich im Augenblick sehen will, aber seine »Rückkehr« zur konkreten Wirklichkeit« – die Miesen dann noch ins Feld führte – kann ich nur mit grobem Geschütz beantworten. Zur Zeit heißt nämlich die konkrete Wirklichkeit: Das Dritte Reich! Aus dieser Tatsache müßte Heidegger – wenn er wirklich ein Deutscher großen Formats ist – Konsequenzen ziehen, und zwar derartige Konsequenzen, die jede weitere Publikation seiner Arbeiten unter Hitler unmöglich machen würden! Aber gerade das Gegenteil ist der Fall!

Miesen war natürlich ganz und gar nicht meiner Ansicht, sondern sogar einigermaßen verstimmt über meine Behauptungen – was ich schließlich bei ihm auch begreiflich finde.

*28. Dezember*

K. wollte heute mein Urteil über Block 26 wissen. Ich hatte das Gefühl, daß er von mir eine scharf ablehnende Äußerung über den Block der Geistlichen erwartete – und ich glaube, daß ich damit die Auffassung der meisten Häftlinge richtig wiedergegeben hätte, doch so einfach ist diese Frage meiner Meinung nach nicht. Ich komme jetzt jeden Tag nach Block 26, oft sogar zwei- oder dreimal täglich: Um Blutspender zu rufen, um heimlich geistlichen Beistand für Kranke oder Sterbende, auch um Oblaten und heiliges Öl zu holen – und ins Revier einzuschmuggeln. Dadurch kenne ich nicht nur alle holländischen Geistlichen und Prediger, sondern auch viele ausländische.

Bereits die Formulierung von K.s Frage halte ich für falsch. Er fragt mich auch nicht, was ich von Block 18 oder 20 oder 22 denke, sondern was ich von X oder Y oder Z denke. In Block 26 liegen zwar ausschließlich Geistliche – Pastoren, Pfarrer, Prediger –, doch die bilden ebensowenig ein geschlossenes Ganzes, wie die Bewohner irgendeines anderen Blocks.

Etwas muß ich allerdings zugeben, nämlich daß gerade in Block 26 besonders viele Egoisten zu finden sind – viel mehr und viel größere Egoisten sogar – als zulässig! Und auch, daß in 26 – mehr als in den anderen Blocks – Häftlinge sind, die sich als sehr unsolidarisch gegenüber ihren Leidensgenossen erweisen.

Müssen wir aber bei unserer Be- oder Verurteilung nicht auch die ökonomischen Umstände berücksichtigen, in denen die meisten von ihnen vor dem Kriege gelebt haben? Pfarrer und Pastoren, die in ihren Städten und Dörfern die sozialen Nöte der Arbeiter und Bauern niemals tatsächlich geteilt haben (womit noch nicht gesagt ist, daß sie sich nicht darum kümmerten), kennen daher auch jetzt, da die Praxis sie von ihnen fordert, keine wahre Solidarität. Vielleicht müssen wir damit ihr Benehmen – ihr oft nur allzu schlechtes Benehmen – teilweise entschuldigen?

Daß aber in Block 26 in manchem Schränkchen – ich selber habe es des öfteren gesehen! – soviel Brot aufgestapelt liegt, daß ein Teil davon schon verschimmelte, während in den abgesperrten Quarantäneblocks neben ihrer Baracke, also kaum drei Meter weiter, gehungert wird, daß hier Lebensmittel verderben, während besonders in Block 30 – und das müssen diese Brothamsterer und Vorratsbesitzer doch wissen – entsetzlichster Hunger herrscht ... dafür gibt es keine Entschuldigung!

Doch auch in anderen Blocks habe ich häufig egoistischen Geiz feststellen müssen und auch bei den Geistlichen viel selbstlose Hilfsbereitschaft gesehen.

Nein, Block 26 ist kein geschlossenes Ganzes. Auch hier liegen letzten Endes nur ... Menschen! Menschen mit all ihren guten und schlechten menschlichen Eigenschaften! Hier liegen einfache, ja selbst beschränkte Dorfpfarrer und Kaplane, doch auch Jesuitenpatres mit verblüffend großen Kenntnissen auf den verschiedensten Gebieten. Hier liegen außergewöhnlich gebildete Geistliche, doch auch Klosterbrüder, deren Horizont erschreckend eng ist. Hier liegen reaktionäre Elemente, die von einem »Ständestaat« träumen, doch auch Pfarrer, die bei den Partisanen waren. Hier liegen Geistliche, die ihre Bischöfe kritisieren, doch auch Anhänger des österreichischen Kardinals

Innitzer, der bis heute noch kein Wort gegen Hitler gesagt hat. Hier liegen Franco-Freunde, aber auch andere, deren ganze Sympathie den baskischen Priestern gehört, die mit der Waffe in der Hand gegen Franco gekämpft haben. Viele der Franzosen sind begeisterte Bewunderer von Maritain und vor allem auch von Péguy, doch gibt es hier auch ebenso begeisterte Bewunderer des Kardinals Baudrillard, der auf Seiten Vichys steht.

Pater Rootkrans aus Südlimburg, der tagtäglich die Flecktyphuspatienten im Revier besucht und der sein letztes Stückchen Brot weggibt, ist für mich – ein halber Heiliger! Aber der deutsche Pfarrer B., der den lieben langen Tag chauvinistischen Unsinn verzapft, dabei noch außerordentlich autoritär und unverträglich auftritt, ist für mich – ein halber Nazi! Das Problem: Block 26 – ist wirklich nicht so einfach wie K. glaubt.

*29. Dezember*

Im Anschluß an unser gestriges Gespräch über Block 26 habe ich K. heute noch einiges über »meinen« Pfarrer erzählt, über Joseph Knichel, den Curé von Ligneuville in Belgien.

Ich erzählte ihm, wie ich als Journalist vor dem Kriege eine Reportage über die Naziumtriebe in den Westprovinzen Belgiens geschrieben habe, dabei unter falscher Flagge auch zu einem Nazihotelbesitzer kam, der mich im Laufe seiner Konfidenzen nachdrücklichst vor dem »Verräter und Judenfreund«, dem Curé von Ligneuville »warnte« mit dem Erfolg, daß ich ein Auto mietete und eine Stunde später bei Joseph Knichel vor der Tür stand. – Wie seine Haushälterin mir erst nicht öffnen und mich nicht hereinlassen wollte, weil sie den fremden Herrn in einem auswärtigen Auto für einen – Gestapoagenten hielt, da diese »Herren« bereits zweimal (glücklicherweise vergeblich) versucht hatten, den Curé in eine Falle zu locken und über die nahegelegene deutsche Grenze zu verschleppen.

Als ich diesem Manne dann doch endlich gegenübersaß, erfuhr ich, daß er Deutscher von Geburt war, zum Bistum Trier gehört hatte, seine Heimat wegen seiner echt christlichen, Antinazigesinnung – und nicht nur Gesinnung, sondern auch Tätigkeit – verlassen mußte, nun hier in diesem kleinen, neubelgischen Städtchen saß, kämpferisch wie eh und je, trotz seiner fünfundfünfzig Jahre, gehaßt und verfolgt von allem, was pro Hitler, pro Nazideutschland war, seine Stimme immer wieder warnend, beschwörend und nochmals warnend vor der kriegerischen Barbarei des Dritten Reiches erhebend.

Aber auch er war nur ein Prediger in der Wüste ...
Wie ich ihn dann bei meinen Untersuchungen noch ein- oder zweimal aufgesucht habe – angezogen von seiner echten, warmen Menschlichkeit, von diesem Leben, in dem Wort und Tat wirklich zu etwas Großem, etwas Ganzem geworden waren ...
Und wie wir uns dann hier in Dachau wiedergesehen haben. – Daß wir beide eigentlich nicht sehr verwundert waren, als wir uns hier im Lager trafen, denn er sowohl als ich haben immer genau gewußt, wogegen wir seit zehn und mehr Jahren kämpften, kannten unseren Gegner und seine Methoden nur zu gut, wußten beide, was wir zu erwarten hätten, wenn wir ihm in die Hände fielen ...
Er hat seitdem viel durchgemacht, »mein« Curé, bevor er hier landete, doch er ist noch ebenso kämpferisch, ebenso ungebrochen und stark im Glauben an das Gute, noch ebenso solidarisch, weise und menschlich ... und doch sitzt auch er in dem (mit Recht?, mit Unrecht?) so »berüchtigten« Block 26, dem Geistlichenblock.

*30. Dezember*
Der Unterschied zwischen Patriotismus und Chauvinismus ist mir niemals so klar vor Augen geführt worden wie jetzt, während der Flecktyphusepidemie. Wenn ich von meinem Rundgang mit der Totenliste zurückkomme, fragt Bob jedesmal: »Wie viele Holländer heute?«
Das finde ich ganz natürlich und sehr gut begreiflich; ich sehe selbst auch immer nach und notiere die Namen und Daten unserer Gestorbenen – für später.
Als ich ihn heute auch wieder ausführlich über die Anzahl der Toten in den verschiedenen Blocks informiert hatte, sagte er jedoch: »In Block 23 steht es also besser als in 25!«
»Wieso«, fragte ich, »in 23 sind heute sechsundvierzig Tote und in 25 sind es zwölf!«
»Aber in Baracke 25 sind drei Holländer gestorben und in 23 nur einer«, war seine Antwort!
Die anderen fünfundvierzig Toten – Italiener, Franzosen, Belgier, Deutsche, Jugoslawen und Russen – zählten also für ihn einfach nicht mit.

*Silvesterabend*
Vor einer Woche habe ich in der Bibliothek »Die Nachtwache des Bonaventura« entdeckt, eines der merkwürdigsten Bücher aus der Zeit der Romantik.

Ich habe es früher bereits mit großem Genuß und viel Vergnügen gelesen und es nun heute abend aus meinem Schränkchen geholt, um auch hier – im Lager – durch diese Lektüre die tiefe Bedeutung des Jahreswechsels noch intensiver zu verspüren, um diese Stunden als den – vielleicht auch für uns – nahenden Beginn eines sehr wichtigen Überganges zu einer neuen Zeit zu sehen!

Die Handlung dieses Buches spielt in einer deutschen Provinzstadt, so deutsch wie nur irgend möglich, und die Figur des Nachtwächters – der Hauptperson – ist köstlich und unvergeßlich.

Er ist bereits seit vielen Jahren und zu aller Zufriedenheit im Amt; es ist auch bisher nichts Nachteiliges über ihn bekanntgeworden, obwohl er eigentlich intelligenter ist als Nachtwächter gewöhnlich zu sein pflegen. Das schien aber nicht weiter gefährlich, so daß man es mit in Kauf nahm, besonders, da dem seine vortrefflichen Eigenschaften gegenüberstanden: außerordentliche Treue und strengste Gewissenhaftigkeit.

Bis es geschah! Bis eines Nachts etwas passierte, was sich niemand je hätte träumen lassen! In der Nacht vom 31. Dezember 1799 zum 1. Januar 1800 verkündete er den Beginn der Ewigkeit und den Anbruch des Jüngsten Gerichts! – Das Ergebnis war dann auch dementsprechend. Alle sind zu Tode erschrocken, alle werden von panischer Angst und von zitternder Furcht ergriffen.

Die Verwirrung ist grenzenlos, denn wer hätte gedacht, daß der Anfang des 19. Jahrhunderts zum Anfang der »Ewigkeit« und des »Jüngsten Gerichtes« werden würde?

Erst nach und nach bricht sich dann langsam die Erkenntnis Bahn, daß die Ursache zu all der unangenehmen Aufregung, zu ihrer Reue und Verzagtheit – nur einer Laune des Nachtwächters zuzuschreiben ist.

Die unbeschreibliche Wut, die daraufhin gegen ihn losbricht, ist denn auch ganz allgemein und gipfelt in den Worten: »Wie konnte er sich unterstehen, uns auf eine so unerhörte Art hinauszublasen aus unserem wohlverdienten Gottesfrieden?«

Über dieses eigenartige Buch, dessen Autor nicht bekannt ist, will ich morgen mit Eddy reden. Sein »Mathäus« könnte – meiner Meinung nach – doch auch gut so ein Nachtwächter werden und zum Beispiel hier in Dachau den Anbruch der Ewigkeit und des letzten Gerichts verkünden. Was für ein herrlicher Stoff für eine Novelle oder ein Gedicht!

*Neujahr 1945*

Heute früh um fünf Uhr, gerade als ich meinen Dienst beim Eingang zum Revier beginnen und den Frührapport abgeben mußte, hatten wir Luftalarm. Es war also stockfinster, und im Gang, bei Baracke 9 ungefähr, stolperte ich im Dunkeln über eine Leiche ... (Als das Licht ausging, waren die Träger wohl gerade dabei gewesen, sie wegzutragen und hatten sie inzwischen hier hingelegt.)

Diesen ersten Willkommensgruß des neuen Jahres fand ich ziemlich fatal – und kein besonders günstiges Vorzeichen! Doch als der holländische Pfleger, der daneben gestanden hatte, mir aufhalf und lachend sagte: »Seit wann gehst auch du über Leichen?«, hatte ich meine gute Laune wieder und spürte eine Art vaterländischen Stolzes über diesen nüchternen Humor.

*Abends*

Unsere Brotrationen sind abermals herabgesetzt. Und noch immer nichts vom holländischen Roten Kreuz. Die Herrn in London scheinen auf uns zu pfeifen!

Dr. K. konstatierte heute früh – allein in unserer Stube – drei neue Fälle von Flecktyphus. Duhalsky meint, wir werden es alle bekommen und – durch die Unterernährung – alle daran sterben. Ich fürchte das auch oft, will aber versuchen, diese Gedanken von mir abzuschieben. Noch mehr lesen, noch mehr und noch intensiver studieren. In jeder freien Minute!

Klassische Literatur – als Ersatz für Rote-Kreuz-Pakete.

Ich fürchte allerdings, gegen Flecktyphus dürfte auch Goethe auf die Dauer kein wirksamer Schutz sein ...

*2. Januar*

Von K. habe ich mir Stendhals »Vie de Henri Brulard« geliehen; eine vorzügliche deutsche Ausgabe mit einer ausführlichen Einleitung und vielen Fragmenten nebst Kommentaren.

Stendhal und Goethe – das sind und werden für mich immer mehr die Schriftsteller, die ich in meiner hiesigen Umgebung und mitten in der Flecktyphusepidemie am besten lesen kann. (St. scheint übrigens im russischen Feldzug auch Flecktyphus gehabt zu haben!) Während mich zum Beispiel Strindberg durch seine Unausgeglichenheit und seinen Verfolgungswahn irritiert, während Dostojewski mir viel zu tief bohrt – was ich hier nicht vertragen kann –, besitzt Stendhals Werk die Bewegtheit durch geniale Sachlichkeit, nach der ich, als Gegengewicht zu der hiesigen Hölle, mit beiden Händen greife.

*Nach dem Appell*
Rheinhardt hatte heute ernsten Krach mit seinem Oberpfleger. Die Sache konnte durch Drosts Vermittlung glücklicherweise eingerenkt werden, doch ich fürchte, daß es in einigen Tagen wieder schiefgehen wird.

An R.s Arbeit ist bestimmt nichts auszusetzen, aber er ist immer noch zu unterwürfig, und das darf er – besonders Lagerprominenten gegenüber – ganz und gar nicht sein. Wir müssen ihren großen Mund ebenso großmäulig beantworten – anders ist man hier verloren. Rheinhardt ist innerlich natürlich absolut *nicht* servil, aber er darf es hier äußerlich, auch dem Schein nach, ebenfalls nicht sein.

Ich werden morgen noch einmal ausführlich über diesen Punkt mit ihm reden.

*Spät abends*
Ich bin »befördert«! Dank meiner tschechischen Freunde auf der Schreibstube! Wurde »Revierläufer«, bekomme eine Armbinde mit dem Roten Kreuz darauf – muß Gänge und Besorgungen im Lager machen: im Auftrag der Revierschreibstube.

Dadurch bin ich jetzt auch »offiziell« beauftragt, zweimal täglich sämtliche Blocks mit den Kranken- und Totenlisten abzulaufen, um sie von den Blockältesten zeichnen zu lassen. Ich muß für Blutspender sorgen, morgens um halb sechs Ordnungsdienst bei der Ohrenstation machen und abends die Zugänge ins Bad bringen.

*3. Januar*
Heute früh zum ersten Male mit Leutnant van L. gesprochen. Im Block 3, in Arthurs Stube. Er hat Flecktyphus und ist noch sehr schwach, aber glücklicherweise über die Krise hinweg. Ich brachte ihm Oblaten und einen Rosenkranz, Dinge, um die er gebeten hatte. Er wunderte sich sehr, daß gerade ich ihm diesen Wunsch erfüllte, da er gehört hat, ich sei ganz und gar nicht gläubig.

Er möchte auch gern etwas zu lesen haben. Ich werde ihm meinen kleinen Auswahlband Peguy bringen.

*Nach dem Appell*
War gerade wieder eine halbe Stunde bei van L.

Irgendwie zieht es mich zu ihm. Er hat schwere Jahre hinter sich, viele wichtige Aufgaben erfüllt, wurde geprügelt und gefoltert, aber hat sich bei alledem eine jungenhafte Scheu bewahrt, ist kraftvoll und rein zugleich; im Grunde sehr einfach und auch für andere Meinungen offen und zugänglich.

*Spät abends*

Gerade war D. hier und erzählte, daß Wiardi Beckman in Block 25 – einen Quarantäneblock – gesteckt worden ist. Er hat seinen Posten verloren, da wegen der Flecktyphusgefahr kein einziges Kommando mehr außerhalb des Lagers arbeiten darf. Ich werde ihn also weniger sehen und sprechen können, will aber versuchen, den Kontakt mit ihm aufrechtzuerhalten.

*4. Januar*

Wir – das Personal vom Revier – sind heute gegen Flecktyphus geimpft worden.

Die erste Injektion.

Ich hoffe, daß das Serum gut war, doch so sicher ist das noch nicht. Auch das wird wohl »Ersatz« sein. Ist doch selbst der dicke Pole von der »Ambulanz« an Flecktyphus gestorben, und der hat doch bestimmt dafür gesorgt, daß er rechtzeitig geimpft wurde.

Morgen soll das Plantagenkommando geimpft werden. Diese Häftlinge arbeiten schließlich für Himmler persönlich, in seinen Gärten dicht hinter dem Lager. Die Blumen und Kräuter bringen ihm jährlich eine hübsche Summe ein, und darum müssen seine Sklaven noch ein Weilchen am Leben bleiben.

*Alle anderen werden nicht geimpft!*
*Die sollen ruhig krepieren!!!*

*Nach dem Appell*

Ich gehe jetzt regelmäßig in den Geistlichenblock.

Nicht nur, um die Krankenlisten und die Blutspender zu holen, sondern auch um mit Pater van G. zu sprechen.

Ich beneide ihn geradezu um seine geschulte Denkweise, um seine scharfe Logik und wünschte nur, etwas von dieser Jesuitenlogik gelernt zu haben.

Gestern habe ich ihm das gesagt und auch, daß ich – wenn ich wieder auf die Welt käme – gern bei den Jesuiten in die Schule gehen würde, doch dabei dann denken möchte wie jetzt und auch meiner heutigen Überzeugung sein.

Er begriff vollkommen, was ich meinte und kam glücklicherweise nicht auf die Idee, daß ich etwa auf irgendeine Art »zweifele« oder gar ... Katholik werden wolle!!

P. dagegen machte gestern – halb im Scherz und halb im Ernst – eine dahingehende Andeutung, doch das läßt mich völlig kalt!

Ich unterhalte mich gern mit van G. und versuche, dadurch eine genaue Kenntnis vom wahren Wesen des Katholizismus zu bekommen.

Jede Ausweitung des Weltbildes ist gut, und ich kann aus diesen Gesprächen allerhand lernen.

*5. Januar*

Nachmittags ein ausführliches und tiefes Gespräch mit van L. gehabt. Er fragte mich einige Dinge über den spanischen Bürgerkrieg. Vor allem wollte er wissen, wie ich über die Rolle denke, die der spanische Klerus darin gespielt hat. Ich habe ihm sehr ausführlich geantwortet und dabei mein möglichstes getan, um ihn nicht zu verletzen, doch auch andererseits nichts verschwiegen von dem, was ich nun einmal sagen mußte!

Erzählte ihm von Pater Lobo, von der Haltung jener Geistlichen, die sich nicht für Franco entschieden hatten und die daher von den Republikanern auch völlig unbehelligt gelassen wurden, von den Basken, bei denen die niedere Geistlichkeit gemeinsam mit den Bauern gegen Franco kämpfte. Ich erzählte auch, warum sie es tat. Berichtete von meinem Besuch bei La Passionaria und wie sie, als eine Anzahl Nonnen aus Madrid um ein Gebäude für eine neue Kapelle bat – das ihre war durch Francos Bomben vernichtet worden –, sofort durch ihre Partei den Fall untersuchen ließ und dafür Sorge trug, daß dieser Wunsch sehr rasch erfüllt wurde. Und dann erwähnte ich noch, daß es Kommunisten gewesen sind, die damals den Nonnen Breviere, Rosenkränze, Weihwassergefäße und ähnliche Dinge brachten.

Van L. wollte gern noch mehr über Spanien wissen. Ich verwies ihn an Piet, der dort gekämpft hat. Außerdem habe ich ihm sehr angeraten, später, wenn wir einmal wieder frei sein werden, die Bücher von Bergamin zu lesen.

*Abends*

In Stube I, in dem Eckbett, in dem ich schon so viele sterben sah, liegt ein Neuer. Wieder ein Kandidat, also...

Er wimmerte leise, als ich zu ihm trat, aber da er auf dem Bauch lag, konnte ich sein Gesicht nicht gut erkennen.

Suire hatte ihm gerade eine Spritze gegeben und bat mich, für den Kranken nach Block 26 zu gehen und den Jesuitenpater

Riquet – einen Franzosen – ins Revier zu schmuggeln. Ich holte den Pater, bin aber dann weggegangen. Michelet, der Vertrauensmann der Franzosen (ein Freund von Maritain, erzählte mir Suire), stand bei unserem Kommen bereits am Bett des Neuen.

*6. Januar*

Habe heute Auer gebeten, mir Näheres über Ampère zu erzählen, dessen Name wiederholt in Goethes »Gesprächen mit Eckermann« genannt wird. Wie ich sehr schnell bemerkte, hätte ich ihm kein größeres Vergnügen machen können, denn dadurch sah er eine Möglichkeit, um auf einem graziösen literarischen Umweg – auf sein Lieblingsthema Ozanam zu sprechen zu kommen. Erst berichtete er einiges über Ampère und sein Blatt »Le Globe«, das Goethe »der reifen Urteilskraft seiner Mitarbeiter« wegen überschwenglich gepriesen hat und dessen Redaktion Ampère als – Vierundzwanzigjähriger leitete.

Einer seiner späteren Mitarbeiter – und damit hatte mein Freund das Gespräch dort, wo er es haben wollte – war Frédéric Ozanam, 1813 in Mailand geboren, mit einer Empfehlung zu Ampère senior nach Paris gekommen, wo ihn bald eine innige Freundschaft mit dessen Sohn – Goethes Ampère also – verband, und wo er einer der berühmtesten Mitarbeiter von »Le Globe« wurde.

Auer hat Ozanam spezielle Studien gewidmet, und obwohl ich eigentlich für den Gründer des berühmten Vincentiusvereins nicht mehr als eine Art höflichen Respekts empfand, muß ich offen zugeben, daß es A. – nach einer Darlegung, die den ganzen Abend dauerte und im Bett, als das Licht aus war, noch flüsternd fortgesetzt wurde – schließlich doch gelungen ist, mein Interesse für Ozanam derart zu wecken, daß ich heute vollkommen davon überzeugt bin, in meinem Leben etwas versäumt zu haben, wenn ich seine Bücher nicht lese.

A. lobte besonders ein Werk über Dante, ferner »Les Poètes Franciscain« und erzählte – was mein Interesse noch erhöhte –, daß Ozanam Professor der deutschen Sprache und Philologie an der Sorbonne gewesen ist und als solcher auch zwei Bänden »Études germaniques« veröffentlicht hat.

*Nach dem Appell*

A. überraschte mich heute nachmittag mit einer kurzen Ozanam-Bibliographie, die er in Eile notiert hatte (in der Schreibstube, anstatt seine Listen auszufüllen), sowie mit dem genauen Text von dessen Grabschrift in der »Église des Carmes« in Paris (auf deutsch und lateinisch!), die wirklich nicht kurz ist, sondern über zehn Zeilen umfaßt.

Ich bewundere diesen alten Mann immer mehr, empfinde täglich mehr Respekt vor seinen gediegenen literarischen und historischen Kenntnissen, vor seiner innigen Liebe zum Menschen – zur Literatur und zur Menschheit. Er wird für mich immer der Repräsentant eines Spitzweg-Deutschlands bleiben, das selbst von dieser Barberei nicht berührt wurde, das sich still und träumerisch abseits hielt, ohne den heraufziehenden Sturm zu spüren.

Natürlich hätte auch A. begreifen müssen, daß dieser Orkan der Barbarei alles zerschmettern würde, aber er glaubte nicht an sein Kommen, vernahm nichts von den drohenden Vorzeichen in seinem stillen Studierzimmer mit den Kakteen, mit den Portraits von Ozanam, Bischof Sailer, Alban Stolz, Heine und Hansjakob über dem Schreibtisch. A. war erfüllt von Liebe zu der Kathedrale seiner Heimatstadt Freiburg. Als es dann aber doch so weit war, als »sie« die Macht ergriffen, da schrak er auf aus seiner Ruhe und widersetzte sich, so daß er schließlich hier in Dachau landete. Auch hier denkt er weiter an seine Bücher und an Blumen, hofft und betet, vor allem dafür, daß »sein« Münster nicht durch englische Bomben getroffen werden möge und daß er später wieder hinter seinem Schreibtisch sitzen darf, umgeben von den Portraits, die er doch so liebt.

Kein Rebell, keine Kämpfernatur, wohl aber ein Mann, der auch nach dem Kriege dazu beitragen kann, um bei vielen die Liebe zum Guten und Wahren zu erwecken und zu fördern.

*Spät abends*

Gijs van Münster ist gerade im Revier aufgenommen worden. Es kostete große Mühe, da keine Arztmeldung vorlag, doch ich konnte ihn so hereinschmuggeln.

Er ist in den letzten Wochen sehr alt geworden und vor allem auch geschwächt.

Sepp hat dafür gesorgt, daß er im Block 3 liegt, bei Drost, der Lungenentzündung konstatierte.

*7. Januar*

Suire hat gestern lange mit dem Neuen in der Ecke gesprochen und mich heute früh mit ihm bekannt gemacht. Er scheint schlimm daran zu sein, aber es kommt keine Klage über seine Lippen.

Viele Franzosen erkundigen sich nach seinem Befinden.

Suire fürchtet, daß auch ein Bein amputiert werden muß, aber will mit der Entscheidung noch warten. Ihm erst noch eine Bluttransfusion machen. Habe mich zur Verfügung gestellt für den Fall, daß er meine Blutgruppe gebrauchen kann.

*Abends*
Mit dem Pfleger von Stube IV sehr ausführlich über Gijs gesprochen. Karl, ein Deutscher, ist Sozialdemokrat, und darum konnte ich mit ihm reden.

Gijs hat nun bereits »Breikost« bekommen, womit er sehr zufrieden war und nur befürchtete, daß es bei dem einen Mal bleiben würde. Habe ihn darüber beruhigt, und Karl wird es ebenfalls noch tun.

Zwei Betten weiter liegt ein Bruder von Jaquemotte; ebenfalls schwerkrank. Es scheint nicht mehr viel Hoffnung für ihn zu sein ...

Als er hörte, daß ich aus Brüssel komme, mußte ich ein Weilchen bei ihm bleiben, und mich mit ihm unterhalten.

Er ist so voll guten Mutes, doch so schwach, daß er nicht mehr aufrecht sitzen kann.

*8. Januar*
Van L. und ich haben nun regelmäßig längere Gespräche, die ich ungern missen würde. Wir versuchen beide, uns vorurteilslos näherzukommen und das zu finden, was uns verbindet. Auch für später. Ich hoffe, daß unsere Freundschaft von Dauer sein wird.

Als wir heute früh bei unserem gemeinsamen täglichen Spaziergang durch die Blockstraße – der nun zu einer angenehmen, festen Gewohnheit für uns geworden ist – über katholische Heilige sprachen, äußerte van L. seine große Bewunderung für Ignatius von Loyola. Das kann ich sehr gut bei ihm verstehen, denn Ignatius muß ihn wohl besonders anziehen: ein leidenschaftlicher und doch sauberer Kämpfer, dessen ganze Energie sich auf ein Ziel konzentrierte und der außerdem ein vortrefflicher Soldat war. Ich sagte ihm, daß ich seine Vorliebe nicht teile, daß mein großes Interesse Thomas Morus gilt, den ich einen sozialistischen Heiligen nannte.

*Eine Stunde später*
Suire rief mich, um mir zu sagen, wer der »Neue« eigentlich ist; ein bekannter französischer Jesuit, der sehr viel illegale Arbeit geleistet hat.

Michelet hatte ihm – Suire – erzählt, daß der Jesuit als Monteur mit einem Transport französischer Arbeiter nach Deutschland gegangen war, und zwar nicht nur, um ihnen als Geistlicher beizustehen, sondern auch, um mit ihnen zusammen die dortige Kriegsindustrie soviel wie irgend möglich zu unterminieren. M. meinte sogar, im Auftrag der Engländer. Bei dieser Arbeit wurde er verhaftet. In der Nähe von Ulm, vor zwei Monaten.

*Abends*
Drost sagte zu mir, er fürchte, daß es mit Gijs heute nacht zu Ende gehen würde und daß es gut wäre, Piet Maliepaard zu holen, nach dem Gijs gefragt hat.

Piet mit Hilfe von Sepp ins Revier bekommen. Als wir eintrafen – ich brauchte eine gute Stunde, um ihn zu finden – war gerade Großalarm, und die Flak schoß unaufhörlich, so daß wir einander kaum verstehen konnten.

Gijs hat am Nachmittag ein unteres Bett bekommen, da sich sein Befinden rapide verschlechterte. Drost wußte nicht mehr genau, wo er nun lag.

Es war stockdunkel, und Sepp mußte mit seiner Taschenlampe alle Betten ableuchten.

In Jacquemottes Bett lag ein anderer. Ich werde mich morgen nach ihm erkundigen, aber fürchte, daß er bereits gestorben ist.

Endlich fanden wir Gijs, der uns anfangs nicht erkannte. Er ist in den letzten Tagen so abgemagert, daß sein künstliches Gebiß nicht mehr paßt. Er bewegte es dauernd hin und her, was ein recht unheimliches Geräusch verursachte.

Drost fürchtete, Gijs könne es verschlucken und riet ihm daher, es aus dem Munde zu nehmen, doch davon wollte Gijs absolut nichts wissen. Er widersetzte und wehrte sich dagegen wie ein kleines, eigensinniges Kind, so daß wir es schließlich aufgaben und nur dem Pfleger noch ans Herz legten, ganz besonders auf ihn zu achten.

Durch den Lärm der Flak und da Gijs auch sehr leise sprach, konnten wir kaum etwas verstehen. Als es dann draußen einen Augenblick etwas ruhiger wurde und wir ihn nach seinem Befinden fragten, antwortete er nur: »Ich möchte den Sprung noch so gern mitmachen, Jungens.«

Nichts über sich selber, nichts über seine Krankheit oder sein Ergehen ...

Dann erkundigte er sich noch, wie weit die Russen schon

wären. Als Sepp es ihm sagte, kam ein freudiger Glanz in seine Augen, er sah uns an und sagte: »Dann kann es für euch ja nicht mehr allzulange dauern!«

*9. Januar*

Blut gespendet für den französischen Jesuiten.

Suire scheint es ihm erzählt zu haben, denn kurz bevor er heute zur Operation weggebracht werden sollte, sagte er zu mir: »Maintenant nous avions tous le même idéal.«

Er weiß, daß er wahrscheinlich sein Bein verlieren wird, war aber sehr ruhig, als Suire ihn informierte: »Besser ohne Bein und leben, als nicht amputieren lassen – und sterben.«

S. ist also der Überzeugung, daß es unbedingt geschehen muß.

*Abends*

Gijs fühlte sich heute etwas besser, schien auch frischer.

Er wollte Pratomo gern sehen, und ich ging sofort in den Typhusblock, wo Pratomo liegt.

Gijs spricht nun oft über seine Jugend und über Indonesien. Er scheint viel an jene Zeit zu denken, als er dort tätig war und für die Rechte der Eingeborenen gekämpft hat.

Als Prat kam, freute er sich.

*10. Januar*

Der Jesuit ist operiert, sein rechtes Bein amputiert.

Er ist noch ohne Bewußtsein.

Suire hofft, daß er durchkommt, obwohl er sehr schwach ist. Soll morgen noch eine Bluttransfusion bekommen.

*Eine Stunde später*

Soeben Wiardi Beckman gesprochen. Das schlimmste für ihn ist, daß er jetzt keine Bücher aus der Bibliothek entleihen darf, weil er im Quarantäneblock liegt. Er hat jedoch einen Band Vergil hereingeschmuggelt, und ich werde versuchen, ihm noch etwas anderes zu besorgen.

*Abends*

Gijs geht es besser. Drost fürchtet jedoch, daß es ein letztes Aufflackern ist.

Er macht nicht mehr einen so todmüden Eindruck und hat auch wieder Appetit.

Obwohl Drost und der Pfleger ihm versichert haben, daß er,

solange er hier liegt, jeden Tag Breikost bekommt, wollte er es doch nicht recht glauben. Prat und ich mußten ihm noch unser Ehrenwort darauf geben. Dann erst war er zufrieden und kindlich glücklich.

Eine Stunde später wußte er es nicht mehr. Auch nicht, daß Prat sehr lange bei ihm am Bett gesessen hat.

*11. Januar*

Auer war heute ganz begeistert, als ich ihn mit der Mitteilung überraschte, daß sich ein berühmter holländischer Schriftsteller, Potgieter, in einem seiner Werke bewundernd über Ozanam geäußert habe. Es war mir heute nacht wieder eingefallen, nachdem ich mir stundenlang den Kopf zerbrochen hatte, wo ich den Namen Ozanam – diesen anmutigen, etwas orientalischen Namen – bereits früher gehört hatte. Ich wußte, daß ich ihn kannte, doch mir wollte nicht einfallen, woher. Bis ich es auf einmal hatte: bei Potgieter, im Kommentar zu seiner »Florence«.

A. notierte es sofort, und ich mußte feierlich versprechen, ihm später den genauen Text mit ausführlicher Quellenangabe zukommen zu lassen. Er möchte das gern für eine Neuauflage seiner Ozanam-Biographie haben. Wir waren derart in unser Thema vertieft, daß wir das Jammern und Stöhnen der Kranken um uns herum – es war Verbandstag – kaum hörten.

*Abends*

Komme soeben von Gijs. Fand ihn besonders lebhaft. Um mir zu zeigen, daß er mich sofort erkannte, und zum Beweis, daß seine geistigen Kräfte nicht gelitten haben, erinnerte er mich daran, wann und wo wir uns zum ersten Male getroffen hatten: 1922 in Berlin, in einem Haus Unter den Linden, im Zentralbüro der Internationalen Arbeiterhilfe.

Gijs erinnerte sich noch an viele Einzelheiten, die mir längst entfallen waren. Er erzählte die ganze Zeit, während ich bei ihm saß, doch kein einziges Wort des Selbstbedauerns kam über seine Lippen.

*12. Januar*

Heute morgen, ganz früh, ist Gijs gestorben, also doch noch unerwartet.

Vor einer Stunde erfuhr ich es von Drost.

Der Schmerz um diesen Verlust wird groß sein, vor allem – wenn wir wieder zu Hause sind.

Hier können wir nicht lange trauern, um niemanden. Einen Tag, höchstens zwei Tage ...

Wer von uns wird nun an die Reihe kommen?

Heute bereits hundertsiebenundzwanzig Tote.

Später, wenn all das vorbei ist, werden wir – das heißt diejenigen von uns, die dann noch am Leben sind – Gijs' gedenken.

Die Freunde in Holland werden das bestimmt tun. Sie werden an seine Entlassung als Direktor des Lehrerseminars in Paroeng erinnern und an seine Verbannung aus Indonesien (bereits vor dem Ersten Weltkriege), weil er für die Indonesier eintrat. Niemand kannte die Probleme der Kolonialpolitik besser als er. Ich selbst werde später sicher noch oft an die Gespräche mit ihm, Gerrit und Piet in der Dachauer Quarantänestraße und in Vught zurückdenken.

Er war der geborene Lehrer. Seine Vorträge erinnerten mich oft an die Kurse von Hermann Duncker in der Marxistischen Arbeiter-Hochschule in Berlin. Auch er beherrschte die Kunst, schwierige Probleme derart zu erklären, daß sie jeder begriff, ein Arbeiter ebensogut wie ein Rechtsanwalt, ein kaufmännischer Angestellter genau so wie ein kleiner Bauer.

Gijs verfügte über ein großes, vielseitiges Wissen, von dem er jedoch niemals viel Aufhebens gemacht hat, über eine gut fundierte Einsicht in die Probleme der internationalen und vor allem der kolonialen Politik.

Er ist so von uns gegangen, wie er stets in der Partei gewesen ist – auch während der schwierigen Jahre, in denen er TASS-Korrespondent für Holland war –, still und möglichst unauffällig, doch beseelt von einem felsenfesten Vertrauen, das durch nichts und niemand – auch nicht durch das Lager – erschüttert werden konnte.

Er hatte kein schweres Kommando, aber wieviel Mühe hat es doch gekostet, ihn zur Annahme des leichteren Kommandos zu überreden, das ihm einige deutsche Kameraden verschafft hatten. Weil wir so sehr darauf drangen, nahm er es schließlich an, doch er hätte es viel lieber abgelehnt und den Platz einem anderen Kameraden überlassen.

*13. Januar*

Der Jesuit ist heute nacht gestorben. Er war zu geschwächt. Suire ist bis zum Schluß bei ihm geblieben und auch Michelet. Auf die Franzosen hat sein Tod einen tiefen Eindruck gemacht.

Als die Leiche weggetragen wurde, bin ich mit Suire und Michelet bis zur Totenkammer mitgegangen ...

Suire hat versprochen, mir nach dem Kriege die Publikationen von Père Dillard – so hieß der Jesuit – über die amerikanische und französische Arbeiterjugend zu verschaffen.

*Nach dem Appell*
Als ich nachmittags durch Stube IV im Block 3 ging, bemerkte ich in dem Bett, in dem Gijs gelegen hat, den kleinen, buckligen Rechtsanwalt aus Indochina, der augenscheinlich von Block 9 nach hier verlegt worden ist.

Es würde Gijs sicher gefreut haben, wenn er gewußt hätte, daß nach ihm jemand aus den Kolonien in diesem Bett liegen würde ...

Ich habe Karl gebeten, auch dem Rechtsanwalt Breikost zu geben, da er ja hier durch das kalte Klima doppelt leidet.

Das schien mir das einzige zu sein, was ich noch für Gijs tun konnte.

*14. Januar*
Rheinhardt hegt eine besondersg roße Bewunderung für Maria Theresia. Er las mir einige – in der Tat von einer außergewöhnlichen Frau stammende – Briefe an ihre Kinder vor, aus denen hervorging, daß es für sie nichts Schlimmeres auf der Welt gegeben hat als die Tatsache, daß ein Teil ihres Vaterlandes den Preußen in die Hände gefallen war. Ein größeres Unglück war für sie nicht denkbar.

»Genau wie auch jetzt für uns Österreicher nicht«, sagte Rheinhardt.

In diesem Moment begann bei dem älteren Franzosen, der im Nebenbett lag, der Todeskampf. Ein Musiker aus Lyon – Kapellmeister, wenn ich mich nicht irre. Schwere Lungenentzündung. Drost hat für ihn getan, was er nur konnte, doch der Franzose war bereits am Ende seiner Kraft, als er eingeliefert wurde.

Heiligabend ist er noch bei uns in Stube I gewesen, um das Quartett zu hören. Am Schluß hat er den Violinisten gebeten, ihm doch einen Augenblick sein Instrument zu leihen. Ich sehe ihn noch vor mir, wie seine Hände liebkosend die Violine streichelten, bevor er sie mit einer feierlichen Gebärde ans Kinn hob und den Bogen ansetzte: etwas zitterig, ziemlich altmodisch und ein bißchen komödiantenhaft.

Dann begann er zu spielen: das Ave Maria von Gounod; und er legte wirklich all sein Gefühl hinein, all sein Leid – und sein Heimweh.

Ein wenig gutmütig-pedantisch stand er da und zugleich doch so rührend und ergreifend: klapperdürr und abgezehrt, in seiner Zebrajacke, mit einer viel zu kurzen Hose und mit viel zu großen, zerrissenen Schuhen.

Als er geendet hatte, starrte er erst noch eine Zeitlang völlig in Gedanken versunken vor sich hin – ich glaube, er hatte uns in diesem Moment wirklich vergessen –, doch dann dankte er für den aufklingenden Applaus wie ein echter verwöhnter Künstler.

Ob er es wohl geahnt hat, daß er damals zum letztenmal in seinem Leben eine Geige in den Händen hielt? Er gab sie an den Bulgaren mit einer Gebärde zurück, in der alles lag: Wehmut und Resignation, Dank und Trauer, doch vor allem Verzweiflung ...

*Abends*

Suire brachte mir gerade die letzten Worte des Paters Dillard, die er für mich notiert hat: »Si j'y reste, c'était prévu au départ, et c'était offert pour l'Eglise et pour la classe ouvrière.«

Dieser Jesuit ist ebenso würdig gestorben, wie er gelebt hat, und ich glaube, daß seine Worte später einmal ihre historische Bedeutung beweisen werden.

Ein Priester, für den die Belange der Kirche mit denen der Arbeiter übereinstimmen, das ist es doch, was viele unter uns so leidenschaftlich von der katholischen Geistlichkeit erhoffen! Das ist doch die Verwirklichung der Ideen des katholischen Sozialisten Péguy, dessen Werke, wie Michelet mir erzählte, nun – während der deutschen Besetzung – von der katholischen Jugend mehr gelesen werden als je zuvor!

*15. Januar*

Gestern hat in Block 26 eine Totenfeier für Père Dillard stattgefunden.

Riquet, ein französischer Jesuit, hielt die Gedächtnisrede; lateinisch, doch Pater Rotkrans hat mir den holländischen Text verschafft. Viele nähere Einzelheiten daraus will ich mir aufschreiben, denn ich habe mir vorgenommen, D.s Leben und Werk später genauer zu studieren.

Victor Dillard ist achtundvierzig Jahre alt geworden und gehörte bereits seit sechsundzwanzig Jahren dem Jesuitenorden an. Er wurde in Blois geboren – wo das liegt, weiß ich nicht genau –, entstammt einer Familie mit sieben Kindern, wollte eigentlich Ingenieur werden, als der erste Weltkrieg ausbrach.

Er brachte es bis zum Hauptmann, bekam unter anderem die Ehrenlegion und ging nach Kriegsende freiwillig nach Polen, um sich dort unter General Haller zu schlagen. Wer das war und welche Rolle er gespielt hat, muß ich später nachprüfen. Ich vermute, daß D. damals gegen die Sowjetunion gekämpft hat, obwohl ich das nicht genau weiß.

Nach seiner Rückkehr aus Polen entschloß er sich, Priester zu werden. Jesuit. Riquet zufolge, verspürte er schon damals große Sympathien für die Arbeiter. Später wurde er Lehrer an verschiedenen Seminaren, publizierte ein Buch »Lettres à Jean Pierre« und beendete seine theologischen Studien in Innsbruck. Erhielt danach in Paris eine wichtige Funktion bei der »Action Populaire«, wo er sich vor allem in sozialen und wirtschaftlichen Fragen spezialisierte.

Hat in Paris noch seinen Doktor juris gemacht, ist dann nach Irland gegangen, um dort das Sozialproblem zu studieren, und später nach Nordamerika, wo er unter anderem mit Roosevelt befreundet war. Nach seiner Rückkehr veröffentlichte er ein Buch über die amerikanische Jugend (auf das ich sehr gespannt bin) und hielt anschließend in Berlin und London Vorlesungen über wirtschaftliche, vor allem über Währungsprobleme. 1940 wurde er eingezogen, vom Hauptmann zum Oberst befördert, und geriet in deutsche Kriegsgefangenschaft. Er ist damals entflohen und nach Vichy zurückgekehrt, was ich nicht gut begreife. Er hat dort sehr für den Wiederaufbau Frankreichs agitiert; wie und auf welche Art, weiß ich nicht.

Jedenfalls scheint es ihm dort doch nicht gefallen zu haben, denn zwei Jahre später fuhr er mit einem Transport französischer Arbeiter nach Deutschland. Er hat dann monatelang als Elektriker in Wuppertal gearbeitet, wurde dort verhaftet und ist im Dezember 1944 – bereits todkrank – nach Dachau gekommen.

Morgen will ich versuchen, ob mir einer seiner Freunde vielleicht eine Liste seiner Arbeiten und Bücher geben kann, vor allem derjenigen, die Fragen der Arbeiterjugend behandeln.

*Abends*

Als ich vor einer Stunde Rheinhardt besuchte, war der französische Kapellmeister gerade gestorben. Er war schon seit gestern abend ohne Bewußtsein, hatte nur noch gestöhnt und geröchelt. Der Stubendienst brachte ihn nach der Totenkammer und wollte nun den Strohsack, auf dem er gelegen hat, wegtragen, als ich darunter eine Mappe entdeckte. Sie enthielt nur ein

Blatt Papier, auf das etwas gezeichnet war: das Portrait einer älteren Frau. Darunter stand in zittrigen Schriftzügen: »J'ai essayé de revoir là les traits cheris de ma femme.« Ich zeige es Rheinhardt, ging dann aber schnell weg, denn ich spürte, daß meine Augen voller Tränen standen.

Warum hat mich diese Zeichnung viel stärker berührt als die hundert Toten, die auch heute wieder in der Straße vor der Totenkammer liegen?

*16. Januar*

Heute früh wurde Rheinhardt als Revierpersonal entlassen! Für ihn als Arzt heißt das: Verlegung in einen der Quarantäneblocks, in denen Flecktyphus herrscht. Dort wird er sich aller Wahrscheinlichkeit nach anstecken, und da er schon weit über Fünfzig ist, dürfte das wohl seinen Tod bedeuten.

Dabei hat er nicht die geringste Veranlassung zu seiner Entlassung gegeben, der einzige Grund ist, daß der Oberpfleger lieber einen Polen neben sich haben will, jemanden ohne Verantwortungsgefühl, aber keinen Arzt wie Rh., der dies in hohem Maße besitzt.

Ich werde auf alle Fälle versuchen, mit dem Kapo über Rh. zu sprechen, vielleicht kann man doch noch etwas tun.

*Nach dem Appell*

Ich habe den Revierkapo darauf aufmerksam gemacht, daß Rheinhardt in einer Quarantänebaracke wahrscheinlich sterben würde. Ihm gesagt, daß wir für die Typhusblocks doch noch genug jüngere Ärzte haben, die infolge ihrer Jugend viel weniger gefährdet wären.

Er will es sich durch den Kopf gehen lassen ...

Ich fürchte jedoch, daß er es bei der getroffenen Maßnahme belassen wird. Er ist der Kamarilla der polnischen Pfleger so wenig gewachsen und wird wohl – schlapp wie immer – Rh. gehen lassen. In den sicheren Tod.

*17. Januar*

Habe heute nacht lange über das nachgedacht, was St. mir von der Astronomie erzählte. Ich spüre immer mehr, daß mein Weltbild doch eigentlich noch recht unvollständig ist – daß meine Studien und meine Entwicklung vielleicht zu einseitig sind; übrigens die der Mehrzahl meiner Freunde ebenfalls.

Habe hier und auch als ich in Einzelhaft in Scheveningen saß, oftmals lange darüber nachgedacht: Wir schleppen einen viel zu großen Bestand an Tatsachenmaterial mit uns herum, sowohl auf literarischem als auch auf geschichtlichem Gebiet; viel unnötigen Ballast, von dem wir meinen, unterwegs nichts verlieren, nichts vergessen zu dürfen, und wir sind uns viel zu wenig bewußt, daß dies alles nur als Stein zu dem Fundament dienen darf, auf dem wir dann die Synthese aufbauen müssen.

Wenn wir aber das Sammeln von Wissen so fortsetzen, auf diese allzu einseitige Art, nach diesem üblichen Schema, dann werden wir niemals zu einer Synthese kommen, da wir sekundären Analysen noch viel zu großen Wert beilegen.

*18. Januar*

Ich glaube, daß meine Gespräche mit Steensma einen gewissen Einfluß auf meine weiteren Studien ausüben werden.

Seit drei Monaten kenne ich ihn nun; seit dem Morgen, an dem er – nach der Räumung des Lagers Natzweiler – mit anderen Schwerkranken hier hereingetragen wurde. Einige Tage später erfuhr ich, daß er Englandfahrer war – ein Pilot der KLM, der mehr als zehnmal die Indienroute geflogen hat. Sein rechtes Bein ist amputiert – noch in Natzweiler –, und in den ersten Wochen in Dachau schien es, als ob er es nicht schaffen würde. Politisch gehen unsere Meinungen sehr auseinander, und ich vermute, daß wir uns darüber noch oft in den Haaren liegen werden; doch ich sehe in ihm den ständigen Gast von Regionen, die mir völlig fremd sind, und von denen ich doch gern mehr wissen möchte.

Ich idealisiere ihn keineswegs, aber er stand jahrelang in Kontakt mit anderen Gewalten, hat wirklich in anderen Sphären gelebt, und ich bin überzeugt, daß er mir davon viel Merkwürdiges berichten kann. Er versprach, mir regelmäßig einiges über Astronomie zu erzählen. Von literarischen Dingen weiß er wenig – er hat Physik studiert –, ich weiß wenig über die Sonne und die Sterne. So können wir unser Wissen gegenseitig ergänzen und beide daraus Nutzen ziehen.

*19. Januar*

Friedrich Leopold, »den Prinzen«, sehe ich nun regelmäßig. Er ist ein Neffe Wilhelms II., ein Sohn des Prinzen Heinrich, der einzige Hohenzoller, der katholisch ist.

Ich entsinne mich nun auch, ihn hin und wieder im Block 26 im Gespräch mit deutschen Geistlichen gesehen zu haben.

Er spricht gut Englisch und informiert mich nun immer, sowie er etwas Wichtiges gehört hat.

*Abends*

Ein Brief von W. B.

Er bittet um Lektüre, hat im übrigen aber angenehme Gesellschaft gefunden; einen französischen Schriftsteller, der nicht unter seinem richtigen Namen verhaftet wurde, und der seinen Namen geheimhält.

W. B. meint, daß ich ihn wohl kennen werde, da er eine vortreffliche Liszt-Biographie geschrieben hat.

Ich vermute daher, daß es sich um Guy de Pourtales handelt, obwohl ich glaubte, daß er viel älter wäre.

*20. Januar*

Fand gestern abend in dem von Rheinhardt geliehenen Bändchen Schopenhauer einen Ausspruch, der das ausdrückt, was ich in den letzten Monaten so stark empfand. Er schreibt: »Physiologie ist der Gipfel der gesamten Naturwissenschaft und ihr dunkelstes Gebiet. Um davon mitzureden, muß man schon auf der Universität den ganzen Kursus sämtlicher Naturwissenschaften ernstlich durchgemacht und sodann sie das ganze Leben im Auge behalten haben. Nur dann weiß man wirklich, wovon überall die Rede ist, sonst nicht. So hab ich es gemacht ... Überhaupt zeugen meine Werke vom gründlichen Naturstudium, wären auch sonst unmöglich.«

*Nach dem Appell*

Ein gründliches Studium der Biologie scheint mir mehr denn je unentbehrlich. Nicht nur für mich natürlich. Wir müssen die Entwicklung der Menschheit bis zum heutigen Stadium besser kennen, auch die Vorbedingungen des menschlichen Fortbestandes. Wir müssen wissen, wie wir der Materie gegenüberstehen – und notwendigerweise auch, wie die Materie uns gegenübersteht. Es war falsch, dieses Gebiet so zu vernachlässigen, wie ich es bisher tat. Zu dieser Auffassung brachte mich auch vor allem das Lesen und Wiederlesen von Goethe. Ein gutes Resultat, glaube ich, und außerdem ein Beweis, daß ich nun – nach vielen Jahren – wirklich zum Kern seines Wesens durchzudringen beginne. In allen seinen Werken spielen die Gesetze der Biologie, das »stirb und werde«, stets eine wichtige Rolle. Seine wissenschaftlichen Schriften kenne ich noch nicht genügend, ich las sie bisher nur mehr oder weniger flüchtig. Nachdem ich jedoch hier aufs neue seine literarischen Werke sorgfältig durchgearbeitet habe, verspüre ich das Bedürfnis, auch jene gründlich zu studieren.

Ich werde Conny Broers bitten, mir wöchentlich ein paar Stunden Einführung in die Probleme der Biologie zu geben. Ich weiß, daß es nötig ist, doch habe ich andererseits ein wenig Angst vor dem großen, unbekannten Gebiet.

*21. Januar*

Con erklärte sich gern bereit, mir bei meinem Studium der Biologie zu helfen. Wir verabredeten, uns zweimal wöchentlich in Dr. van Dommelens Ecke zu treffen. Er will auch mitmachen, ebenso Steensma. Wir sind dann vier. Mehr geht nicht, das könnte auffallen, und »sie« würden dann vielleicht denken, daß wir dabei wären, irgendein Komplott vorzubereiten. Also: Gespräche über biologische Probleme.

Ich freue mich riesig darauf.

*Abends*

Notiere mir – auf Anraten von Boers – als Lektüre für später: Prof. Jordan »Allgemeine Physiologie der Tiere« und »Lebensleistungen des Menschen« sowie die Titel der Bücher von Prof. Buytendijk, die ich alle lesen will.

*22. Januar*

»Eine Laus: Dein Tod! – Un pou: ta mort! – Een luis: uw dood!«

Überall grinst uns dieses Plakat entgegen. Aber das ist auch so ziemlich das einzige, was »sie« gegen die Epidemie tun, und wir sind doch wirklich sehr unvorbereitet in dieser Hölle angelangt.

Wohl weiß ich etwas von Literatur, vielleicht auch noch von einigen anderen Dingen, aber bestimmt nichts von Läusen – jetzt unser Feind Nr. 1. Denn seit Wochen fallen dem Flecktyphus allein täglich ungefähr hundertfünfzig Häftlinge zum Opfer.

Obwohl ich mir nun die größte Mühe gebe, kann ich eine junge Laus von einem alten Floh noch immer nicht unterscheiden. Und doch hängt unser Leben davon ab: Läuse können Flecktyphus übertragen – Flöhe nicht.

*Abends*

Heute hundertfünfundachtzig Tote.

*23. Januar*

Con erzählte mir gestern abend noch, wie er einmal in Utrecht, nach einem Verhör durch den Sicherheitsdienst, bei dem er sehr geschlagen worden war, in ziemlich elender Verfassung in seine Zelle zurückkam. Alles tat ihm weh, die Glieder schmerzten, und er fühlte sich schwach und gedemütigt.

Er mußte urinieren, ging zur Tonne und lehnte seinen Kopf benommen an die Wand. Plötzlich sah er die Kreise im Wasser und – das Leben hatte ihn wieder! Selbst in dieser Lage und Stimmung hatte ihn die Bewegung, das ewige »Panta rhei«, gefesselt und interessiert!

Der geborene Biologe!

*24. Januar*

Ein französischer Priester aus Block 26 zitierte heute früh, als ich ihn als Blutspender ins Revier holte, einen Ausspruch von Léon Bloy, den ich nicht so bald vergessen werde: »Souffrir ça passe – avoir souffert ne passe pas.«

*Abends*

Wovor werden wir eigentlich noch Angst haben müssen, wenn wir lebend aus dieser Hölle herauskommen, wenn wir den Flecktyphus und die ständigen Todesdrohungen der SS hinter uns haben?

Meiner Meinung nach nur noch vor dem einen: vor unserem eigenen Gewissen!

*25. Januar*

Die Gespräche über Biologie öffnen mir tatsächlich ganz neue geistige Horizonte, wie ich nie gehofft hatte, sie hier – in Dachau – zu erblicken.

Con erzählte uns heute nachmittag einiges über das primäre Zeitalter, in dem bereits die ersten froschähnlichen Tiere und Reptile vorkommen, dann über das sekundäre mit den ersten Säugetieren, Vögeln und Pflanzen, sowie über das tertiäre, in dem die Gebirgsketten der Alpen entstanden.

Es ist beängstigend, wie viele angrenzende Wissenschaften zum Gebiet der Biologie gehören: Zoologie und Botanik, Geologie und Paläontologie, Histologie, Anatomie und noch einige andere.

Trotzdem will ich versuchen, über jedes dieser Gebiete zumindest ein oder zwei grundlegende Bücher durchzuarbeiten. Ich bin mehr denn je der Überzeugung, daß dies nur eine Vertiefung meines Weltbildes und meiner Anschauungen bedeuten kann und dadurch eine Bereicherung, die meinem Werk zugute kommen wird.

Selbst wenn es im ersten Augenblick scheint, als ob diese Dinge auf einem ganz anderen Gebiet liegen, helfen sie im Grunde doch, das eine große Ziel zu erreichen: Den Begriff »Menschenwürde« unseren Mitmenschen näherzubringen.

*26. Januar*

Heute mittag fand ich im ersten Band der Propyläenausgabe (aus der Lagerbibliothek) ein Fragment von Goethe – auf jiddisch!

Als ich es las, sah ich mich unwillkürlich um ... doch ja, ich war tatsächlich in Dachau ... und Goethe hat wirklich jiddisch geschrieben! (Ich werde versuchen, es nach dem Appell abzuschreiben.)

Eigentlich hätte ich es wissen müssen, wenn ich an das vierte Buch von »Dichtung und Wahrheit« gedacht hätte. Darin erzählt Goethe doch, daß er sich schon in sehr jungen Jahren mit dem Studium des Alten Testaments beschäftigt, sogar ein großes episches Gedicht »Die Geschichte Josephs« begonnen hat und auch, daß er seinen Vater gebeten habe, Unterricht im Hebräischen nehmen zu dürfen. Daß er außerdem Jiddisch kannte, hätte ich mir denken können, da er in Frankfurt in nächster Nähe des Gettos wohnte, dort ein und aus ging und viele Juden zu Freunden hatte.

*27. Januar*

Gestern nicht mehr zum Schreiben gekommen. Ich mußte nach Block 30, da ihre Totenliste nicht stimmte. Sie hatten einen Toten zu viel angegeben. – Um acht Uhr war für den Blockschreiber der »Schaden« bereits wiedergutgemacht. In der Blockstraße lagen schon wieder sechs neue Leichen ...

Der gestern erwähnte jiddische Text von Goethe lautet:

Judenpredigt

Sagen de Goyen wer hätten kä König, kä Käser, kä Zepter, kä Kron; do will ich äch aber beweise, daß geschriebe stäht: daß wer haben äh König, äh Kaiser, äh Zepter, äh Kron. Aber wo haben wer denn unsern Käser? Das will äch och sage. Do drüben über de grose grause rote Meer. Und däre dreymal hunderttausend Johr vergange sey, do werd äh groser Mann, mit Stiefle und Spore grad aus, sporenstrechs gegange komme übers grose grause rote Meer, und werd in der Hand habe äh Horn, und was denn vor äh Horn? Äh Düt-Horn. Und wenn der werd ins Horn düte, do wären alle Jüdlich, die in hunderttausend Johr gepökkert sind, die wären alle gegange komme of äh grose schneeweise Schimlel; und was äh Wonner wenn dreymalhunert un neununneunzig tausend Jüdlich wäre of den Schimmel sitze, do wären se alle Platz habe; und wenn äh enziger Goye sich werd ach drof setze wolle, do werd äh kenen Platz finne. No was sogt ehr dozu? Aber was noch äh greser Wonner sey werd, das well ich äch och sage: Un wenn de Jüdlich alle wäre of de Schimmel sitze, do werd der Schimmel Kertze grode sein Wätel ausstrecke. Do wären de Goye denke: kennen mer nech of de Schimmel, setze mer uns of de Wätel. Und denn wern sich alle of de Wätel nuf hocke; und wenn se alle traf setze und der grose schneeweise Schimmel werd gegange komme durchs grause rote Meer zorick, do werd äh de Wätel falle lasse, und de Goys werde alle ronder falle ins grose grause rote Meer.

No was sogt ehr dozu?«

Eine Verhöhnung? Nein, sicherlich nicht. Eher ein Beweis dafür, wie verständnisvoll Goethe den Geisteszustand der Juden studiert und wie gründlich er sich mit den biblischen Erzählungen beschäftigt hat. Ich glaube sogar, daß das auch einen großen Einfluß auf seine Kunst ausgeübt hat, der während seines ganzen Lebens fortwirkte und der deutlich spürbar ist.

*28. Januar*

Außer Goethe – in dessen »Westöstlichen Divan« steht: »Erinnern wir uns nun zuerst des israelitischen Volkes in Ägypten, an dessen bedrängter Lage die späteste Nachwelt aufgerufen ist, teilzunehmen« – haben auch Herder und Lessing zu ihrer Zeit die Partei der damals bereits unterdrückten Juden ergriffen.

Darum schreiben »sie« jetzt so verächtlich über den »Judenfreund« Lessing und auch weil sein »Nathan der Weise« kein ... antisemitisches Drama ist. Gleichfalls sehr stark und tapfer war der Humanist Reuchlin, als er in seinen »Briefen an die Dunkelmänner« den Antisemiten seiner Zeit unbarmherzig zu Leibe ging.

Haben eigentlich die deutschen Schriftsteller von vor 1933 die antisemitischen Skribenten auch scharf und wirksam genug angegriffen?

Haben sie Erscheinungen wie Adolf Bartels, Arthur Dinter und dergleichen Herren wohl genügend angeprangert?

Ich glaube, daß sie hierin versagt haben, sich dadurch mitschuldig machten und der großen Tradition Reuchlin–Goethe––Lessing–Herder untreu geworden sind.

*29. Januar*

Ich komme immer wieder zu der Schlußfolgerung, daß ich zwei zentralen Persönlichkeiten, die doch Weltbedeutung haben, nicht genügend Aufmerksamkeit schenkte: Paulus und Augustinus.

Aufs neue ein Beweis, daß mein Wissen noch zu einseitig ist. Vielleicht ist diese Einsicht das Ergebnis meiner Besuche im »Geistlichen Block«? Auf jeden Fall will ich diesen Mangel beheben, sogar noch hier, wenn möglich. Im Block 26 werden sie wohl eine Ausgabe der »Confessiones« haben.

*30. Januar*

Gestern abend nicht mehr zum Schreiben gekommen. Ich mußte mit einer Meldung nach Block 15, Stube IV, wo die Diarrhöepatienten liegen.

Keine Baracke des Reviers ist grauenhafter – nirgends die Luft so von Urin- und Kotgestank verpestet wie dort.

*Abends*

Suire machte mich auf »pensée 45« in seinem »Pascal« aufmerksam: »Craindre la mort hors du péril et non dans le péril, car il faut être homme !«

*31. Januar*

Ich würde gern tiefer in die Philosophie von Thomas von Aquino eindringen und habe darüber in den letzten Tagen mehrfach mit Pater van G. und dem Dekan gesprochen. Es scheint mir eine Bereicherung, neben dem Marxismus auch noch eine andere Art des Denkens zu beherrschen. Vor allem zur Vervollkommnung meines logischen Denkens.

Sogleich mit »Summa« zu beginnen, dürfte jedoch zu schwer für mich sein, darum notiere ich mir Werke über Thomas von Aquino, von Chesterton, Hilaire Belloc, Maritain und auch von Prof. Hoogveld.

*1. Februar*

Pater R. versprach mir, eine Liste von interessanten Lebensbeschreibungen katholischer Heiliger anzufertigen und auch bei seinen Kollegen dafür Informationen einzuholen.

Er war über meine Bitte eigentlich etwas erstaunt, doch begriff er rasch, worauf es mir ankam. Ich habe nämlich gesagt, daß ich keine süßlich-sentimentale katholische Propagandaliteratur lesen will, sondern Biographien von Schriftstellern oder

Gelehrten. Daß mich Heilige wie Albertus Magnus, Augustinus und Thomas Morus viel mehr interessieren als beispielsweise Bernadette Soubirous, die schon als Kind Wunder tat! Und daß ich an den Menschen glaube – nicht an das Wunder. Anfangs fürchtete ich, daß ihn meine Worte vielleicht verletzen würden, doch glücklicherweise war das nicht der Fall.

*Abends*

Bin wieder in Baracke 13 gewesen. Polak aufgesucht, einen Freund von Dr. van Reemat, um ihm etwas Zwieback zu bringen – vielleicht das einzige, was ihn möglicherweise noch retten kann. Er lag in einem Oberbett, hatte aber nicht mehr die Kraft, sich aufzurichten. Blieb bei ihm, bis er alles gegessen hatte, sonst wäre es ihm wahrscheinlich noch von anderen gestohlen worden.

In dieser Stube gab es heute früh bereits wieder neun Tote. Alle an Diarrhöe gestorben.

*2. Februar*

Kaplan R. brachte mir gestern das Buch von Paul Sabatier über Franziskus von Assis. Ich habe den ganzen Nachmittag darin gelesen. R. scheint gut begriffen zu haben, was ich suche. Trotzdem wundere ich mich eigentlich, daß er als katholischer Priester mir diese von einem Protestanten geschriebene Biographie gab und nicht die von Jörgenssen, die ich vor einigen Jahren las, aber zu propagandistisch-katholisch fand.

Sabatier war Professor in Straßburg, und sein Buch ist geschichtlich und dokumentarisch. Obwohl ich es noch nicht ganz durchgearbeitet habe, kann ich doch bereits jetzt durchaus verstehen, warum viele Katholiken keine Sympathie für dieses Werk haben. Der Autor verneint das »Wunder« zwar nicht völlig, betrachtet es aber als einen rein individuellen seelischen Vorgang und leugnet seine transzendentale Bedeutung. Mich fesselte vor allem das Kapitel »l'Eglise vers 1209«, worin Franziskus als ein integrierender Teil jener Bewegung beschrieben wird, die im 13. Jahrhundert führend im Kampf gegen die Sittenlosigkeit der Geistlichen war. In einem weiteren Kapitel schildert Sabatier dann, welche Hindernisse Franziskus von der niederen Geistlichkeit in den Weg gelegt wurden, und daß man ihn erst für wichtig nahm und seine Größe zu begreifen begann, als man sah, daß das Volk hinter ihm stand; was ihnen natürlich gefährlich werden konnte!

Sabatiers Buch ist genau das, was ich suchte: ein rationalistisch-historisches Werk über einen Heiligen der katholischen Kirche. Hoffentlich kann ich später auch noch von anderen Heiligen solche Biographien finden.

*3. Februar*

Willem Paanakker ist heute gestorben. Er kam mit uns zusammen aus Vught, und es ist eigentlich erstaunlich, daß er so lange Zeit durchhalten konnte und daß er trotz seines lahmen Beines jedesmal dem »Invalidentransport« entging.

Ich weiß nicht, warum sein Tod mich tiefer bewegt als der vieler anderer. Die wenigsten von uns kannten ihn – eigentlich nur seine Parteigenossen, und auch bei ihnen spielte er keine besondere Rolle.

Für mich aber ist Paanakker beinahe ein Symbol ... »der unbekannte Kamerad«, möchte ich ihn nennen; einer, an den wir nun flüchtig denken, aber den wir später – wenn wir wieder zu Hause sind – allzu rasch vergessen haben werden (was undankbar und unrichtig zugleich wäre, und was wir auch nicht zulassen dürfen).

Gerade diese »unbekannten Kameraden« waren es ja, die jahrelang einen großen Teil der Arbeit geleistet haben – Kleinarbeit vielleicht, für die sich viele von uns ... zu gut fanden. Sie aber haben all ihre freie Zeit, oft selbst ihren Broterwerb dafür geopfert. Für den Verkauf der Zeitschrift der Freunde der Sowjetunion zum Beispiel oder von Karten für die Aufführung eines Sowjetfilmes, von Broschüren gegen Hitler und so weiter. Während des Krieges haben sie dann in ihrem Stadtbezirk oder in ihrem Dorfe tapfer ihre Arbeit fortgeführt, wurden dabei geschnappt – und sterben nun hier.

Paanakker ist einer von ihnen, einer von diesen stillen, pflichtbewußten, prachtvollen Kämpfern.

Er kam, wenn ich mich nicht irre, aus Baarn und hat, trotz seines lahmen Beines, Tag für Tag auf dem Fahrrade sein »Material« ausgefahren – bis sie ihn verhafteten.

Tapferer Willem Paanakker, ich verspreche dir, daß ich – wenn ich hier lebend herauskomme – dafür sorgen will, daß du später nicht vergessen werden sollst, ebensowenig wie die anderen unbekannten Kameraden!

*4. Februar*

Ich habe mich nun schon zweimal dabei ertappt, daß ich morgens, wenn ich die Aufseherin vom Revier nach der Frauenabteilung bringen muß, die ganz hinten beim Bordell ist, daß ich dann jedesmal recht interessiert nach ihren Beinen sah und kaum ein Auge hatte für die vielen Leichen auf den Blockstraßen.

Verrat an den Toten?

Ich habe lange darüber nachgedacht –

Es *ist* kein Verrat. Ich muß mich an das Leben halten, nicht an den Tod. Sonst gehe ich selber zugrunde.

*5. Februar*

Blut gespendet.

Wieder dreihundert Kubikzentimeter.

*Abends*

Trotz meiner immer noch zunehmenden Bewunderung für Goethe, fällt es mir stets wieder auf, daß er kein Verständnis, keine Sympathie für die großen revolutionären Persönlichkeiten seiner Zeit zeigte. Weder für Marat noch für Saint-Just, nicht für Robespierre und auch nicht für die anderen führenden Männer der Französischen Revolution.

Sein Urteil darüber ist wohl interessant, und ich begreife die Bedeutung seiner »Kampagne in Frankreich« sehr gut, mehr denn je sogar, und doch finde ich, daß dieses Werk für einen so großen Dichter nicht genügt. Auch seine Äußerungen über die revolutionären Persönlichkeiten in Deutschland, zum Beispiel sogar über Thomas Münzer, Ulrich von Hutten, Franz von Sikkingen, Florian Geyer, haben etwas so Gezwungenes – als ob er ihre Größe, die er sicherlich sah, eigentlich nicht unumwunden zugeben möchte. Und sein »Götz von Berlichingen«? Kommt die Rolle, die Götz im Bauernkrieg spielte, wohl überzeugend genug zum Ausdruck? Hätte Goethe darauf nicht wesentlich tiefer eingehen müssen, als er es tat?

Beruht der Ruhm dieses Dramas nicht zum großen Teil auf dem kernigen Ausspruch, den man uns hier täglich, alle naselang zubrülle: »Leck mich am A ...«

*6. Februar*

Was ich gestern abend über Goethe notierte, hängt natürlich mit seiner abwehrenden Haltung gegenüber dem Tragischen zusammen, mit seiner bewußten Abkehr davon, die übrigens, meiner Meinung nach, auch eine der Ursachen für seine allzu hochmütige Beurteilung von vielen seiner Zeitgenossen ist, unter anderem von Heinrich von Kleist, Johann Christian Günther, Lenz und Georg Forster.

Manchmal habe ich das Gefühl, als ob Goethe nicht durch die Hölle des menschlichen Denkens gegangen ist, wie etwa Hölderlin und van Gogh, Poe und Dostojewski, und daß ihm darum doch manchmal etwas fehlt, das, was eben gerade die Allergrößten kennzeichnet.!

Ich mache für mich selbst oft einen Unterschied zwischen jenen Künstlern, die diese Hölle wohl durchschritten haben, und den andern, die es nicht taten. Ein sehr subjektives Urteil, das gebe ich unumwunden zu.

Oder war auch Goethes Dichtertum ein beständiger Kampf von – Traum und Zucht, ähnlich wie bei Potgieter? Ein beständiger heroischer Kampf gegen das Tragische, um nicht selbst darin zu versinken?

*7. Februar*

Außer der großen Zahl der allwöchentlichen Toten im Revier und in den Typhusblocks, an die wir nun schon fast gewöhnt sind, starben in dieser Woche auch noch zwei Blockälteste, fünf Stubenälteste und vier Blockschreiber an Flecktyphus, darunter zwei deutsche Blockälteste, die bereits seit 1933 im Lager waren.

Das Serum, womit sie alle geimpft worden sind, muß wohl verdorben gewesen sein! Einige sagen, weil die Flasche offengestanden hat; ob das stimmt, kann ich nicht beurteilen.

Tatsache ist, daß sie alle innerhalb weniger Tage an Flecktyphus gestorben sind – anstatt dagegen geschützt zu sein!

»Weißt du, was das schlimmste ist?«, fragte mich der Pole von der Ambulanz, »daß es gar nicht beabsichtigt war. Es war nämlich wirklich ein Irrtum!«

Mich schaudert ...

*8. Februar*

Pater van G. lieh mir gestern »Das wahre Gesicht der Heiligen« von Wilhelm Schamoni, worin ich nach dem Appell den ganzen Abend über blätterte.

Danach habe ich es noch ein zweites Mal gemeinsam mit Suire durchgesehen. Das Buch besteht beinahe ausschließlich aus Illustrationen: Bildern von Heiligen der katholischen Kirche, »offiziellen« Mosaikmalereien, Skulpturen, Monumenten, Wandmalereien und so fort, die sich, soweit möglich, alle an die historische Wirklichkeit halten, obwohl dies natürlich nicht immer ging. Mich fesselten vor allem die Abbildungen von Augustinus und Canisius.

Schamoni, der das Illustrationsmaterial für dieses Buch zusammenstellte, sitzt übrigens auch hier, in Block 26! Ich hoffe, ihn dieser Tage kennenzulernen. Van G. will die Bekanntschaft vermitteln.

*9. Februar, während der Mittagsruhe*

In unserer Stube ist es nun ganz still.

Alles ist wieder einmal »gründlichst« gereinigt und der Fußboden ist derart gescheuert, daß man davon essen könnte, denn es ist nämlich »Besuch« angesagt!

Draußen in der Blockstraße scheint die Sonne, auch auf die Leichen, die dort liegen, heute ungefähr hundertunddreißig.

Durchs offene Fenster dringt die Stimme von Dr. Blaha aus der Totenkammer herüber, der stets im gleichen Tonfall auf lateinisch seine Diagnosen herunterleiert. Er ist am Seziertisch mit dem Öffnen und Zerlegen der Leichen beschäftigt.

Ich kann ihn von meinem Platz aus nicht sehen, ihn nicht und seine Toten nicht – und auch nicht die blutigen Kleider, die den Leichen vom Flugplatz gehörten.

Ich höre nur Blahas Stimme, sehe die Sonne auf meinem Papier spielen und kleine Kreise darauf zeichnen, und es ist, als ob ich in einem Zimmerchen säße, irgendwo auf dem Lande, an einem stillen, sonnigen Dorfplatze, über den aus einer kleinen Kirche die träg-eintönige Stimme des Priesters klingt, der Gebete murmelt.

Bis dann die Stille plötzlich rauh unterbrochen wird: »Der Besuch ist abgesagt. Alles zur Läusekontrolle!«

*10. Februar*

Dr. Krediet hat Flecktyphus.

Er, der einzige Arzt hier, der diese Krankheit wirklich aus der Praxis kennt, da er sie bereits in Indien bekämpft hat.

Tag für Tag ist er in die Typhusbaracken gegangen, um den Patienten zu helfen, niemals dachte er an die Gefahr für sich selbst – immer war er hilfsbereit, nur für die Kranken da...

Heute nachmittag mußte er sich nun selber hinlegen, doch er ist sehr ruhig.

*11. Februar*

Konstatiere stets aufs neue, wie gut es ist, soviel wie möglich zu lesen und zu schreiben.

Wer vom Essen spricht, bekommt stets größeren Hunger.

Und die am meisten vom Tode sprachen, starben zuerst.

Vitamin L (Literatur) und Z (Zukunft) scheinen mir die beste Zusatzverpflegung ...

*12. Februar*

Als ich heute morgen nach Block 29 kam, um die Kranken- und Totenlisten unterschreiben zu lassen, lag auf dem Tisch des Blockschreibers ein Buch von Renan »Discours et Conférences«. Kein Buch aus der Bibliothek.

Ich blätterte darin, und der Blockschreiber, der sah, daß es mich interessierte, sagte: »Nimm's nur mit, ich kann doch kein Französisch lesen. Der Eigentümer ist heute nacht gestorben, er liegt da draußen bei den andern in der Blockstraße.«

*Abends, nach dem Appell*

Heute nachmittag war zweieinhalb Stunden Luftalarm, so daß ich in der Stube bleiben konnte.

Übersetzte aus Renans Buch seinen »Lettre à un ami Allemand« vom 16. April 1879, der einen stets wachsenden Eindruck auf mich machte.

Wem hat dieses Buch gehört? Wer war der Mann, der bis zu seinem Tod – bis zu seinem elenden Tod im Typhusblock – so gedacht hat, der sich unter Aufbietung seiner letzten Kräfte vor jedem Chauvinismus zu bewahren suchte?

Er scheint diesen Brief nämlich immer wieder gelesen zu haben, viele Male, das beweisen die Bleistiftstriche und Randbemerkungen. So steht an einigen Stellen in einer zitterigen, altmodischen Schrift: »d'accord!« und zweimal: »Bravo!«

Wie gern hätte ich diesen Franzosen, der so gedacht hat, gekannt und gesprochen. Er muß entsetzlich gelitten haben und eines zweifachen Todes gestorben sein.

Zu seiner Ehre, hier die Übersetzung:
Brief an einen deutschen Freund von Ernest Renan (1823–1892)

*16. April 1879*

Niemand hat mehr als ich Ihr großes Deutschland bewundert, das Deutschland, das fünfzig oder sechzig Jahre zurückliegt, das im Genius Goethes Gestalt angenommen hat und das in den Augen der Welt von jenem wundersamen Bündnis der Dichter, Philosophen, Historiker, Kritiker und Denker repräsentiert wird, welches den Reichtum menschlichen Geistes um neue Schätze vermehrt hat. Wir alle, wie wir da sind, verdanken ihm viel – diesem großen, klugen und tiefgründigen Deutschland, das uns durch Fichte den Idealismus lehrte, durch Herder den Glauben an die Menschlichkeit, durch Schiller die Poesie des Moralischen, durch Kant die abstrakte Pflicht .Diese neuen Errungenschaften erschienen uns keineswegs als Widersprüche der alten französischen Geistigkeit – wir faßten sie als deren Fortsetzung auf.

Seit 1848, wo die Fragen immer eindeutigere Form erhielten, haben wir angenommen, daß Deutschland eine politische Einheit werde und dies durch die rechte und notwendige Revolution. Wir betrachten das zur Nation werdende Deutschland als ein Hauptelement der Weltverständigung. Diese deutsche Nation, von der wir wünschten, daß sie als eine neue Individualität in das Völkerkonzert trete, dachten wir uns nach dem Bilde dessen, was wir gelesen hatten, wir dachten sie uns nach den von Fichte oder Kant formulierten Prinzipien. Wir setzten die schönsten Hoffnungen in den Tag, da dem großen europäischen Bund sich ein philosophisches und vernunftklares Volk zugesellen werde, ein Freund aller Freiheiten, ein Feind des alten Aberglaubens, zugetan dem Symbol der Gerechtigkeit und des Ideals.

Was haben wir uns träumen lassen!

Der Nationalruhm ist ein großer Anreiz für das nationale Genie. Sie hatten achtzig Jahre lang eine bewundernswerte literarische Bewegung; in dieser Zeit blühten Schriftsteller bei Ihnen auf, die den größten der anderen Nationen an die Seite zu stellen sind. Woher kommt es, daß diese Ader so gut wie versiegt ist? Wo ist die Nachfolge Goethes, Schillers, Heines? An Talent fehlt es Ihnen sicher nicht; doch schaden zwei Dinge nach meiner Auffassung Ihrer literarischen Produktion: Ihre übertriebenen Militärlasten und ihre sozialen Verhältnisse.

Angenommen, Goethe hätte Militärdienst leisten müssen und wäre den plumpen Reden drillender Sergeanten ausgeliefert gewesen – glauben Sie nicht, daß er unter solchem Dienst die Blüte seiner Eleganz und Freiheit eingebüßt hätte?

Ihre sozialen Zustände scheinen mir ebenfalls der Entfaltung einer großen Literatur wenig günstig. Die Literatur setzt eine heitere, glanzvolle, freie, zur Selbstironie geneigte Gesellschaft voraus, in der die Ungleichheit noch so groß sein mag, jedoch die Klassen sich mischen und *alle dasselbe Leben leben*. Man teilt mir mit, daß Sie seit zehn Jahren große Fortschritte in der Richtung auf diese Einheitlichkeit des gesellschaftlichen Lebens gemacht hätten; indessem sehe ich noch nicht die Hauptfrucht, die in einer gemeinsamen Literatur besteht, in der sich mit Talent oder Genie alle Arten des nationalen Geistes ausdrücken, eine Literatur, die von allen geliebt, bewundert, entgegengenommen und diskutiert wird. Ich kenne wohl die sehr respektablen Namen, die Sie mir entgegenhalten werden. Trotzdem kann ich nicht finden, daß Ihr neues Reich das gebracht hat, was man von einer Regierung erwarten darf, in der sich alle Kräfte des deutschen Genius vereinigen. Der deutsche Genius ist groß und machtvoll; er bleibt eines der wichtigsten Organe des menschlichen Geistes; aber Sie haben ihn in den Schraubstock gespannt, und darunter leidet er. Wir sind überzeugt, daß Sie sich selbst wiederfinden und daß wir einmal von neuem zusammenarbeiten werden – im Streben nach allen Dingen, die Anmut, Heiterkeit und Glück in das Leben tragen ...

*13. Februar*

Habe den Blockschreiber von 29 nach dem Besitzer des Buches von Renan gefragt, doch da gestern fünf Franzosen bei ihm gestorben sind, konnte er sich nicht mehr an den Namen erinnern, wußte nur noch, daß er sehr mager gewesen ist, Flecktyphus hatte und Hungerödeme und Phlegmone an beiden Beinen.

Doch daran kann ich ihn in der Totenkammer bestimmt nicht mehr erkennen – so sehen hier fast alle Toten aus.

Bin aber dann doch noch nach der kleinen Straße vor der Totenkammer gegangen, um ihn zu suchen – ihn zu grüßen, aber die Russen vom Krematoriumkommando waren gerade dabei, die Leichen aufzuladen. »Heute wieder hundertfünfundvierzig.«

Unbekannter Kamerad – wie war dein Name?

Wie gerne wäre ich dein Freund gewesen ...

*14. Februar*

Pater R. brachte mir heute die Bücherliste: Lebensbeschreibungen einiger Heiliger der katholischen Kirche. Ich habe mir fest vorgenommen, alle diese Bücher später zu lesen – alles, was ich auf diesem Gebiete entdecken werde und was Niveau hat. Man wird ja auch nicht so mir nichts, dir nichts heiliggesprochen (kürzlich las ich einiges über das Verfahren, das der offiziellen Heiligsprechung vorangeht und das manchmal Jahrhunderte dauert). Darum kann man auch annehmen, daß ein Heiliger zumeist jemand von mehr als durchschnittlichem Format war, oft wohl sogar ein Heros des Geistes.

Das Studium eines solchen Lebens kann nur Gewinn bringen, auch ohne daß ich deswegen katholisch zu sein brauche!

Warum weiß ich zum Beispiel so wenig über das Leben des Augustinus, wohl aber eine Menge Einzelheiten aus dem der Jeanne van Schaffelaar?

Nichts vom heiligen Canisius, wohl aber etwas von Elsje van Houweningen, der Dienstmagd Hugo Grotius?

*Abends*
Heute abend viel an Brauwer denken müssen, der ja mit seinen Büchern über Johannes vom Kreuz (1543–91) und Theresia von Jesu (1515–82) zuerst mein Interesse für Heiligenbiographien geweckt hat.

Auch dafür bin ich ihm dankbar.

*15. Februar*
Rheinhardt wurde heute nachmittag – wie nicht anders zu erwarten war – mit Flecktyphus eingeliefert. Scheint schon seit ein paar Tagen Fieber zu haben.

War bei ihm, bin sehr besorgt, ob er es schaffen wird ...

Er ist bereits sehr krank und außerdem weit über Fünfzig. Drost befürchtet ebenfalls das Schlimmste.

*16. Februar*
Wie ich seit längerem vermutete, sind einige meiner Freunde verwundert und erstaunt, weil ich Bücher über katholische Heilige lese.

Andere, die mich nicht gut kennen, lächeln vielsagend und scheinen zu denken, daß ich auf dem besten Wege bin, um – katholisch zu werden.

Ist es denn so sonderbar, daß ich mich für den Lebenslauf von Menschen interessiere, von denen einige wohl zu den bedeutendsten Erscheinungen des Kulturlebens gehören, wie etwa Augustinus, Franziskus von Assisi, Albertus Magnus, Thomas von Aquino und andere?

Ich selber bin eigentlich nur darüber erstaunt, daß ich sie nicht schon längst gelesen habe und daß viele meiner hiesigen Freunde sie überhaupt nicht kennen.

*Abends*
Die Franzosen sterben hier tatsächlich wie die Fliegen.

In Block 3 starb heute, in demselben Bett, in dem der französische Musiker gelegen hat, wieder einer seiner Landsleute: der

Pädagoge Georges Lapierre. An Flecktyphus, wie die meisten. Er muß es schon seit Tagen gehabt haben, denn eine Stunde nach seiner Einlieferung war es bereits vorbei ...

Suire erzählte mir, daß er L.s Namen kennt, seit vielen Jahren. Er war ein berühmter Pädagoge und ein intimer Freund Professor Langevins. Er hat auch ein Monatsheft herausgegeben, »L'Ecole Libératrice«, an dem unter anderem Duhamel mitarbeitete.

*17. Februar*

In seiner »Kampagne in Frankreich« berichtete Goethe, daß er das Material für seine ontologischen Studien auf dem Schlachtfeld sammelte.

Ein Zynismus, der wohl etwas Großartiges hat, aber hinter dem ich keine unterdrückte Tragik spüre, kein Gefühl echten Ergriffenseins über all das tiefmenschliche Elend. Bei Stendhal dagegen lese ich das aus jeder seiner Seiten, obgleich viele auch ihn einen Zyniker nennen, weil er sich – während des tragischen Rückzuges von Moskau im Jahre 1812 – trotz aller Leiden und Entbehrungen jeden Tag (wie er uns selbst berichtet) sorgfältig rasierte.

*Abends*

Bei Dr. Krediet gewesen.

Er war bewußtlos, lag auf dem Rücken und atmete schwer. Marseause, der französische Arzt von 7, pflegt ihn aufopfernd, als ob es sich um seinen eigenen Sohn handele.

*18. Februar*

Habe heute früh auf der Ohrenstation mit zwei dänischen Ärzten gesprochen, zwei Brüdern. Sie sind erst vor kurzem verhaftet worden und sehen daher so aus – wie wir einmal vor langer, langer Zeit ausgesehen haben ... Sie sind auch noch nicht hart und zynisch geworden, sind noch viel empfänglicher für all das menschliche Elend hier um uns herum.

Es wird gut sein, häufig mit ihnen zu sprechen, um festzustellen, wie wir selbst früher – bevor wir hier landeten – auf all das reagiert haben und wie wichtig und notwendig es ist, sich dieses reine Gefühl trotz allem zu erhalten.

Auch im Norden, erzählten sie, ist der Widerstand stark.

Aber sie brachten mir auch eine traurige Neuigkeit mit: Nardahl Grieg, mein norwegischer Freund, wurde über Berlin abgeschossen.

Ein wirklicher Heldentod für einen revolutionären Dichter: bei einem Luftangriff auf die Zitadelle des Faschismus zu fallen!

Das letztemal sprach ich ihn 1937, in Spanien, bei Guadelajara.

Die beiden Dänen nannten dann noch einen Namen, den ich nicht kannte: Kay Munk, einen Geistlichen und Bühnendichter, der seit der Besetzung eine nationale Persönlichkeit geworden ist.

»Der Feldprediger unseres illegalen Kampfes« nannten sie ihn und erzählten außerdem, daß er in seiner Kirche verkündet habe, es sei besser mit Jesus auf gutem Fuß zu stehen als mit Hitler!

Vor einem Jahr wurde er von der Gestapo ermordet.

Das Fieber ist noch gestiegen.

*19. Februar*

Suire zeigte mir ein Manuskript, das unter dem Strohsack des vor einigen Tagen verstorbenen französischen Pädagogen gefunden wurde: der Entwurf zu einem Kinderlesebuch für die Zeit nach dem Kriege.

Er scheint hier wochenlang – selbst noch im Typhusblock – heimlich daran gearbeitet zu haben.

Halb verhungert und völlig erschöpft, auf einem Strohsack schlafend, zusammen mit einem oder sogar zwei anderen Häftlingen, die genau wie er voller Flöhe und Läuse saßen, hat dieser Mann seine letzten Kräfte – wirklich seine allerletzten Kräfte angespannt, um dazu beizutragen, die Jugend vor neuen Kriegen zu warnen, damit sie vor unserem Los bewahrt bleiben möge!

Suire will versuchen, das Manuskript später mitzunehmen, um es Duhamel auszuhändigen.

*20. Februar*

Dr. Krediet ist seit Stunden nicht mehr bei Bewußtsein. Auch mit ihm dürfte es also wohl bald zu Ende gehen ...

Der SS-Chefarzt, der anscheinend fürchtet, daß er in Kürze nicht mehr über genügend Hilfskräfte verfügen wird, da nun auch so viele Ärzte sterben, hat heute nachmittag – Dr. Krediets wegen – einen merkwürdigen Befehl erlassen: »Der Mann muß durchkommen!«

Denkt dieser von Eigendünkel aufgeblasene SS-Mann, weil er kommandieren kann: »Dieser Mann muß sterben!« – einen

Befehl, den er viele, viele Male erteilt hat –, daß er selbst den Tod terrorisieren und zwingen kann, ihm zu gehorchen?

*Abends*

Ich bilde mir in den letzten Wochen oft ein, daß ich Typhuskranken ansehen kann, ob sie genesen werden oder nicht: an der Art, wie sie auf die Krankheit, auf das Fieber reagieren, ob sie sich kampflos in das Unvermeidliche fügen oder dagegen angehen, und vor allem an ihrer Lagermoral ...

Für Rheinhardt habe ich nicht viel Hoffnung.

*21. Februar*

Dr. Krediet ist heute nacht gestorben.

Besonders bei den Holländern herrscht große Niedergeschlagenheit. Er war so beliebt, vor allem auch bei denen, die mit ihm zusammen aus Natzweiler gekommen sind.

Unmittelbar nach dem Ausbrechen der Epidemie stellte er sich zur Verfügung – freiwillig. Er war ja auch der einzige Arzt hier, der den Flecktyphus und seine Bekämpfung aus der Praxis kannte.

Tagein und tagaus war er in den Typhusbaracken, saß er an den Betten, ging er zwischen den herabhängenden Decken hindurch. Daß er sich dabei eines Tages selber anstecken mußte, wußte er, doch er wollte helfen, soviel und solange er konnte. Er war ein wahrer Held! Wie er sich selbst völlig ausschaltete – sich aufopferte – sein Leben hingab, um andere zu retten.

Und trotzdem – ich glaube, wenn wir ganz ehrlich gegen uns selbst sind, unsere Trauer hat noch einen kleinen egoistischen Einschlag: die Angst, ob wir selber wohl am Leben bleiben werden, nun, da der Arzt, der uns gegen den Flecktyphus helfen sollte – selber daran gestorben ist; weil wir uns ohne ihn noch bedrohter fühlen.

Außer Dr. Krediet fielen heute dem Flecktyphus noch weitere hundertachtundachtzig Menschen zum Opfer.

*22. Februar*

Las wiederum Stendhals »Rome Naples et Florence«, vor allem die instruktive Einleitung durch v. Oppeln-Bronikowski, worin er ausführlich auf die berüchtigte Plagiatsaffäre eingeht.

Während einige Kritikaster noch immer versuchen, Stendhals Genie dadurch zu schmälern, daß sie zum Überdruß an dieses – von ihm selbst zugegebene – Plagiat erinnern, stieß ich auf eine Äußerung Goethes über Stendhal, in der diese Tatsache ebenfalls zur Sprache kommt. Wie turmhoch überlegen zeigt sich Goethe auch hier wieder. Sein Urteil freut mich ganz besonders, weil ich ihn dadurch noch mehr bewundern kann. Ich fand es in einem Briefe an Zelter, und ich schreibe es rasch ab, weil ich es später vielleicht schwer wieder finden werde: »Er (Stendhal) zieht an, stößt ab, interessiert und ärgert, und so kann man ihn nicht loswerden. Man liest das Buch (»Rome Naples et Florence«) immer wieder mit neuem Vergnügen und möchte es stellenweise auswendig lernen. Er scheint einer von den talentvollen Menschen, die als Offizier, Employé oder Spion, wohl auch alles zugleich, durch den Kriegsbesen hin und her gepeitscht werden.

An vielen Orten ist er gewesen, an anderen weiß er die Tradition zu benutzen und sich überhaupt manches Fremde anzueignen. Er übersetzt Stellen aus meiner ›Italienischen Reise‹ und versichert, das Geschichtchen von einer Marchesina gehört zu haben.

Genug, man muß das Buch nicht nur lesen, man muß es besitzen.«

*Abends*

War wieder bei Rheinhardt. Er ist bewußtlos und starrt mit glasigen Augen vor sich hin. Ich blieb eine Viertelstunde an seinem Bett stehen, aber er erkannte mich nicht mehr, und ich kann ja leider nichts mehr für ihn tun, nichts, um zu verhindern, daß er nun wohl sterben wird ... Und dabei das bittere, nicht loszuwerdende Gefühl, daß er in den Tod gejagt worden ist!

Er hätte – vor allem als Arzt – hier im Revier bleiben können ... hier bleiben *müssen!*

Er hätte unter allen Umständen am Leben bleiben müssen ... auch für später.

*23. Februar*

In Block 9 heute den Prinzen Bourbon-Parma kennengelernt, der einen sehr sympathischen Eindruck machte. Er tat ganz und gar nicht prominent und scheint sogar eine bevorzugte Behandlung – die ihm von der SS angeboten wurde – abgelehnt zu haben. Er will nicht in den Elitebunker, will nicht mehr sein als wir.

Obwohl unser Hohenzoller sicherlich ein anständiger Kerl ist, bleibt er doch, im Vergleich zu Bourbon, ein echter Kleinbürger, der sich mit Vorliebe bei denen anbiedert, die im Augenblick mächtiger sind als er: bei der SS.

Bourbon-Parma tut das nicht!

D. meint, und wahrscheinlich hat er recht, daß man schon daran allein deutlich erkennt, daß das Haus Bourbon-Parma echter, alter Adel ist, mit dem verglichen die Hohenzollern eigentlich Parvenüs sind.

*24. Februar*

Immer mehr Tote – heute hundertachtundneunzig.

Auch Miesen scheint Flecktyphus zu haben, und ich fürchte, daß sein schwaches Herz das hohe Fieber nicht aushalten wird.

Suire ist darum auch sehr besorgt ...

Als sie M. von unserer Stube nach Block 3 brachten, war er beinahe zu schwach, um zu sprechen. Als er bereits auf der Tragbahre lag, winkte er mir und übergab mir ein Buch zur Aufbewahrung: Prof. Jaspers »Krisis der Weltanschauungen«, worin er während der vielen Wochen, die er hier lag, ständig gelesen hat.

Ein typischer Deutscher von der allerbesten Art!

*25. Februar*

Rheinhardt ist heute nacht gestorben.

Ich wollte ihn noch einmal sehen, ihn ein letztes Mal grüßen, und ging ihn suchen, als er in der Straße vor der Totenkammer lag – zwischen den hundertfünfzig anderen Toten der letzten Nacht.

Er war kaum noch zu erkennen, sein Gesicht war geschwollen und krampfhaft verzerrt.

Sein Tod ist nicht nur für uns, für seine Freunde, ein sehr harter Schlag und ein schmerzlicher Verlust, sondern er wird sich bereits in einer nahen Zukunft auch als ein unersetzlicher Verlust für Österreich erweisen.

Und was vielleicht mit das schlimmste ist angesichts dieses Todes, des Todes aller unserer Freunde: wir haben hier nicht einmal die Zeit ... um sie zu trauern.

Dieses Lagerleben zwingt uns in jeder Stunde, jeder Minute sein Tempo auf ... und an jedem Tage gibt es neue Tote, immer wieder Tote ...

Wenn ich jedoch jemals lebend herauskommen sollte, werde ich versuchen, über Rheinhardts Gesamtwerk ausführlich zu schreiben, so ausführlich und eingehend, wie es diese Arbeiten und du selbst, mein Freund, verdienen – und dann auch über dein Leben – dein tapferes Leben ...

*Abends*

Obwohl ich weiß, daß ich hier noch viele Freunde habe, fühle ich mich heute, da nun Rheinhardt gestorben ist, einsamer denn je.

Die Freundschaft zwischen uns war tief und gut. Wir hatten die gleichen Ansichten über Politik und hatten beide die eine gleiche, große Leidenschaft: die Literatur.

Wir schmiedeten so viele gemeinsame Pläne, für später ...

*26. Februar*

Ob Rheinhardts Sekretärin wohl sein Romanmanuskript bei der Haussuchung retten konnte? Er hoffte es so – selbst im Fieber hat er noch davon gesprochen.

Er wollte den Roman später so gern beendigen, ebenso auch sein Buch über Rilke!

Dann die vielen Projekte für sein Österreich – nach dem Kriege: Reform des gesamten Geschichtsunterrichts, Revision aller Schul- und Lehrbücher, eine Literaturzeitschrift mit internationaler Orientierung und so weiter.

Und denken müssen, daß sein Sterben vielleicht nicht nötig gewesen wäre ...

*Abends*

Als ich soeben das Bändchen Rilke zur Hand nahm, das ich mir vor einigen Monaten von Rheinhardt geborgt habe, stieß ich auf eine Zeile, die er mit dem Bleistift unterstrichen hat:

*»Wir sterben alle unseren eigenen Tod!«*

Ob er bei diesen Worten bereits geahnt hat, daß er hier sterben würde?

Ich muß immer wieder an seine weitgeöffneten Augen denken, wie sie mich gestern anstarrten, wie er da gestern lag, mitten unter den anderen nackten Leichen, auf den nassen Steinen, halb im Rinnstein, zwischen den schmutzigen Papierverbänden voller Eiter und geronnenem Blut.

*27. Februar*

Um nicht dauernd nur an die Toten und die Sterbenden denken zu müssen und um meine Gedanken zu etwas anderem zu zwingen, habe ich einige Gedichte von Rilke aus seinen »Duineser Elegien« und die »Sonette an Orpheus« gelesen.

Wenn ich ehrlich sein will, muß ich offen zugeben, daß ich einige dieser Verse vielleicht nicht ganz bis in ihre tiefste Tiefe verstanden habe, aber doch soviel, um nun gut zu begreifen, warum Rheinhardt gerade diese beiden Bände immer bei sich trug – bis zu seinem Tode.

Er hat gefühlt, daß Rilke in diesen Gedichten immer wieder bewußt im Niemandslande zwischen Leben und Tod verweilte, und diese Gedankensphäre war ihm – vor allem hier – sicherlich zutiefst verwandt.

Auch bei ihm waren die Grenzen zwischen Leben und Tod bereits verwischt – lange bevor er starb.

*28. Februar*

Wollte heute wieder Blut spenden, aber Dr. Drost war entschieden dagegen. Neunmal sei genug, meinte er, auch weil ich sonst vielleicht nicht mehr genügend Widerstandskraft haben würde, für den Fall, daß auch ich Flecktyphus bekomme.

Er hat recht, das fühle ich selber, aber ich hätte es doch gern getan, besonders da es die beiden letzten Male – bei dem jungen Jugoslawen und dem Österreicher – anscheinend geholfen hat.

*1. März*

Heute wieder in Stube IV vom »Scheißereiblock« gewesen. Ich mußte den Pfleger rufen, der hinten in der Stube beschäftigt war, konnte es aber in dieser Luft nicht länger als fünf Minuten aushalten. Alles reicht hier nach Auswurf, Kot, Urin, nach verunreinigten Laken und Matratzen.

Aus den oberen Betten tropft der Urin durch – und nicht nur Urin – sickert dann weiter bis in die untersten Reihen, wo sie sowieso schon in durchnäßten, beschmutzten Betten liegen. Größeres Elend ist kaum vorstellbar ...

Die meisten dieser Kranken haben keine Widerstandskraft mehr. Sie liegen unbeweglich, starren still vor sich hin, lassen alles laufen und warten nur noch auf den Tod.

*2. März*

Immer mehr Tote. Bereits seit Wochen: Tote, Tote, Tote ...

Heute, bis jetzt schon hundertzweiunddreißig; in unserer Stube IV.

Ich habe mir geschworen, alles zu tun, meine ganze Kraft dafür einzusetzen, um diese Toten später wieder lebendig werden zu lassen – in allem, was ich schreiben werde! Diese Gestorbenen müssen leben, damit die Lebenden, die nach ihnen kommen, nicht sterben müssen. Ich will am Leben bleiben, um sie wieder leben zu lassen. Ich fühle, daß diese Verpflichtung schwer auf mir lastet, doch wenn ich sie nicht mehr fühlte, dann würde auch ich bereits eine leichte Beute des Todes sein.

*3. März*

Während des Luftalarms pries Suire wohl eine Stunde lang begeistert die Schönheiten der Kathedrale von Chartres. Er ist dort geboren und aufgewachsen, kennt jedes Fenster und jedes Portal, jeden Bogen der Kathedrale. Mich rührte vor allem, was er von einem alten Küster erzählte, der befürchtete, daß in einem kommenden Kriege die Kirche – seine Kirche – vernichtet werden könnte und der mit sechzig Jahren noch photographieren lernte, bei einem berühmten Photographen, und nicht eher zufrieden war, bevor er – im Jahre 1940, also kurz vor der Besetzung, ein Album mit nicht weniger als 250 Photographien der Kathedrale veröffentlicht hatte.

*Spät abends*

Ob der Martiniturm wohl noch steht? Er ist zwar kein so großes Kunstwerk wie Suires Kathedrale von Chartres, aber für mich bedeutet er: Groningen, Geburtsstadt und Jugend, das stets vertraute Gefühl des Sich-zu-Hause-Wissens und des Wieder-zu-Hause-Seins. Und Karillon? Das Spiel seiner Glocken möchte ich nicht gern missen. Ihre Musik bedeutet mir mehr und hat mir mehr gegeben als irgendein anderes Glockenspiel auf der ganzen Welt mir je geben könnte.

Ich fange wahrhaftig noch an, Sehnsucht zu bekommen ...

*4. März*

Die Totenlisten werden immer länger und länger ...

Mindestens viermal am Tage muß ich nun zum Blockschreiber von Block 30 gehen – dem Invalidenblock, der ausstirbt –, um eine Aufstellung der neuen Toten abzuholen.

Da jetzt so viele Freunde krank sind und meine Hilfe nötig haben, komme ich auch kaum mehr zum Lesen, aber ich weigere mich – besonders in diesen Tagen – über Flecktyphus und Läuse, über Hunger und Kälte zu reden.

*Abends*

Ich versuche nun jeden Abend, besonders zwischen sechs und sieben, wenn der elektrische Strom ausgeschaltet ist, über das nachzudenken, was ich in den letzten Monaten gelesen habe. Dabei bin ich für mich selber zu dem neuerlichen Ergebnis gekommen, daß die deutsche Romantik eigentlich viel mehr ist als nur eine »literarische Richtung«. Das wußte ich zwar auch vorher, aber begreife es nun besser und tiefer, nachdem ich hier viele Romantiker gelesen habe.

Die Romantik hat uns unter anderem ein neues Kunstgefühl geschenkt, diesem einen Namen gegeben, durch dieses Gefühl die alte niederländische und flämische Malerei sowie die Sagen und Legenden des Mittelalters zu neuem Leben erweckt.

Ein Studium der Romantik bleibt also – auch das wurde mir stets deutlicher – immer unvollständig, wenn ich mich ausschließlich auf die Literatur beschränke und nicht auch die Maleei, die Musik und die Wissenschaft dieser Epoche mitstudieren würde. Und dann ist da natürlich auch noch die soziale Seite, die mich ganz besonders interessiert, aber soweit bin ich noch nicht ...

*Spät abends*

Miesen hat die Krise überstanden. Er ist zwar noch sehr schwach, doch außer Gefahr. Brachte ihm Traubenzucker aus Block 26.

*5. März*

Wiardi Beckman hat Flecktyphus. Drost will sofort alles tun, um ihn ins Revier zu bekommen, obwohl eigentlich keine Patienten mehr aufgenommen werden dürfen. Sie müssen »laut Befehl« in den Typhusbaracken bleiben ... und dort sterben. Werde auch auf alle Fälle sofort noch mit Sepp sprechen.

*Abends*

Stelle heute fest, daß ich in gewisser Hinsicht hier in Dachau eigentlich viel freier bin ... als ich jemals war. Frei von jeder Angst vor dem Tode!

Nun, da er täglich um uns ist, ist er wie ein alter Bekannter geworden, sind wir – um es so auszudrücken – beinahe auf du und du mit ihm.

Werde versuchen, mir dieses Gefühl des innerlichen Freiseins auch später, wenn ich wieder »frei« bin, zu bewahren.

*6. März*

Wiardi Beckman ist im Revier aufgenommen.

Ich stand beim Eingang, als er von zwei Pflegern aus seinem Block hereingebracht wurde. Er wankte unsicher auf seinen Beinen, aber gab sich die größte Mühe, sich aufrecht zu halten. An dem verkrampften Zug um den Mund konnte man sehen, was ihn das für eine riesige Anstrengung kostete. Dann warf er plötzlich den Kopf stolz in den Nacken – eine Bewegung, als ob er zum Galgen schritte. – Fühlte er bereits die Flügel des Todes über sich? Sah er den Tod bereits seine Sense für ihn schärfen?

*Abends*

War bei Wiardi Beckman.

Er scheint bereits vier Tage Fieber zu haben, und seine Temperatur ist seit heute mittag noch gestiegen; er erkannte mich kaum mehr.

Wir befürchten das Schlimmste, besonders weil er schon so lange krank in seinem Block lag und dadurch nicht rechtzeitig eine Injektion bekommen hat.

*7. März*

Zwischen sechs und sieben, als das Licht ausgeschaltet war, habe ich mich wieder mit Gewalt auf die deutsche Romantik konzentriert. Vor allem auf Jean Paul, der mich immer wieder fesselt. Er ist – meiner Meinung nach – eigentlich einer der Begründer der Romantik, trotz der Tatsache, daß ihn die beiden Schlegel nicht als solchen anerkennen wollten. Aber gerade er *war* die Romantik und brauchte deswegen nicht, wie die beiden Schlegel, seine Theorien zu verkünden.

Ich kann mir kaum vorstellen, daß Jean Pauls Bücher – die für unsere Begriffe doch ungeachtet ihrer literarischen Schönheit oft allzu langatmig sind – damals verschlungen wurden und in Fortsetzungen erschienen, die man sich gegenseitig aus den Händen riß; und doch war das damals ohne Zweifel der Fall.

Er rührte seine Leser durch eine literarische Kunst, die beinahe Musik war. Vielleicht wurzelt hierin die Ursache für die große Liebe und Zuneigung, die man, vor allem früher, seinem Werke entgegenbrachte.

*8. März*

Das große Sterben geht immer weiter.

Heute Leo Musschaerts.

Er, der noch in Vught die Gesundheit selbst war, wankte vor einer Woche hier herein – zum Skelett abgemagert –, schon vom Tode gezeichnet. Mit einer Phlegmone, die bereits zu einer allgemeinen Sepsis geführt hatte.

Ebenso ruhig und bescheiden, wie er gelebt hat, ist er auch gestorben. Obwohl er sicherlich heftige Schmerzen hatte, kam keine Klage über seine Lippen; er wußte, daß uns hier keine

Medikamente zur Verfügung standen ... und daß er sterben mußte.

Eine Stunde vor seinem Tode sprach er noch über die Sowjetunion, mit Freude und Begeisterung über die große Rolle, die sie zur Zeit spielt. Dann bat er uns, später auch seiner Frau zu sagen, daß er stets der gleiche geblieben sei, und daß er auch keinen Augenblick seiner Überzeugung untreu geworden sei.

Sei zum letztenmal gegrüßt, du armer, treuer, guter Kamerad, von den »Freunden der Sowjetunion«!

*Abends*

Als ich A. erzählte, daß Leos letzte Worte der Sowjetunion gegolten hätten, meinte er – etwas geringschätzig –: »Eine gutgemeinte Phrase von dem armen Schlucker.«

Aber dieser »arme Schlucker« war ein stiller Held, unwandelbar treu bis zum letzten Atemzug – und so wie er zu sterben, hat etwas Großes, wobei es sich geziemt, ehrfürchtig zu schweigen.

*9. März*

Täglich noch steigende Todesziffern ...

Täglich noch längere Todeslisten ...

Nicht nur im Revier und in den Quarantänebaracken, sondern auch in allen anderen.

Block 30 – der Totenblock –, in dem tausend Mann lagen, ist bereits einmal völlig ausgestorben und schon wieder mit neuen Kandidaten vollgestopft. Ich fürchte, daß er nochmals aussterben wird. Also wiederum tausend Tote allein in diesem Block. Und doch darf ich nicht zulassen, daß der Tod, der uns hier täglich und stündlich, ja jeden Augenblick auf den Fersen ist, meine Gedanken beherrscht. Sonst falle auch ich ihm zum Opfer. Ich will und muß mir noch größere Mühe geben, mich zum Lesen zwingen, und wenn das nicht geht, mir jeden Tag eine Aufgabe stellen. Ich werde damit beginnen, mich mit dieser oder jener Gestalt der deutschen Romantik eingehend zu beschäftigen. Selbst wenn ich mich nur eine halbe Stunde, ja eine Viertelstunde darauf konzentrieren kann, wird es mir doch helfen. Und ich will meine Überlegungen aufschreiben, auch wenn das Resultat vielleicht nichts Besonderes sein wird.

*Abends*

Versuchte, mein Vorhaben zu verwirklichen und einige Gedanken über die literarische und kulturelle Bedeutung der Brüder

Schlegel zusammenzufassen, von denen ich hier wiederum viele Schriften sowie Teile ihres Briefwechsels gelesen habe.

Ihre Gedichte, die auch hier in der Lagerbibliothek sind, hinterlassen bei mir stets den Eindruck: schade ums Papier. Diese poetischen Ergüsse sind jedoch im Vergleich zu ihren anderen Werken das weitaus Unwichtigste.

So ist zum Beispiel ihre Zeitschrift »Das Athenäum« aus der deutschen Literatur einfach nicht wegzudenken. Sie haben ihrem Lande auch die Kenntnis Shakespeares, Calderons und Cervantes vermittelt und dadurch Deutschland mit der großen europäischen Dichtung verbunden und es wieder zu einer Domäne des literarischen und kulturellen Europas gemacht. Mit ihren Übersetzungen und Kommentaren von Shakespeare, Dante, Petrarca, Camões, Ariost und Calderon schenkten sie ihrem Lande etwas, das es vordem nicht besaß. Sie entdeckten das romanische Mittelalter und weckten dafür Interesse.

Schlegels Essay über Dantes »Göttliche Komödie« war ein Ereignis in der deutschen Literaturgeschichte.

A. W. Schlegels ausführliche Abhandlung über »Römische Elegien« und seines Bruders Friedrich grundlegende Betrachtungen über »Wilhelm Meister« gehören zu den wissenschaftlichen Essays der Romantik, die einen tiefgehenden Einfluß auf diese Bewegung ausgeübt haben.

Luftalarm! – »Licht aus!«

*10. März*

Lief heute nachmittag wieder mit Eddy auf der Lagerstraße auf und ab. Sagte ihm, daß sich sein Denken in den letzten Wochen viel zuviel mit dem Tod beschäftigt und daß seine Haltung die logische Folge dieser Gedanken ist.

Gerade Eddy müßte, als Dichter, mehr Vertrauen in das Leben und damit in die Zukunft haben, aber er ist viel zu abwartend – viel zu passiv – und fest davon überzeugt, daß wir hier ja doch alle sterben werden. Ich erinnerte ihn an einen Ausspruch Spinozas: »Ein freier Mensch« (denn das sind und bleiben wir doch – auch hier – trotz des Lagers) »denkt an nichts sowenig als an den Tod; seine Weisheit besteht nicht im Denken an den Tod, sondern im Denken an das Leben!«

*Abends*

Wiardi Beckmans Fieber steigt ständig! Er erkannte mich heute nicht, war sehr schwach und phantasierte, doch ich konnte nicht verstehen, was er sagte.

*11. März*
Nachdem ich mich in den letzten Tagen mit aller Gewalt dazu zwinge – denn es kostet wirklich große Mühe –, meine Gedanken auf die Schlegels zu konzentrieren, auf ihr Werk, auf ihre Bedeutung und auf ihren Einfluß, komme ich immer mehr zu der Überzeugung, daß beide Herder sehr viel zu danken haben, ohne dessen Werk das ihre beinahe nicht denkbar wäre.

Herder lenkte nämlich ihre Aufmerksamkeit nicht nur auf Shakespeare, sondern weckte durch sein Werk auch ihre Liebe zum romanischen Mittelalter und auch zur Volkspoesie, Gebiete, auf denen er bahnbrechender gewirkt hat, als sie jemals imstande gewesen wären, zumal ihnen auch jenes tiefe Gefühl für Humanität fehlte, das eben gerade Herder stets beseelte. Sie haben jedoch niemals versucht, mit ihm in Kontakt zu kommen, ebensowenig übrigens wie mit Jean Paul. Warum eigentlich nicht?

(Mir vorgenommen, den tieferen Ursachen später auf den Grund zu gehen.)

*Abends*

Professor Huizinga ist gestorben.

Wir lasen es heute nachmittag in den »Münchner Nachrichten«.

Wie ein Lauffeuer verbreitete sich diese Nachricht im Lager.

Sie hat uns einen Schock gegeben. Wir haben dort – in Holland – einen großen Verlust erlitten.

Auch einige Franzosen, Tschechen, Österreicher und Jugoslawen sprachen darüber mit uns.

Huizinga! Das bedeutet für mich: Erstens: »Herfstty der Middeleemoen« – viele Male gelesen und wieder gelesen, und mir stets aufs neue einen tiefen geistigen Genuß vermittelnd.

Zweitens: Seine stolze Antwort an van Dam, als dieser im Jahre 1939 dem widerspenstigen Professor mit der Schließung der Universität drohte: »Das Verschwinden der Universität Leiden ist eine historische Unmöglichkeit!« Ich habe dieses Wort heute vielen ausländischen Freunden zitiert und war wirklich stolz darauf, denn das ist Holland, in seinem edelsten und kräftigsten Wesen!

*12. März*

Rikabona, der Hilfsschreiber von Block 3, der aus Vorarlberg stammt, erzählte mir, daß hier in Dachau auch vier Buchhändler aus Tirol sitzen, einzig und allein dafür, daß sie Ansichtskarten mit dem Bilde von – Andreas Hofer verkauft haben. Er wußte noch viele interessante Einzelheiten über den Widerstandskampf der Tiroler zu berichten, für die Hofer wiederum zum Symbol ihrer nationalen Freiheit geworden ist.

Wir sprachen dann auch über Bettina von Arnim, die eine leidenschaftliche Verehrerin von Andreas Hofer gewesen ist.

Will morgen versuchen, hierüber Näheres zu erfahren.

*Nach dem Appell*

Schon seit Tagen haben wir kein Heizmaterial, oft zittern wir geradezu vor Kälte! Kohlen schon seit Wochen nicht mehr gesehen, und auch die alten Kisten, die unser russischer Stubendienst immer wieder zu »finden« wußte, sind aufgebraucht. Noch mehr Latten vom Zaun in der Blockstraße können wir nicht abreißen, und wenn wir wieder einen Sarg »organisieren«, merken sie das in der Totenkammer.

Das einzige, was wir noch auftreiben können, sind alte Holzschuhe. Die hole ich nun jeden Abend – nach der Arztmeldung – von den Toten, die dann im »Bad« liegen.

Vier oder fünf Paar pro Tag – am letzten Sonnabend sogar acht.

Vier Holzschuhe brennen ungefähr eine halbe Stunde.

*Abends*

War wieder bei Wiardi Beckman.

Das Fieber ist gefallen, aber sein Puls ist sehr hoch. Der russische Arzt, der ihn behandelt, findet es beängstigend und fürchtet, daß wenig Hoffnung auf Rettung besteht.

*13. März*

Bemühte mich, heute nachmittag während des Luftalarms wieder an Herder zu denken.

Jean Paul hatte recht, als er über ihn schrieb:

»Herder ist nicht ein Stern erster Größe gewesen, aber ein Bündel von Sternen. Er hat kein Werk seines Genius hinterlassen, dessen vollkommen wert, aber er selbst war ein Meisterwerk Gottes!«

Er ist zweifellos eine der wichtigsten Gestalten der deutschen Kultur, aber er wurde von seinen Zeitgenossen, den Schöpfern der klassischen deutschen Literatur, nicht gebührend gewürdigt.

Seine Arbeiten wurden wenig gelesen, denn er war ein viel zu universeller Geist für das Deutschland, in dem er lebte. Der wahre Wert seiner »Ideen zur Philosophie der Geschichte der Menschheit« wurde nicht anerkannt, seine Gedanken über den Humanismus wurden nicht akzeptiert, seine leidenschaftliche Bewunderung für Spinoza wurde nicht begriffen.

Erneutes Studium Herders sowie eine Neuausgabe seines Werkes scheint mir dringend notwendig. Eine lohnende Aufgabe für ein zukünftiges Deutschland, das heißt ohne Nazis. Herder wartet auf seine Renaissance.

*Nach dem Appell*
Herder war der Prosaist, der die Volkspoesie vieler Länder gesammelt hat, Clemens Brentano jedoch sozusagen der namenlose Dichter des Volkes.

Durch Rheinhardt lernte ich Brentano besser kennen, denn Rheinhardt hat auch viele von dessen Gedichten aus dem Kopf für mich aufgeschrieben.

Brentanos Lyrik ist von einer Echtheit und Reinheit, wie wir sie nur noch bei einigen wenigen ganz großen Künstlern finden, etwa bei den van Eycks und bei Fra Angelico.

Besonders treffend scheint mir in diesem Zusammenhang ein Wort von Caroline über seine »Romanzen« zu sein, von denen sie schreibt, daß es scheine, als seien sie vor langer, langer Zeit ganz aus sich selber entstanden.

Konnte – dank dem Kapo aus der Lagerbibliothek – nachlesen, was Bettina in ihrem Briefwechsel mit Goethe über Andreas Hofer geschrieben hat.

Sie verfolgte, von München aus, voller Spannung den Freiheitskampf der Tiroler, die sich für ihren Kaiser, von dem sie imStich gelassen waren, aufopferten. Ihre Briefe an Goethe aus diesem Zeitabschnitt sind ganz anders als ihre früheren, sind nicht mehr einzig und allein musische Betrachtungen über Bienen und Schmetterlinge. So schreibt sie zum Beispiel:

»Ach Goethe, wenn ich sollte ins Tirol wandern und zur rechten Zeit kommen, daß ich den Heldentod sterbe!«

Goethes Reaktion enttäuscht mich jedoch sehr, sie ist mir zu ... olympisch. Vielleicht ist dieses Urteil ungerecht, und vielleicht werde ich es später revidieren müssen, aber augenblicklich empfinde ich so.

Er schrieb in jenen Tagen – in den Tagen von Aspern und Wagram – seine »Wahlverwandtschaften« und antwortete auf Bettinas Brief über Hofers Tod:

»Indem ich nun Deinen letzten Brief zu den andern lege, so finde ich abermals mit diesem eine interessante Epoche abgeschlossen (1807–1810). Durch einen lieblichen Irrgarten zwischen philosophischen, musikalischen und historischen Ansichten hast Du mich zum Tempel des Mars geleitet und überall behauptet sich Deine gesunde Energie.«

Während die Welt in Brand steht, sich blutige Umwälzungen vollziehen und ganze Völker ihre ganze Kraft einsetzen zur Verteidigung ihrer nationalen Selbständigkeit, sind das für Goethe nur »capricieuse Transformationen des Lebens«.

Und das Blut der Hunderte von Tirolern, die – genau wie Andreas Hofer – für die Freiheit starben, bedeutet ihm nichts anders als »dichterisches Fluidum«.

»Du hast wohl recht zu sagen«, heißt es in einem seiner Briefe an Bettina, »daß, wo der Boden mit Heldenblut getränkt wird, e sin jeder Blume neu hervorsprieße.«

Nein! – nein! – nein! – ich kann hier in Dachau solche Äußerungen, selbst wenn sie von einem Genie wie Goethe stammen, nicht lesen, ohne innerlich dagegen in Aufruhr zu geraten.


*Abends*
Wiardi Beckmans Zustand ist hoffnungslos. Er liegt noch immer auf dem Rücken und phantasiert.

Sein Gesicht ist vollkommen verzerrt – vor allem sein Mund –, beinahe nicht mehr zu erkennen.

Wie viele sah ich in den letzten Wochen so sterben!

Auch Rheinhardt starb so ...


*15. März*
Wiardi Beckman hat ausgelitten ...

Heute in den frühen Morgenstunden ...

R. kam und sagte es.

Wir alle stehen noch ganz unter dem Eindruck dieser Nachricht. Wir wissen und fühlen, welch großer Verlust sein Hinscheiden bedeutet; für uns alle hier und vor allem für später.


*Nach dem Appell*
Als wir während der Mittagsruhe neben der Totenkammer in der Sonne lagen und natürlich über W. B. sprachen, wurde seine Leiche an uns vorübergetragen.

Es waren – in kaum einer halben Stunde – schon acht- oder neunmal Träger mit Toten vorbeigekommen, ein Schauspiel, das wir nur allzu gut kennen, doch als sich zwei Pfleger vom Block 2 mit einer Bahre näherten, blickten Steensma und ich zufällig hin; das Laken war von der Leiche herabgeglitten, so daß wir das Gesicht sehen konnten, und plötzlich erkannten wir Wiardi Beckman.

Wir haben ihn noch ein letztes Mal gegrüßt ...

*Abends*

Wir haben erreicht, daß der Pole aus der Totenkammer eine Totenmaske von W. B. gemacht hat.

Auf mein Drängen hat Con, der am besten von uns den Polen kennt, mit ihm deswegen unterhandelt.

Dr. van D., Suire und ich haben für die genügende Anzahl Zigaretten gesorgt, so daß der Pole nicht nur seinen Gips organisieren konnte – sondern auch selbst zufrieden war.

Ich vermute, daß die Parteileitung der SDAP die Totenmaske von W. B. später gern haben will und natürlich seine Familie sicherlich auch.

Ich selbst werde später ebenfalls um einen Abguß bitten.

*16. März, früh*

Auch Eddy hätte dem toten W. B. gern noch ein letztes »Lebewohl!« gesagt; auch er war sehr getroffen; ich glaube, daß er sein Empfinden in einem Gedicht auszudrücken hoffte und darum W. B. noch einmal von Angesicht zu Angesicht sehen wollte: nackt auf den Steinen vor der Totenkammer.

Drost und ich rieten ihm ab, wir wußten, daß W. B.s Gesicht – wie das fast aller Typhustoten – verzerrt war.

Doch Eddy gab nicht nach, und wir gingen zusammen hin. Aber die Russen vom Krematoriumkommando waren bereits dabei, die Leichen auf die Wagen zu stapeln, so daß wir ihn zwischen den anderen nicht mehr herausfinden konnten.

Vielleicht war es besser so ...

*Abends*

Ich habe mich bei fast allen Ärzten nach der Sterblichkeitsziffer bei Flecktyphus informiert: Unter fünfunddreißig Jahren rechnet man mit vierzig Prozent, über fünfundvierzig – und vor allem unter den hiesigen Verhältnissen – mit achtzig Prozent. Außerdem kommen in den meisten Fällen auch noch Komplikationen hinzu: Thrombosen, Ohrenentzündungen, Lähmungen.

Nicht gerade sehr ermutigend.

Drost erzählte mir jedoch, daß in seinem Zimmer ein Flecktyphuskranker von über fünfzig Jahren nach einigen Wochen wieder völlig gesund geworden ist. Ein Holländer.

Ich glaube aus Amsterdam, Smit heißt er und ist Notar.

Wenn ich selbst nun einmal eine schwermütige Anwandlung habe und über die achtzig Prozent spintisiere, zwinge ich mich, an diesen Notar zu denken; und wenn einer meiner Freunde zu pessimistisch wird, erinnere ich sofort an diesen Amsterdamer: »Auf 3 lag ein Notar, der sogar ... und so weiter.«

Das hilft immer. – Mir auch.

Es lebe unser Notar!!

*17. März*

Während des Luftalarms habe ich mir überlegt, daß wir nicht nur die Verbindung Goethe – Schiller studieren müssen, sondern auch die von Herder zu Jean Paul.

Ihre Verbundenheit war nämlich bedeutend mehr als eine rein persönliche Freundschaft.

Das ist ein fast unbekanntes Kapitel der klassischen deutschen Literatur und wurde in der Literaturgeschichte noch zu wenig berücksichtigt, ja, es muß eigentlich erst noch geschrieben werden.

*Abends*

Chris Lebeau ist im Revier aufgenommen.

Er liegt auf 3 bei Drost und Arthur, so daß bestimmt gut für ihn gesorgt werden wird. ZumGlück kein Flecktyphus.

*Sonntag, 18. März*

Heute morgen wieder Dienst beim Eingang zum Revier. Von vier Uhr früh bis neun.

Es war schrecklich kalt, aber ich mache diesen Dienst gern. Es ist hier dann so ruhig und still.

Um halb fünf kam – wie stets – der Blockälteste von 14, um den Frührapport abzuholen.

Dann war ich wieder bis sechs Uhr allein.

Nur ein Pfleger ging zur Frühmesse in Block 26.

Dann brachte der Blockschreiber von 30 eine Aufstellung seiner Toten der letzten Nacht: Dreizehn.

Dann der Blockschreiber von 29: Sechs Tote.

Dann der von Block 21: Fünf Tote.

Dann der von Block 23: Acht Tote.

So ging es den ganzen Morgen, und dazu schneite es unaufhörlich in kleinen, weichen Flocken. Weiß und sacht, als ob es überall Sonntag – und Frieden wäre.

*19. März*

Lebeau gesehen. Er ist sehr schwach, aber froh, daß er hier im Revier liegt. Er bat mich, ihm sein Zeichengerät aus Baracke 22 zu holen. Er will das Stubenpersonal zeichnen und hofft, dadurch Breikost zu bekommen udn vielleicht sogar Sonderdiät.

Das wäre für Chris besonders wichtig, weil er sich als Vegetarier noch immer weigert, die Suppe zu essen und behauptet, daß Fleisch darin sei, obwohl wir noch niemals Fleisch darin entdecken konnten.

Habe ihm nochmals geraten, die Suppe zu essen, da sie doch wenigstens noch etwas Nährwert enthält und er sonst noch schwächer wird – aber er lehnte es aus Prinzip energisch ab.

*20. März*

Heute früh lag in der Straße vor der Totenkammer eine Leiche – völlig angekleidet.

Sie war mit einem Lastauto gebracht worden, wahrscheinlich von einem Außenkommando. Ein ausländischer Arbeiter oder jemand vom Volkssturm, das konnte ich nicht gut erkennen. Er hatte eine große, klaffende Wunde am Kopf, an dem viel schwärzlichrotes, geronnenes Blut klebte.

Diese Leiche erregte großes Aufsehen – als ob eine Leiche in dieser Umgebung etwas Außergewöhnliches wäre und als ob nicht noch dreißig andere, nackte Leichen daneben lägen.

Auf Befehl des Kapos mußte ich als »Ordnungsdienst« fungieren.

Erst kam der Chefarzt, dann einige hohe SS-Leute – so eine Art »Mordkommission« – die auch photographierten, darauf noch der Rapportführer, und zum Schluß Ruppert selbst!

Auch viele Pfleger waren unter den Neugierigen.

Um die anderen dreißig Leichen kümmerte sich niemand. Die SS würdigte sie keines einzigen Blickes, obwohl an ihnen viel mehr zu sehen gewesen wäre ...

Sie waren nämlich alle völlig ausgemergelt und zu Skeletten abgemagert. Bei manchen war der Bauch aufgeschwollen und ihre Haut schwärzlich; andere waren voller Geschwüre, wieder andere hatten Phlegmone und offene Stellen und Löcher an den Beinen oder auf dem Rücken, so groß wie Untertassen. Zweien fehlte ein Bein, einem ein Arm.

Ein Häftling aus der Schreibstube erzählte, die SS nehme an, daß der Betreffende ermordet worden sei, darum wurden die Photos und die ausführlichen Aufzeichnungen gemacht!

Sind denn die anderen dreißig etwa nicht ermordet worden?
Sind denn sie etwa eines natürlichen Todes gestorben?

*21. März*

Nachdem ich nun Tag für Tag mit der Totenliste von Block zu Block gehe – oft sogar zwei- oder dreimal –, steht es bei mir fest, daß Hunger eine der Hauptsachen des großen Sterbens ist.

Im Block 2, wo die meisten Deutschen liegen: fast keine Toten.

Sie sind alle schon sehr lange im Lager, haben daher meistens »gute« Kommandos und dadurch auch mehr zu essen.

Im Block 14: keine Toten. Dort liegt das Küchenpersonal.

Im Block 18: fast keine Toten. Der Block der Tschechen, deren Pakete bis jetzt noch regelmäßig eintreffen.

Im Block 26 – dem Geistlichenblock: fast keine Toten; sie haben lange Zeit hindurch sehr viele Pakete bekommen, und die meisten von ihnen bekommen sie noch.

Sonst überall: Tote – Tote – Tote.

Sie liegen nicht nur in der Straße vor der Totenkammer, sondern nun auch vor den Quarantänebaracken, nackt im Schnee – oft sogar darunter begraben.

Sie liegen auch in den Waschräumen und im WC.

*Abends*

Unter den Toten im »Bad«, wo die neuen Kranken – Fieber oder kein Fieber, Typhus oder kein Typhus – erst baden müssen, bevor sie in einer Revierbaracke aufgenommen werden, waren heute früh drei mit einer Beinprothese.

Ich habe die Prothesen abgeschnallt und sie dem Apotheker gebracht, der bereits des öfteren darum gebeten hat, weil er Prothesen nicht mehr beschaffen kann.

Im »Tausch« gab er mir dafür zwei alte Kisten.

Ich brachte sie triumphierend in unsere Stube, wo wir sie nun verheizen; es ist also ein »guter« Tag für uns gewesen: ein Ofen, der mindestens eine halbe Stunde brennen wird.

*22. März*

Heute früh ist nun bereits der sechste meiner Kollegen (das heißt von uns sieben Mann vom Revierordnungsdienst) in Baracke 2 an Flecktyphus gestorben.

Vorige Woche der dicke Pole und der Deutsche aus Dalmatien, der abends in unserer Stube immer so wehmütig Mandoline spielte. Wann werde ich daran glauben müssen?

*Abends, spät*

War bei Fritz H., der mir wieder über meine düstere Stimmung hinweggeholfen hat.

Als ich ihm erzählte, daß auch mein sechster Kollege heute früh gestorben ist und dabei wohl einen ziemlich niedergeschlagenen Eindruck machte, antwortete er nur: »Dann ist eben nichts mehr daran zu ändern, und du kommst eben an die Reihe!«

Darauf bin ich so wütend geworden, daß ich im selben Augenblick meine Depression völlig überwunden hatte!

*23. März*

D. findet Chris' Zustand besorgniserregend, da noch Lungenentzündung dazugekommen ist, und fürchtet, daß Chris es nicht schaffen wird. War bei ihm, doch er schlief. Mir schien er sehr ruhig.

*Abends*

Heute nachmittag wurde ein Franzose eingeliefert, der wahrscheinlich bald sterben wird. Er ist bewußtlos und hat auf dem Rücken, direkt über dem Gesäß, eine Phlegmone, so groß wie meine Hand.

Als ihn Suire versorgte, sah ich, daß das Wundfleisch gelb und grau war, an manchen Stellen sogar weißlich-grünlich; ein penetranter Fäulnisgeruch war um das Bett.

Ein Freund aus einem Block, der ihn eine Stunde später besuchte, erzählte mir dann, daß der Kranke Henri Bernard ist: ein Schriftsteller, der unter dem Namen François Vernet bereits mehrere Romane veröffentlicht hat.

Ob das sein richtiger Name ist und Bernard sein Pseudonym oder umgekehrt, weiß ich nicht, und ich habe mich auch nicht danach erkundigt.

Er liegt die ganze Zeit auf dem Bauch, ißt und trinkt nicht und stöhnt nur vor Schmerzen. Suire hat ihm etwas gegen die Schmerzen gegeben, hat jedoch keine Hoffnung mehr, ihn zu retten, da es bereits zu einer allgemeinen Sepsis gekommen ist – wohl seit Tagen schon.

Ich stand lange bei ihm am Bett, konnte aber nichts für ihn tun.

*24. März*

Sprach mit zwei Freunden von Bernard. Sie erzählten, daß B. erst siebenundzwanzig Jahre alt ist und außer einigen Bühnenstücken auch zwei Romane publiziert hat: »Ce bon Temps«, bei der NRF und einen zweiten (durch Vermittlung von Léon Pierre Quint), der den Titel trägt: »Vouz ne mourez nullement«.

B. selbst hat dieses Buch noch nicht gesehen – er war bereits verhaftet, als es gedruckt und herausgegeben wurde –, aber ein Freund, der erst kürzlich nach Dachau gekommen ist, hatte ein Exemplar bei sich. Das wurde ihm hier zwar abgenommen, doch mit Hilfe einiger deutscher Freunde wurde es zurück»organisiert« und in der Lagerbuchbinderei (für sehr viele Zigaretten!) in einen blau-weiß-roten Einband gebunden.

Alles ohne B. ein Wort darüber zu sagen: es sollte eine Überraschung für ihn werden!

Als seine Freunde nun heute mit ihrem Geschenk vor seinem Bett standen – in der Hoffnung, ihm damit eine Freude zu machen und neuen Mut zu geben – sah und erkannte er sie nicht mehr. Er lag röchelnd auf dem Bauche ... bereits nicht mehr bei Bewußtsein ...

*25. März*

Nachdem ich nun – schon tagelang – versuchte, mich durch die Konzentration meiner Gedanken auf Herders Werk abzulenken und zu behaupten, bin ich für mich selbst zu der Entdeckung gekommen, welchen hervorragenden Platz die Herausgabe der lateinischen Gedichte des Jesuiten Baldus in seiner Ideenwelt einnahm. Ich habe diesen Band vor einigen Jahren in einem Antiquariat entdeckt, aber konnte damals nicht gut begreifen, was Herder wohl veranlaßt hatte, ein – und vor allem dieses – Vorwort zu schreiben.

Nun aber weiß ich, daß die Begegnung mit Baldus für Herder die gleiche Bedeutung hat, wie der »Klosterbruder« Wackenroders: eine Reaktion auf das katholische Süddeutschland – auf den Katholizismus.

*26. März*

Bernard ist gestorben.

Heute früh um fünf.

Ich werde sein dauerndes Rufen: »Stubendienst!« – »Stubendienst!« nie vergessen; mit einem französischen Akzent und dem Ton auf der letzten Silbe – wieder und immer wieder, klagend und voll Verzweiflung ...

Dabei saß Nicolai, der Stubendienst, bei ihm, aber B. erkannte ihn nicht mehr.

Suire ist ebenfalls nachts noch zweimal aufgestanden, um ihm etwas gegen die Schmerzen zu geben.
Auch er konnte ihm nicht mehr helfen.

*Abends*

Suire und ich folgten Bernards Leiche bis zur Totenkammer. Etwas anderes konnten wir ja nicht mehr für ihn tun! –

*27. März*

Als ich heute morgen, nachdem ich mit der Totenliste alle Baracken abgelaufen hatte, wieder in unsere Stube zurückkam, rief mich jemand aus einem Oberbett an, ein neuer, ein etwa fünfzigjähriger Ungar: »Bitte, ein bissel Suppe, Herr Doktor!« bettelte er.

Ich ging zu ihm. Er bat nochmals um Suppe und fügte noch, bevor ich etwas sagen konnte, hastig hinzu: »Sie können später alles von mir haben, bei mir in Budapest wohnen und essen und trinken; Sie dürfen auch mit meinen Töchtern schlafen – siebzehn und neunzehn Jahre. Schöne Mädchen ...«, und er machte, wobei er sich aufsetzte, eine Geste mit seiner zitternden, mageren Hand, als ob er eine junge Brust nachzeichnete.

Ich wollte ihm gerade antworten, und zwar selbstverständlich nicht sehr freundlich, als mich Bilek von der Schreibstube rief. Ich sollte eine neue Totenliste von Block 30 holen.

*Abends*

Als ich vor einer Stunde wieder in unsere Stube zurückkam, rief mich der Ungar abermals: »Herr Doktor, Herr Doktor, wollen Sie denn meine Töchter nicht?«

Ich habe ihm Suppe geholt und ihm dann – übrigens ziemlich unsanft – klargemacht, daß er sich nicht so gehen lassen darf, sich nicht so erniedrigen ...

Dieser Mann hat jeden moralischen Halt verloren, sicherlich sind aber daran vor allem die anderen schuld, jene, die ihn so weit gebracht haben.

*Vor dem Schlafengehen*

Ich komme allmählich zu der Überzeugung, daß dieser Ungar wahrscheinlich gar keine Töchter hat, sondern log, weil der Hunger ihn dazu trieb, weil er um jeden Preis meine Aufmerksamkeit auf sich lenken wollte!

*28. März*

Block 21 ist eine Hölle! Eine Hölle in der Hölle.

Als ich heute früh Stube I in diesem Typhusblock betrat, um die Totenliste unterschreiben zu lassen, war der Blockschreiber krank. Flecktyphus.

Ich kenne ihn – ein junger, freundlicher Pole. Nun lag er in seiner Ecke, mit hohem Fieber und Schüttelfrost.

»Der Hilfsschreiber?«
»Auch Flecktyphus. Im Bett über dem Blockschreiber.«
»Der Blockälteste?«
»Im Revier, mit Typhus.«
»Der Stubenälteste?«
»Liegt in seiner Ecke, Flecktyphus.«
»Der Stubenschreiber?«
»Typhus!«

Am Tisch saßen einige Russen und schliefen, die meisten anderen Häftlinge lagen fast bewegungslos auf ihren Strohsäkken. Sie hatten entweder hohes Fieber oder waren bereits zu schwach und matt.

Auch im Waschraum der Stube lagen einige. Sie hatten Diarrhöe und waren darum mit ihren stinkenden Matratzen hier hingelegt worden.

Neben ihnen – in einer Ecke – lagen sechs Leichen, aufgestapelt, als ob es Torfstücke wären.

*29. März*

Bei meinen täglichen Überlegungen zu einer Entdeckung gekommen, die ich später ausarbeiten will: viele wichtige Gestalten der deutschen Kulturgeschichte zeigen in ihrer Jugend die Neigung zu einem wehmütigen Suchen nach der mystischen »Blauen Blume«, das dann nach einigen Jahren in einer Professur für orientalische Sprachen endet.

Nicht nur Friedrich Schlegel, der sich nach seinem Studium der deutschen Mystiker – vor allem Böhmes und Eckarts – in Paris auf orientalische Sprachen spezialisierte und dort zu einem der deutschen Begründer des Sanskritstudiums wurde.

Auch Joseph Görres schrieb – nachdem er erst alte deutsche Legenden gesammelt hatte – seine »Mythengeschichte der asiatischen Welt«.

Auch Schelling publizierte in vorgerücktem Alter seine »Gottheiten von Samothrake« und Prof. Creuzer seine »Symbolik und Mythologie der alten Völker«. Und als der revolutionäre Georg Forster starb, fand man neben seinem Bette eine von ihm stammende Übersetzung der Sakuntala.

Beschloß nicht auch Wilhelm von Humboldt sein Leben mit einer Übersetzung des Mahabharata?

Gingen nicht auch Schopenhauer, Bachofen und Klages denselben Weg?

Ich glaube, daß sich hieraus – aus diesen Tatsachen – später Schlußfolgerungen ergeben werden, die zu einer gründlichen Charakterisierung der deutschen Kultur beitragen können.

Hier bin ich dazu nicht imstande und schon froh, daß ich diese kurzen Aufzeichnungen notieren kann.

*Spät abends*

Sehen wir nicht auch in Hölderlins Hymnen aus jener Zeit bereits »Asia« auftauchen?

*30. März*

In dem Bett, in dem Bernard vor einigen Tagen gestorben ist, liegt seit gestern ein alter Spanier mit grauem Haar. Niemand hier kennt ihn, keiner von uns weiß etwas Näheres über ihn.

Ali, der polnische Chirurg, hat ihm gestern das rechte Bein amputiert.

Die ganze Nacht hindurch hörte ich den Spanier dann stöhnen und rufen: »Madre! – Madre! – Madre!«

Mußte dabei unwillkürlich wieder an eine der Nächte in Madrid denken, als die Deutschen die Stadt bombardiert hatten und die verwundeten Soldaten im Lazarett, dicht neben unserem Hotel, auch immer wieder nach ihrer Mutter riefen: »Madre! – Madre! ...«

*31. März*

Hatte heute mittag 38,6.

Bekomme ich nun doch Flecktyphus?

Läuse habe ich nicht bei mir gefunden, und eingepudert habe ich mich heute bereits dreimal.

*Abends*

War bei Drost.

Es kann Flecktyphus sein, meinte er, aber mit Sicherheit ist das noch nicht festzustellen.

Wenn – wenn es aber Flecktyphus ist, werde ich ein Bett in Block 3 bei Arthur bekommen, und Drost will mir dann sofort Rekonvaleszentenserum geben.

Ich werde – wenn es soweit ist – ruhig und ganz bewußt das

Fieber abwarten, jeden Gedanken an das Sterben energisch von mir weisen!

Ich *will* den Sieg erleben, *will* weiter dabei sein – und weiterkämpfen.

*1. April*

Heute morgen 38,3.

Flecktyphus? ... oder nur ein schlechter Aprilscherz des Schicksals?

Jedenfalls bin ich trotz des Fiebers heute viel ruhiger als gestern und – wenn ich hier schließlich doch noch dran glauben muß – kann ich nur mit Tucholsky sagen: »Ich würde mir selber riesig fehlen!«

Literatur – selbst angesichts des Todes?

Warum eigentlich nicht?

*2. April*

Chris Lebeau ist heute nacht gestorben.

Jeden Tag stirbt der eine oder andere unserer Freunde – heute früh waren es wieder hundertsechzig Tote – und dabei hat die Typhusepidemie noch nicht einmal ihren Höhepunkt erreicht, sagte mir gestern der russische Arzt.

Ich habe Chris die letzten Tage nicht gesehen und mache mir nun Vorwürfe, daß ich nicht bei ihm gewesen bin, aber ich lag selbst mit Fieber im Bett.

Heute wieder aufgestanden. (Noch 38.) Eine gewöhnliche Angina – kein Flecktyphus! Es war also zum Glück nur blinder Alarm.

Leben – du hast mich wieder!

*Abends*

Als ich von meinem »dienstlichen« Rundgang mit der Liste zurück war, bin ich zur Totenkammer gegangen, um Chris noch einmal zu sehen. Es war nicht leicht, ihn unter den etwa sechzig Leichen herauszufinden, die nach der Sektion teils auf den Steinen, teils im Rinnstein der Blockstraße lagen. Während ich ihn suchte, wurden fortwährend neue Leichen gebracht – die meisten aus den Flecktyphusbaracken, wie ich an den Trägern sah.

Auch die Leiche von R., einem katholischen Studenten der alten Sprachen, mit dem ich schon in Vught zusammen gewesen bin und der heute an Lungenentzündung und völliger Erschöpfung gestorben ist. Hier lag er nun, mager wie ein Gerippe, mit einer großen Phlegmone, und seine Beine waren so dünn wie

Kinderärmchen. Gut, daß seine Mutter ihn so nicht sehen konnte.

Chris lag ganz hinten, einer der letzten. Sein Gesicht hatte einen so reinen, vergeistigten Ausdruck, der mir in dieser Umgebung ganz besonders auffiel. Er erinnerte mich an Houdons Voltaire-Kopf, obwohl Chris Voltaire doch zu Lebzeiten gar nicht ähnlich gesehen hat. Über seine Brust lief eine Laus; ich habe sie weggewischt.

Will den Polen aus der Totenkammer bitten, auch von Chris eine Totenmaske anzufertigen.

*3. April*

Gestern abend, bevor ich einschlief, noch lange an Chris gedacht.

Seinen Dünenlandschaften, die er vor nun mehr als fünfundzwanzig Jahren bei d'Audretsth ausstellte, galt damals meine große Liebe. Später habe ich eigentlich niemals viel von seinem Werk gesehen, aber Freunde erzählten mir oft von dem, was er schuf, und hin und wieder sah ich auch Reproduktionen. Er war so vielseitig, doch ohne dabei jemals dilettantisch zu werden: ein echter Künstler bis in die Fingerspitzen.

Wie oft hat er – als wir in den ersten vierzehn Tagen in Dachau zusammen im Quarantäneblock lagen und jeden Tag mit van Hall und van Zweden stundenlang debattierten – wie oft hat er damals auf Holland geschimpft, und was war er in seiner eigensinnigen Starrköpfigkeit doch für ein echter Holländer. Viel mehr, als er selbst je vermutete. Auch in seinem Anarchismus sogar!

Unsere politischen Ansichten waren zwar sehr verschieden, aber er kämpfte gemeinsam mit uns, und sein jugendlicher Elan konnte uns allen noch zum Vorbild dienen, obwohl Chris doch schon fast siebzig war.

Niemand ist in den Tagen des Hungers solidarischer gewesen als Chris! Wir liebten ihn darum noch mehr, bewunderten seine Aufrichtigkeit und seine verständnisvolle Güte für alle seine Freunde.

Auch daß er sich selbst – bis in den Tod – stets treu geblieben ist, niemals klein beigegeben und keine Zugeständnisse gemacht hat, flößte uns allen größte Ehrfurcht ein.

*4. April*

Es tat mir so leid, daß ich das meiste von dem, was Chris mir erzählte, als wir zusammen in der Quarantäne lagen, nicht aufgeschrieben habe. Es schien damals praktisch unmöglich, aber ich hätte es trotzdem versuchen müssen, um es dann später auszuarbeiten; vor allem auch, was er mir aus seiner Jugend und von seinem Vater mitteilte, der einer der ersten revolutionären holländischen Arbeiter gewesen zu sein scheint ... lange bevor unsere ersten politischen Organisationen bestanden.

Chris war ein ausgezeichneter Erzähler, voller Einsicht und Klugheit – trotz seines Anarchismus.

Niemals hat mich die Jugend eines Arbeiterkindes, mit alle dem Elend eines oft betrunkenen Vaters (der auch mehrmals wegen »Widerstandes gegen die Staatsgewalt« von der Polizei abgeführt wurde), mit den beständigen Nahrungssorgen einer Arbeiterfrau, mit dauernden Kämpfen gegen Arbeitgeber, Hauseigentümer, Polizeiinspektoren und Gerichtsvollzieher – niemals haben mich diese »alltäglichen« Dinge so tief ergriffen, wie damals, als Chris sie in seiner plastischen, ungekünstelten Art schilderte.

Sein Bericht hätte vielleicht auch ein interessanter Beitrag zur Entstehungsgeschichte der Arbeiterbewegung in Holland werden können.

Ich hatte sowohl mit Gerrit als auch mit Ghijs über einen dahingehenden Plan gesprochen, aber beide sind inzwischen bereits gestorben. Erst Gerrit van den Bosch, dann Gijs van Munster, danach Wiardi Beckman und nun Chris.

Wie viele werden noch folgen?

Nimmt dieses große Sterben denn niemals ein Ende?

*Abends*

Miesen zufällig getroffen.

Er ist jetzt Hilfsschreiber in 21 (Revier).

Wir haben uns sehr lange miteinander unterhalten und waren wirklich froh über unser Wiedersehen. Unter anderem sprachen wir auch über einen seiner Studienfreunde, der promovieren will und seine Dissertationsschrift – über die Dichterin Günderode – schon fertig hat, aber der noch einige Thesen braucht. Wir verabredeten, daß sich jeder von uns sechs überlegen sollte, jeden Tag eine.

Herrlich – wieder eine literarische Aufgabe, auf die ich meine Gedanken fixieren kann. Bin sehr glücklich über meine Begegnung mit Miesen und hoffe, die erste These sofort zu formulieren – im Bett.

*5. April*

Erste These: der Leidenschen Periode von Professor Creuzer – Karoline von Günderodes Freund und einer der interessantesten Romantiker – wurde bisher zu wenig Aufmerksamkeit geschenkt.

(Er war jahrelang Hochschullehrer in Leiden, und ich erinnere mich, seinen Namen des öfteren in dem Briefwechsel Bakhuizen–van der Brink und bei anderen gelesen zu haben.)

*Abends*

Heute, bis jetzt, hundertsechsunddreißig Tote.
Unsere Brotration wiederum herabgesetzt!
Aber dafür hatten wir bereits viermal Luftalarm.

Die Zeitungen aus München sind nicht mehr gekommen und die »Parolen«, daß die Amerikaner immer näherrücken, werden zahlreicher.

In höchstens einem Monat dürfte meiner Meinung nach alles entschieden sein.

Dann sind wir frei oder ...

*6. April, morgens*

Zweite These: Schlegels »Lucinde« ist keineswegs, wie vielfach fälschlicherweise angenommen wird, eine der wichtigsten Manifestationen der deutschen Romantik, sondern einzig und allein ein rein persönliches Dokument Friedrich Schlegels, das nur als Kommentar zur Kenntnis seiner Persönlichkeit wertvoll ist.

*Abends*

Einen Polen gesprochen, der seit ein paar Tagen bei uns in Stube I liegt. Er ist nicht krank, wurde aber aufgenommen, um hier für den Chefarzt zu arbeiten. Erzählte mir ausführlich von seinem Auftrag: Er ist Architekt und muß für die SS-Ärzte genaueste Pläne und Zeichnungen für großartige Villen und Landhäuser anfertigen, die sich diese Herren sofort nach Beendigung des Krieges erbauen wollen.

Der Oberscharführer will einen Entwurf zu einem Spielzimmer für seinen Sohn sowie den Entwurf eines Schwimmbassins im Garten seines Hauses.

Der Chefarzt scheint vor allem großen Wert darauf zu legen, daß die Pläne für seinen Weinkeller bis in die kleinsten Einzelheiten genau ausgearbeitet werden. Es müssen – sagt er dem polnischen Architekten – besondere Abteilungen für seinen

Burgunder sowie für seine Rheinweine vorgesehen sein, und außerdem spezielle Regale für eine Anzahl Boxbeutelflaschen.

Sollten diese Herren jetzt – April 1945 – tatsächlich noch nicht begreifen, daß sie ihre »Zukunft« längst hinter sich haben?

Wann und wo hoffen sie eigentlich, sich diese neuen Villen erbauen zu lassen?

Bin ich nun völlig verrückt ... oder sie?

*7. April, morgens*

Dritte These: Novalis' »Heinrich von Ofterdingen« hatte für die Zeit, in der er erschien (um 1800), ungefähr die gleiche Bedeutung wie Friedrich Nietzsches »Zarathustra« für seine Zeit (um 1900).

*Nach dem Appell*

Wenn die Toten an dem Tage, an dem sie sterben, noch auf den Küchenlisten stehen, wird ihre Brotration mitempfangen; das heißt, wenn sie abends nach acht Uhr gestorben sind – nachdem der Blockschreiber seinen Rapport angefertigt hat. Je mehr Tote – desto mehr Brot also für die, die noch nicht tot sind. Und daher haben sie in den Zimmern 3, 7 und 2, in denen die Flecktyphuspatienten liegen, jetzt oft Brot übrig.

Niemals ist mir die grausame Wahrheit des Wortes: »Des einen Tod, ist des andern Brot« – so deutlich vor Augen geführt worden wie hier.

Das ist alles so grauenhaft, aber dieses Brot ist für uns wirklich – das Brot des Lebens!

*8. April, morgens*

Vierte These: Die Rolle, die das umfangreiche Werk von Franz von Baader in der Geschichte der deutschen Romantik spielt, wurde bis jetzt nicht genügend gewürdigt. Auch seine Schrift: »Über das damalige Mißverhältnis der Vermögenslosen oder Proletarier zu den Vermögenbesitzenden – Klassen der Sozität« verdient viel eingehender berücksichtigt zu werden.

*Nach dem Appell*

Der Pole erzählte mir, daß der Entwurf für den Weinkeller spätestens morgen fertig sein muß!

Dann kommt ein »Boudoir in Rosa« für die Frau des Apothekers an die Reihe.

Versuchen sich alle diese Menschen selber zu betrügen?

Sehen sie denn die nahende Katastrophe nicht ... oder wollen sie die nicht sehen?

»*Sie*« sind doch nicht so dumm, um nicht genau wie wir zu wissen, daß Straßburg bereits gefallen ist, und daß die Russen schon tief in Deutschland stehen.

*9. April*

Fünfte These: Hans Henny Jahns Epos »Perudja«, wofür ihn im Jahre 1930 Angehörige des polnischen PEN-Klubs zum Nobelpreis vorschlugen, ist ein – sehr zu Unrecht – fast unbekannt gebliebenes Werk von großer literarischer Bedeutung.

*Abends*

Mein Kollege vom Ordnungsdienst, der »Kleine« aus Kärnten, ist heute früh aus der Typhusbaracke zurückgekommen. Er ist noch sehr schwach, aber rauchte schon wieder und ... gab mir zehn Zigaretten.

»Weil du mir das Leben gerettet hast«, fügte er hinzu.

»Ich?«

»Ja, du. Ich hatte solche Angst, als ich merkte, daß ich Flecktyphus hatte. Ich kann dir gar nicht sagen, wie sehr ich fürchtete, daß ich sterben würde. Und wenn man davor Angst hat, dann stirbt man hier auch ganz bestimmt, das wissen wir alle ja. Aber dann bist du gekommen – erinnerst du dich noch, ein paar Minuten, bevor sie mich nach Block II brachten – und hast gesagt: »Nur keine Angst, Kleiner! Du kriegst doch nur einen halben Flecktyphus, denn du bist ja selbst nur eine halbe Portion!« Daran habe ich dann immer wieder gedacht, habe mich an deine Worte festgeklammert – und siehst du, ich glaube, dadurch habe ich's geschafft!«

*10. April*

Sechste These: Kurt Tucholskys Prosa ist nicht so ursprünglich, wie oft angenommen wird, sondern stark beeinflußt von Lichtenberg, Raimund, Grillparzer, Heine, Theodor Fontane, Peter Altenberg und durch den Franzosen George Courteline.

*Nach dem Appell*

Ein merkwürdiges Gespräch mit Friedrich Leopold von Preußen gehabt. In der Ohrenstation, wo ich ihn nun täglich treffe.

»Sie sind nun schon beinahe in Küstrin«, fing er an.

»Von da aus ist es nicht mehr so weit bis Potsdam«, sagte ich und fragte ihn, ob er Angst hätte um sein Schloß?

»Große Angst sogar. Doch anders, als Sie denken ...«
»Wie meinen Sie das?«
»Die Russen haben ja während ihrer Revolution die Paläste des Zaren auch nicht verwüstet.«
»Dann brauchen Sie ja auch keine Angst zu haben ...«
»Doch, doch! Ich fürchte nämlich, daß ›unsere Herren‹« – er betonte diese Worte sehr ironisch – »mein Schloß in die Luft sprengen werden, noch bevor die Russen kommen, um dann laut zu verkünden: ›Das haben die asiatischen Horden getan!‹«

Als er gegangen war, habe ich so gelacht, daß Heini, der gerade vorbeikam, mich fragte, was los sei?

»Ein Hohenzollernprinz, der mehr Vertrauen zur Roten Armee hat ... als zu seinen eigenen Landsleuten!«

Unser Brederode hat recht: So ändern sich die Zeiten ...

*11. April*

Miesen war sehr erfreut über die Thesen und ließ mich die seinen lesen, die meistens Bezug auf die Geschichte der Stadt Köln hatten – seiner Heimatstadt – sowie auf kulturelle Persönlichkeiten des Rheinlandes. Wir verabredeten, noch weitere Thesen zu formulieren, diesmal für einen meiner Freunde, einen Holländer.

Also wiederum etwas, um meine Gedanken intensiv zu beschäftigen ... um nicht immer wieder an die »Flüsternachrichten« zu denken und auf all die Gerüchte zu hören, die sich nach ein paar Stunden doch meistens als »Wunschträume« oder als »Sch ... hausparolen« entpuppen.

*12. April*

Fühle mich mutlos und kann mich nicht konzentrieren.

Heute nacht wieder hundertachtundvierzig Tote, und als ich um halb eins zur Desinfektion mußte, lagen hinter den Baracken schon wieder mindestens zwanzig neue Leichen.

*Nach dem Appell*

Sprach lange mit Auer, der sehr ruhig und als gläubiger Katholik auf den Tod vorbereitet ist.

Ich fragte ihn nach einigen historischen Einzelheiten aus Bayerns Geschichte, um diesen Teil Deutschlands nicht nur als ein Netz von Konzentrations- und Judenlagern und von SS-Kasernen zu sehen.

Auch in Bayern – erzählte Auer – waren einst Kulturzentren: Landshut, wo sich nun eines unserer Außenkommandos befindet, hatte vor Jahrhunderten sogar eine Universität; und Ravensburg, ein anderes Außenkommando, war eine berühmte Handelsstadt, über die einer seiner Freunde – Alois Schulz, ein Historiker aus Bonn – ein umfangreiches Werk publizierte. Auf einmal fiel mir ein, daß sich auch in einem der wenigen interessanten Romane der letzten Jahre – in Otto Rombachs »Der junge Herr Alexius« – die wichtigsten Ereignisse in ... Ravensburg abspielen.

Auer kennt das Buch nicht, er war schon verhaftet, als es erschien, darum habe ich ihm einiges darüber erzählt.

*13. April, morgens*

Mich gestern abend geradezu gezwungen, über die mit M. verabredeten Thesen nachzudenken. Mit viel Mühe ist es mir dann endlich gelungen. Hier das erste Resultat: Balthazar Bekkers Werk »De Betooverde Wereld« fand, trotz der Dissertation von Dr. Knuttel, noch keineswegs die ihm gebührende Anerkennung als eine kulturelle Leistung von europäischer Bedeutung.

*Nach dem Appell*

Der Kapo der Bibliothek, der sich heute früh von Heini neu verbinden ließ, erzählte, daß sich eine der Polinnen aus dem Lagerbordell – Dantes »Hölle« ausleihen wollte!

»Am liebsten eine Ausgabe mit recht vielen Bildern«, hatte sie gesagt.

Sie glaubte nämlich, dieses Buch sei eine genaue Beschreibung der Hölle, und da sie fürchtet, dereinst dorthinzukommen, wollte sie jetzt schon wissen, was ihr dort bevorsteht!

*14. April*

Zweite These: Der deutsche Romantiker Achin von Arnim ist in den Niederlanden zu wenig bekannt, obwohl zahlreiche seiner Werke flämische und holländische Themen behandeln und, in einer seiner besten Novellen, sogar Jan Vos die Hauptperson ist, Vondels verschmiedener Zunftgenosse.

Diese Thesen sind wirklich ein bewährtes Mittel, um sich abends im Bett auf sich selbst zu besinnen, und um nicht auf die kursierenden, oft unwahrscheinlichsten Gerüchte zu hören, die jeder – natürlich – aus »absolut zuverlässiger« Quelle hat, während andere aus natürlich ebenso »absolut zuverlässiger« Quelle stammende Berichte nacherzählen, die das strikte Gegenteil verkünden.

*Abends*
Dritte These: Es besteht thematisch eine große Übereinstimmung zwischen einigen Gedichten von Theodor Fotnane, Potgieter und ... Werumeus Buning.

*15. April, morgens*
Noch eine These: In der Universitätsbibliothek zu Münster in Westfalen befindet sich der Briefwechsel des niederländischen Philosophen Hemsterhuis mit seiner »Diotima«, der Gräfin Gallitzin.

Eine Publikation dieser aus ungefähr tausend Dokumenten bestehenden Korrespondenz wurde bisher von den deutschen Instanzen verweigert. Es wäre daher Aufgabe der holländischen Regierung – nun mehr denn je –, eine Herausgabe dieser für die niederländische Kultur wichtigen Briefe zu ermöglichen.

*Nach dem Appell*
Als ich heute früh vor der Schreibstube auf die Totenliste wartete – heute zweihundert –, sprach mich ein etwa sechzigjähriger Mann an, sehr mager, äußerst nervös und völlig erschöpft. Er zitterte und wankte auf seinen Beinen und sprach so verworren, daß ich erst nicht wußte, was er eigentlich wollte. Nach und nach begriff ich dann, daß er Patient gewesen war, aber nun wieder zurück in seinen Block mußte.

Er fürchtete, dort zu sterben...

Wahrscheinlich hat er damit auch recht, denn er muß zurück in seinen alten Block – das ist Block 25 –, und in dem herrscht Flecktyphus.

Ob ich ihm nicht helfen könne, im Revier zu bleiben? Nein, das konnte ich nun leider nicht. Dann begann er von sich und seinem Leben zu erzählen, und dabei stellte sich heraus, daß er Mediziner war, obwohl er schon seit dreißig Jahren keine Praxis mehr ausgeübt hatte.

Ich könnte also versuchen, mit dem Kapo zu sprechen; Ärzte werden immer gebraucht, vielleicht kann er dann hierher kommen ... vielleicht.

Ich werde das versuchen, selbstverständlich. Aber erst muß er in seinen Block zurück, daran ist nichts zu ändern. Später, vielleicht morgen schon, könnte er dann – wenn der Revierkapo ihn akzeptierte – wieder herausgeholt und hier Arzt werden. Ich fragte ihn nach seinem Namen, um ihn in der Schreibstube angeben zu können.

»Friedrich Reck-Malleczewen«.

»Doch nicht der Schriftsteller Reck-Malleczewen?«

Er sah, daß ich mich plötzlich noch mehr für ihn interessierte.

»Jawohl, der bin ich, kennen Sie meine Bücher?«

»Einige wohl«, erzählte ich ihm, »unter anderem einen historischen Roman über Jan Bockelson, ein sehr gut geschriebenes, technisch vortreffliches Buch, äußerst spannend, jedoch ohne Tiefe, ferner eine Studie über Charlotte Corday, auch ›Frau Übersee‹ und, natürlich, ›Bomben auf Monte Carlo‹.«

Ich habe wahrscheinlich noch mehr von ihm gelesen, doch es fielen mir gerade diese Titel ein, als er mich danach fragte. Ich weiß auch, daß sie damals fast alle schon große Auflagen hatten und, wenn ich mich nicht irre, bei Mosse und Scherl erschienen sind.

Ich erinnerte mich aber auch – doch das sagte ich ihm nicht –, daß seine Studie über Charlotte Corday ein absolut konterrevolutionäres Buch war und seinerzeit der Reaktion in die Hand spielte.

Er redete inzwischen unaufhörlich weiter: über seine Besitzungen in Bayern, wo er ein großes Gut hatte – nicht einmal sehr weit von Dachau entfernt –, über seine Laufbahn als Kavallerieoffizier und über seine große Verehrung für das bayrische Königshaus. Dafür – er hatte nämlich geheime Kurierdienste für die Wittelsbacher geleistet – säße er nun hier! – Es war beklagenswert, wie er so vor mir stand – vom Hunger geschwächt und zitternd vor Nervosität, in einer viel zu kurzen, grauen Leinenhose, in einer grünen italienischen Militärjacke, an der ein Ärmel fehlte ... ein sehr armer, alter Mann, der zwar aus dem Ereignissen der letzten Jahre nichts gelernt hatte – doch darum nicht weniger mitleiderregend.

Als dann gerufen wurde: »Abgänge heraus« und er mit den anderen nach seinem Block mußte, habe ich ihm nochmals versprochen, mit dem Kapo zu sprechen.

*Eine Stunde später*

War beim Revierkapo. Er hat den Namen notiert und will R.-M. morgen holen lassen.

Wenn ich über meine heutige Begegnung nochmals gut nachdenke, tauchen mir Zweifel auf. Dieser Mann heißt zwar sicher Reck-Malleczewen, aber ist er wirklich mit dem Schriftsteller identisch? Hat er vielleicht nur sofort »Ja« gesagt, als ich ihn danach fragte, weil er einen rettenden Strohhalm zu erblicken meinte, an dem er sich festklammern konnte?

Ich verzeihe es ihm gern, wenn er mich betrogen haben sollte. Hoffentlich ist er wenigstens Arzt...

*16. April*

Gestern abend – noch um acht Uhr – wurde ein junger Franzose aus Stube II weggeholt: »Zur Vernehmung!«

Obwohl Dr. van D. gesagt hatte, daß er nicht »vernehmungsfähig« wäre; doch der Befehl kam von der Politischen Abteilung mit der ausdrücklichen Weisung, daß sein Zustand völlig gleichgültig sei, und daß der Mann sofort mitgebracht werden müsse, notfalls auf einer Tragbahre.

Niemand weiß, was er »verbrochen« haben mag. Er war schon seit fünf Monaten im Lager und war noch niemals verhört worden, erzählten seine Freunde.

Ich sah ihn eigentlich zum erstenmal, da in den letzten Wochen immer wieder andere in diesen Betten liegen und oft bereits nach einigen Tagen sterben.

Er hatte Sepsis und wußte kaum mehr, was mit ihm geschah, als sie ihn auf die Tragbahre legten. Die Pfleger durften nicht weiter mitgehen als bis zum Eingang des SS-Lagers, wo zwei SS-Leute den Häftling in Empfang nahmen.

Heute früh um acht Uhr kam der Lagerläufer mit dem Befehl, Bahre und Decken zurückzuholen... aus dem Krematorium.

*17 April*

Als ich heute früh einen meiner belgischen Freunde die Totenliste einsehen ließ, machte er mich auf einen der Namen aufmerksam: van Baelen, Kamiel – Abgang durch Tod.

»Der also auch«, sagte er, »und dabei war er erst seit einer Woche hier. Er kam aus Hersbrück. Todkrank bereits. Ein Schriftsteller und ein Prachtkerl, der immer viel mehr an andere dachte als an sich selbst. Er sprach oft über seine Arbeiten, und er hatte noch so viele Pläne.«

Ein junger flämischer Schriftsteller!

Und vielleicht hätte ich ihm auf irgendeine Art doch etwas helfen können: mit Medikamenten oder ein wenig Brot.

Ich fühle mich scheußlich, als ob ich irgendwie meine Pflicht nicht getan – als ob ich etwas unterlassen hätte.

*Spät abends*

Mittags, in der Totenkammer gewesen, um die Leiche von Kamiel van Baelen zu suchen – und zu grüßen. Der Pole sah für mich die Liste durch und brachte mich zu ihm: Sehr mager, mit weitgeöffneten Augen, die mir besonders groß und dunkel vorkamen. Auf seinem Kopfe lag ein blutgetränktes Stückchen Papierverband von der neben ihm liegenden Leiche, die eine klaffende Wunde am Hinterkopf hatte. – Ich habe es vorsichtig entfernt.

Es stimmt mich sehr traurig, daß ich van Baelen nicht kannte. Flämischer Freund – was könnte ich noch für dich tun?

Ich glaube nur eines: dafür sorgen, daß dein Werk nicht vergessen wird – und daß ich mich dafür einsetzen werde (wenn ich hier lebend herauskomme), das verspreche ich dir ...

Und auch, daß ich nicht aufhören werde, gegen jene Mächte zu kämpfen, gegen die auch du gekämpft hast, bis zu deinem letzten Atemzuge – bis du schließlich hier ankamst, in dieser gottverlassenen und gräßlichen Totenstraße, auf den kalten, nackten Steinen, selbst nackt und kalt, inmitten der vielen anderen, unbekannten Leichen.

Je mehr wir uns dem Ende nähern, desto deutlicher spüre ich, daß hier jeder von uns eine gute Dosis »Stendhalismus« mehr als nötig hat!

Stendhal würde (wenn er jetzt hier in Dachau säße) mit aller Kraft versucht haben – sogar inmitten dieser Tausende, inmitten dieser unerträglichen Anhäufung von Menschen, aus der oft kein Entrinnen möglich scheint –, er würde versucht haben, einzig und allein an seine hohen Ideale zu denken; er hätte sich um keinerlei »Parolen« gekümmert und ebensowenig um die Meinung der anderen.

Stendhal hätte sich ganz bestimmt nicht gehen lassen, davon bin ich überzeugt. Er hätte sich zwischen all den Flecktyphuspatienten wahrscheinlich genau so sorgfältig und so oft rasiert, wie er es an der Beresina tat, und ein Stück Seife wäre ihm wichtiger gewesen als eine Extraportion Suppe.

Gegen die meisten seiner Schicksalsgenossen wäre er sicherlich mißtrauisch gewesen und nur mit einigen wenigen Auserwählten umgegangen.

Sein gutes Herz würde er sorgfältig unter einem Mantel von Ironie verborgen gehalten haben, und er hätte nur dann und wann eine halb sarkastische, halb humoristische Bemerkung gemacht. Bei ihm hätte jeder nach seiner Fasson selig werden können, doch sein eigenes Recht würde er sehr energisch und auf eine fast machiavellistische Weise verteidigt haben. Ich werde versuchen, meine eigene Haltung während dieser kritischen Tage an seinem klassischen Vorbild zu schulen.

*Abends*
Drost heute unerwartet auf Transport gegangen.

Er mußte am Portal warten, bis ein SS-Mann kam, um ihn zu holen, und so konnte ich – ohne aufzufallen – noch eine halbe Stunde bei ihm bleiben.

Plötzlich war mir, als ob er aufs neue verhaftet sei ...

Natürlich weiß ich, daß er nur auf Transport geht, nach Allach – kaum ein paar Kilometer von hier entfernt –, aber trotzdem hatte ich plötzlich wieder dasselbe unsichere Gefühl, das ich immer dann verspürte, wenn sie mich irgendwohin brachten.

Der Appellplatz war leer und verlassen und erinnerte an einen stillen Dorfplatz, wenn alle Bauern auf dem Felde arbeiten.

Er kam uns – jetzt, da einer von uns unerwartet weg mußte – so vertraut vor, beinahe als ob wir hier zu Hause wären – und lieber nicht weg wollten.

Denn keiner von uns weiß ja, was mit ihm geschehen wird, wenn er durch das Tor eines Gefängnisses oder Lagers hereingeht – und keiner weiß, was ihn erwartet, wenn er in SS-Begleitung herausgeht ...

Ich war sehr besorgt – und sehr allein, als ich wieder zurükkins Revier ging.

Mein bester Freund in Dachau – auf Transport!

Ich werde erst wieder etwas ruhiger sein, wenn ich weiß, daß er wirklich in Allach ist.

*19. April*
Auer erzählte mir heute ausführlich von einem berühmten süddeutschen Theologen, Ignaz v. Döllinger, aber ich konnte mich beim besten Willen nicht konzentrieren.

Und fortwährend Luftalarm ...

Ich will mir nur rasch ein paar Notizen machen, daß ich später nicht versäume, seine »Briefe an eine Freundin« zu lesen; erschienen 1912 bei Pustet und Köchel in Kempten. – Kempten? – Das ist gar nicht weit von hier entfernt, und da arbeitet auch eines unserer Außenkommandos: in den Winterstallungen des Zirkus Krone. Die Gefangenen arbeiten gern in den Stallungen, denn es scheint, daß von dem Raubtierfutter ab und zu auch für sie etwas abfällt.

*20. April*

Heute früh wurde wieder ein Kranker von der Politischen Abteilung geholt. Diesmal ein junger Russe aus Stube IV, Baracke 3. Auch: »Zur Vernehmung!« Aber von diesen »Verhören« ist noch nie einer lebend zurückgekommen.

Der SS-Mann von der Politischen Abteilung stand vor der Schreibstube, um den Häftling in Empfang zu nehmen. Als es ihm zu lange dauerte, bekam ich den Auftrag, nachzusehen, wo der Häftling blieb.

Wir dürfen nämlich nicht auf uns warten lassen, wenn die SS die Absicht hat, uns aufzuhängen!

Als ich die Stube betrat, erkannte ich den Russen sofort. Ein Junge von kaum zweiundzwanzig Jahren, der dort bereits seit vier Monaten lag, sein rechtes Bein in Gips und mit einer Geschwulst in der Achselhöhle. Ich erinnerte mich auch an ein Gespräch mit ihm, vor einigen Wochen. N. hatte für die Kranken Cello gespielt und wollte sein Instrument gerade wieder einpacken, als der Junge ihn bat, doch etwas von Tschaikowski zu spielen.

Northenius tat es.

Der junge Russe dankte ihm überschwenglich, und wir unterhielten uns dann noch ziemlich lange mit ihm, wobei es sich herausstellte, daß er nicht nur die russische, sondern auch die moderne französische Musik sehr gut kannte. Obwohl er – wie so viele Russen in Dachau – aus einer Zwangserziehungsanstalt kam, die auch er übrigens gegen alle und jeden verteidigte.

Er lag bereits auf der Tragbahre, da bat er den Pfleger, sein kärgliches Hab und Gut, nämlich ein in den Messerschmitt-Werkstätten selbstangefertigtes Taschenmesser, seinen Riemen und ein Stückchen Brot – an zwei seiner Landsleute zu verteilen, die ein paar Betten weiter lagen. Er wußte genau, was ihm bevorstand.

Als sie ihn dann aus dem Zimmer trugen, machte er mit seiner Hand eine bezeichnende Bewegung um seinen Hals ... und dann, bereits an der Tür, drehte er sich noch einmal nach den anderen Kranken um und rief ihnen zu: »Es lebe die Sowjetunion!«

Ich stand am Ausgang und drückte ihm fest die Hand. Ein zufriedenes Lächeln spielte um seinen Mund, und seine Augen glänzten voller Stolz darüber, daß er nun noch einmal laut und unmißverständlich erklärt hatte, daß ihm das Vaterland in seinem Leben – von dem er wußte, daß es in einer Stunde abgelaufen sein würde – mehr war als alles andere auf der Welt.

*Abends*
Es sind noch weitere drei Russen geholt worden und ein Pole. Seit der Mittagsruhe bereits sechsmal Luftalarm!
Immer neue, immer mehr »Parolen«.

*21. April*
Ich möchte gern wissen, wieviel SS noch hier ist? Einige hundert? Ein paar tausend?
Keiner von uns weiß es genau – das einzige, was wir wohl wissen, ist, daß jede Nacht Hunderte Dachau verlassen.
Aber es werden wohl auf jeden Fall noch genug übrig sein ... um uns zu erledigen.
Ins Revier kommt bereits keine SS mehr.
Die haben nun ganz andere Sorgen. Ich brauche daher auch meine Aufzeichnungen nicht mehr zu verstecken. Wassili hat gestern einen Teil meines Tagebuches in einen Kissenbezug eingenäht, so daß ich es besser mitnehmen kann – falls wir evakuiert werden.

*Nachmittags*
Ich habe jetzt eine freie halbe Stunde und will sie dazu benutzen, mir selbst Rechenschaft darüber abzulegen, woran wir nun eigentlich sind.
Evakuieren oder Nicht-Evakuieren – that is the question!
Wahrscheinlich wird unser Leben davon abhängen.
Oder welche anderen Möglichkeiten bestehen noch?
Eine Übergabe des Lagers an das Rote Kreuz?
Wir haben den ganzen Morgen darüber gesprochen – und ich sagte auch, daß ich das glaube; ich wollte es mir gern selber einreden, denn – so sagte ich – die Norweger und Dänen werden ja auch vom schwedischen Roten Kreuz abgeholt!
Aber ... nein, nein, nein – das wird die SS niemals zugestehen! Selber krepieren und uns freilassen? Das würde der Natur des Faschismus völlig zuwiderlaufen! Und vor allem: Himmler scheint in Bayern zu sein! Von ihm haben wir nur das Allerschlimmste zu erwarten. Das heißt also ...
Unsere einzige Aussicht auf Rettung – sind die Amerikaner.
Kämen sie nur endlich – es wäre bei Gott Zeit!

*Abends*
»Sie« scheinen noch keinen Beschluß über uns gefaßt zu haben. Unserem jugoslawischen Freund aus der Lagerschreibstube war, vor einer Stunde wenigstens, noch nichts bekannt. Wir

scheinen noch insofern Glück zu haben, als sich die SS über das Schicksal, das sie uns bereiten will, nicht einig ist. Ruppert und seine Anhänger sind absolut für unsere Abschlachtung oder Evakuierung (was auf dasselbe herauskommt), aber Weiß scheint dagegen zu sein. Ich fürchte jedoch, daß Ruppert vor nichts zurückschrecken wird; das meint auch Fritz, und der kennt ihn ... von Warschau her.

Warum sind die Amerikaner eigentlich noch nicht hier? Ich habe oft das Gefühl, daß sie Dachau nicht für so wichtig halten. Natürlich ist es das eigentlich auch nicht, aber wenn ich so anfange zu überlegen, bliebe uns ja überhaupt keine Hoffnung, hier jemals lebend herauszukommen.

*22. April*

Obwohl die Unruhe immer größer wird und alles durcheinanderläuft, sich einige durch die Verbreitung optimistischer Parolen selbst zu beruhigen suchen, andere ihrer Verzweiflung Ausdruck geben, indem sie immer wieder verkünden, daß wir doch alle umgebracht werden würden, hat Suire hingegen heute nachmittag unserem kleinen Kreise einiges über Péguy erzählt – eine Art Vortrag, der schon seit langem mit ihm verabredet war. Suire sprach über das Arbeitermilieu in Orléans, dem P. entstammte; über seine Begegnung mit Lucien Herer und später mit Jean Jourges; und vor allem auch über Péguys Reaktion auf den Streik in Carmaux.

Suire las uns einige Kapitel aus »Jeanne d'Arc« vor, verweilte dann lange bei Péguys Haltung in der Dreyfus-Affäre und bei P.s Ansichten über die Freiheit – die Freiheit der Rassen und des Glaubens.

Vieles von dem, was S. uns erzählte, war mir neu, so etwa die wirklichen Ursachen des Bruches zwischen Péguy und Sorel.

Wir haben vereinbart, daß er morgen seine Plauderei fortsetzen soll – wenn nichts dazwischen kommt!

*Abends*

Wieder unzählige neue »Parolen«. Nürnberg soll bereits gefallen und Berlin durch die Russen besetzt sein!

Das einzige, was wir mit Sicherheit wissen, ist, daß hier heute schon neunmal Luftalarm war.

*Eine Stunde später*

Der Jugoslawe aus der Schreibstube behauptet, Ruppert hätteunsertwegen nach Berlin telegraphiert. Aber wenn Berlin wirklich bereits genommen ist ...

*23. April, 9 Uhr früh*
Suire kam schon um acht Uhr, um mir zu sagen, daß Ulm von französischen Truppen unter General Leclerc besetzt worden ist. Auch Augsburg wäre gefallen.

Es scheint keine »Parole« zu sein. Seine Quelle war bisher immer zuverlässig.

Die Amerikaner können also sehr bald hier sein. Vielleicht schon in drei Tagen – vielleicht in zwei – vielleicht bereits heute abend ...

Einfach unmöglich, diesen Gedanken zu realisieren.

*10 Uhr vormittags*
Zum ersten Male sind die Kommandos nicht zur Arbeit gegangen. Der SS-Apotheker ist nicht erschienen – sicher auch schon weg.

Ein paar SS-Männer haben die letzten Medikamente, die uns noch geblieben waren, eingepackt, aufgeladen und sind damit verschwunden.

Und die Tausende von Kranken?

Im übrigen sind die SS-Leute, die noch geblieben sind, einfach widerlich freundlich.

Sie grüßen uns sogar und wundern sich – daß wir uns darüber wundern.

»Warum sagt man nicht ›Guten Morgen‹?«, fragte mich der Oberscharführer, »ich sage doch auch ›Guten Morgen‹!«

Ich habe getan, als ob ich ihn nicht verstünde! Wenn wir ihm noch vor einer Woche »Guten Morgen« gewünscht hätten, würde er uns wohl einen kräftigen Tritt versetzt und außerdem »Meldung« gemacht haben, was uns noch fünfundzwanzig auf den Hintern eingebracht hätte.

*Eine Stunde später*
Es geschieht heute so viel, daß ich es aufschreiben werde, sowie ich einen Augenblick Zeit habe. Ich glaube, daß es richtig ist, all das festzuhalten, und fühle mich nun wieder als Reporter – trotz allem. Später werden diese Aufzeichnungen vielleicht von Nutzen sein können, und ich bin nun einmal in der bevorzugten Lage, alles, was ich hier in diesen entscheidenden Tagen sehe und höre, notieren zu können.

Ich fühle es absolut als eine Verpflichtung, dies so lange wie irgend möglich durchzuhalten.

Wie lange wird das sein?

*Mittags 12.30 Uhr*
Der Jugoslawe aus der Schreibstube behauptet, daß die Evakuierung beschlossen worden sei. Daß alle nach Innsbruck gehen, aber daß das Revier – mit Kranken und Personal – zurückbleibt.

Und was geschieht dann mit uns?
Eine Bombe und ... aus?

*Nachmittags 2 Uhr*
Um zwölf Uhr mußten alle Juden – ungefähr zweitausendzweihundert Mann – auf dem Appellplatz antreten.

»Mit Gepäck«.

Das bedeutet Evakuierung – und sie beginnen also mit den Juden.

Ich habe versucht, sie zu beruhigen – daß die Amerikaner jeden Augenblick kommen können, und daß »sie« ja auch gar keine Waggons mehr hätten, um die Evakuierung durchzuführen und so weiter. Einige glaubten mir, wollten mir glauben, um sich selber Mut zu machen.

Aber H. (der bis jetzt im Laboratorium gearbeitet hat) war fest davon überzeugt, daß man die Juden umbringen würde – er wußte nur noch nicht, auf welche Weise. Ich sagte, sie würden doch noch mit dem Leben davon kommen.

»Das haben viereinhalb Millionen Juden vor mir auch gedacht«, sagte er sachlich, und ich wußte ihm darauf nichts zu antworten, denn er hatte natürlich recht. »Ihr kommt nach Innsbruck«, sagte ich dann noch – eigentlich nur, um etwas zu sagen.

»Vielleicht, aber dann via Himmel«, antwortete er.

*Abends 9 Uhr*
Die Juden stehen noch immer auf dem Appellplatz. Sie werden nun aber durch SS bewacht, so daß ich nicht mehr zu ihnen gehen kann.

Ruppert und Bach kontrollieren gerade die Lagerpolizei. Sie werden also wohl heute nacht wegkommen.

*Nachts*
Trotz des dauernden Luftalarms habe ich – um mich etwas abzulenken – in dem Briefwechsel zwischen Cosima Wagner und H. S. Chamberlain geblättert. Seit Jahren habe ich nichts gelesen, das so unsympathisch gewesen wäre. Besonders Cosima Wagner, mit ihrer Wichtigtuerei in der »Rolle« von

Franz Liszts Tochter und als Witwe Richard Wagners. Widerwärtig auch die scheinheilige Deftigkeit dieser Briefe, in einem Stile geschrieben, der an ein viel zu enges Korsett mit langen Fischbeinstangen erinnert. Nirgends auch nur eine Spur von echtem Gefühl, von Einfachheit oder Ehrlichkeit. Stets setzt sie sich in Positur, tut sich wichtig und will wahrhaftig noch den Anschein erwecken, als ob sie auch als Frau Chamberlain betören könne: Cosima als Ninon de Lenclos – brr! Das ist ihr natürlich nicht gelungen, wie ich wieder mit leiser Schadenfreude feststellte, und schließlich hat sich Chamberlain mit einer ihrer Töchter verheiratet.

H. S. Chamberlain ist übrigens genau so unsympathisch (allein schon der Name!) und bei näherer Betrachtung nur eine Persönlichkeit zweiten Ranges, gerade gut genug, um als Pionier des Nationalsozialismus zu fungieren – als geistiger Vater Alfred Rosenbergs. Und dann seine kompliziert sein wollenden, anmaßenden Allüren: er ist zwar Antisemit, aber auch ein Gegner des Burenkrieges und außerdem ein glühender Bewunderer der Hohenzollern. Wußte er nichts Bewundernswerteres zu finden? Die deutsche Literatur kannte er besser als irgendein anderer Engländer, doch durch seine vorsätzlich falschen Interpretationen hat er ihr auch mehr Unrecht zugefügt als irgendein andere Ausländer vor ihm. Seine süßlich-schleimigen Episteln sowie alle seine angeblich über den Dingen stehenden Betrachtungen können späteren Generationen vielleicht als Material für eine interessante psychologische Charakteristik dienen – aber ich finde ihn ungenießbar, mir kann er gestohlen bleiben, mit samt seinen »Grundlagen des 19. Jahrhunderts« und auch mit seinen Büchern über Wagner und Goethe. Es ist bereits lange nach Mitternacht, aber überall brennt noch Licht.

Niemand kann schlafen – und die Gedanken aller drehen sich um die eine Frage: Was wird uns der morgige Tag bringen?

Vielleicht geschieht sogar heute nacht noch etwas?

Nicht daran denken – dann noch lieber an Chamberlain.

*24. April, 8 Uhr früh*

Heute morgen ist zum ersten Male kein Appell gewesen!

Die Juden haben die ganze Nacht hindurch auf dem Appellplatz gestanden – also seit gestern mittag um zwölf – und sind erst vor einer halben Stunde weggekommen. Die meisten waren so erschöpft, daß sie völlig entkräftet auf der Erde lagen, und die Russen von der Totenkammer haben bereits über sechzig – als Leichen – weggetragen.

*9 Uhr*
Vierhundert jüdische Frauen, die gestern abend – noch sehr spät – aus Käufering eintrafen, wurden wieder weiterverschickt.

Die meisten stammten aus Ungarn und Lettland. Wir haben ihnen Essen, Seife und Zigaretten gebracht.

Sie waren sehr mutig – und keine einzige unter ihnen, die nicht Haltung bewahrt hätte, obwohl sie überzeugt waren, in den Tod zu gehen.

Es ist uns geglückt, einige von ihnen, besonders schwache, im Revier bei den anderen Frauen zu verstecken.

*10 Uhr*
A. war gerade hier, um mir zu sagen, daß die Juden auf den Rangiergleisen beim SS-Lager in Waggons verladen werden.

Haben sie also doch noch Waggons?
Für uns auch?
Für fünfunddreißigtausend Mann?
Das kann ich unmöglich glauben.
Also uns hier ... liquidieren?

*Eine halbe Stunde später*
Bereits seit dem frühen Morgen dauernd Sturzflieger über dem SS-Lager. Warum verhindern sie nicht die Evakuierung der Juden? Das müßte doch möglich sein.

*11 Uhr*
Der Jugoslawe aus der Lagerschreibstube wußte nur zu berichten, daß Ruppert gestern ein langes Telegramm an Himmler gesandt hat, doch daß bis jetzt noch keine Antwort gekommen ist.

Wie wird die Antwort lauten? Davon wird wohl alles abhängen...

*12 Uhr*
Ich gehe zwar noch mit den Totenlisten umher, aber sie stimmen nicht mehr.

Hundertfünfzig Tote – allein im Revier.

Von vielen Leichen, die nach der Totenkammer gebracht wurden, wissen wir nicht mehr, woher sie gekommen sind.

Und in den Straßen zwischen den Quarantäneblocks liegen wieder Dutzende von Leichen, die noch nicht einmal abgeholt worden sind.

Seitdem auch S. an Flecktyphus erkrankt ist, versuche ich, die Namensliste der verstorbenen Holländer weiterzuführen, aber auch das wird immer schwieriger. Allein in meiner heutigen Meldung stand: »Fünfzig Unbekannte – Abgang durch Tod.«

*1 Uhr*
»Die SS plündert das Lebensmittelmagazin unseres Lagers!«, meldet soeben Nicolai in berechtigter Aufregung.
Werden wir morgen noch etwas zu essen haben?

*Eine Stunde später*
War mit Piet im Kleidermagazin; wir bekamen dort von P. U. Zivilkleidung, die nicht gezeichnet ist. Die werden wir anziehen, wenn sie uns doch noch evakuieren.
Piet hat außerdem eine Karte von Bayern.
Wir haben verabredet, einige Briefe und die Lesekarte der Lagerbibliothek – mitzunehmen, als Legitimationspapiere für unterwegs.
Vorläufig ist es jedoch noch nicht so weit.
Aber morgen?

*Nachmittags 5 Uhr*
Suire hat seinen Kursus über das Werk von Péguy trotzdem fortgesetzt. Sprach über dessen Sozialismus (den er als eine Art religiösen Sozialismus charakterisierte), von P.s Ansichten über die Armut – »Jean Coste« – und ferner über »L'Argent«.
In Frankreich scheint zur Zeit wieder sehr großes Interesse für P.s Werk zu bestehen; Suire sprach von einer Péguy-Renaissance.
Das ist natürlich kein Zufall, sondern eine Folge der sozialen Umwälzungen, die sich in Frankreich bereits jetzt abzuzeichnen beginnen.
Ein gründliches Studium Péguis kann vielleicht mit dazu beitragen, den Abstand zwischen Katholiken und Kommunisten weniger tief und weniger breit zu machen, mithelfen, eine Brücke zu schlagen zwischen dem Vatikan und dem Kreml. Und das kann – vor allem in Frankreich – vielleicht schon sehr bald zu einem Kardinalpunkt werden.

*Abends 9 Uhr*
Vor einer Stunde mußten plötzlich alle Deutschen antreten.
Der Rapportführer hat ihnen dann eine Art Ansprache

gehalten und darin ausgeführt, daß die Häftlinge vor allem ihre Ruhe bewahren müßten.

(Der beste Beweis also, daß die SS beginnt – nervös zu werden.)

Danach hat er siebzig Mann ausgesucht, eine Art Polizei – »Zur Aufrechterhaltung der Ordnung«, sagte er, und versprach ihnen, daß sie – als Beweis seines Vertrauens – ihr Haar wachsen lassen dürfen.

Ihr Haar wachsen lassen? Bevor das Haar gewachsen ist, lebt entweder die SS – oder leben wir nicht mehr.

*25. April, 8 Uhr früh*

Heute nacht kaum geschlafen. Bahnhof und Stadt Dachau wurden wieder schwer bombardiert; und auch München.

Fast keine Abwehr mehr.

Der Pole vom Nachtdienst behauptet, heute nacht gegen vier Uhr seien eintausendzweihundert Waggons eingetroffen – für unsere Evakuierung!

Wann? Während des Bombardments?

Habe ihm geantwortet, daß »sie« schon froh wären, wenn sie – zwölf Waggons zusammenbekämen.

*10 Uhr*

Es kursieren Gerüchte, daß General Delestrin füsiliert worden sei. Die Franzosen sind völlig verstört und behaupten, nichts davon zu glauben (»das wagt selbst die SS nicht«) und daß es sich nur um eine Finte handelt – um uns zu imponieren!

Ich teile ihren Optimismus nicht.

*Mittags, 12 Uhr*

Wieder Sturzflieger überm SS-Lager.

Es scheinen immer mehr SS-Leute von hier wegzukommen.

Aus der Lagerschreibstube noch nichts Neues.

*Nachmittags, 3 Uhr*

In Suires Péguy-Exemplar Lyrik gelesen.

Seine Verse machen nun viel mehr Eindruck auf mich als vor Jahren, als sie mir Vic zum ersten Male gab.

Die regelmäßigen Wiederholungen, vor allem in »Eve«, die mir damals nicht gefielen, schätze ich heute um so mehr, weil sie die tiefe Wirkung dieser Gedichte noch verstärken, ihnen noch mehr Verinnerlichung verleihen und so diese Poesie noch wertvoller machen. Ich glaube, daß man zu dieser Lyrik, zu diesem Dichter erst heranreifen muß, wie etwa zu Goethe und dessen Werk. – Bei mir hat das einige Jahre gedauert.

*5 Uhr*

Die Gerüchte über die Hinrichtung Delestrins werden hartnäckiger. »Sie« haben ihn gestern aus Baracke 24, wo er lag, weggeholt, um ihn – angeblich – in den Elitebunker zu bringen. Da er keine Vorzugsbehandlung wünschte, weigerte er sich erst, mußte dann aber doch mit. Der Unterscharführer soll dabei noch gesagt haben, daß er es nun viel besser bekommen würde, mehr Essen und mehr Freiheit ...

Und doch befürchte ich für Delestrin das Schlimmste.

*9 Uhr abends*

Heute nur ein achtel Brot, doch wir sind viel zu erregt, um unseren Hunger zu empfinden; wir reden nicht mehr darüber ... nur noch über die Evakuierung, und ob der Geschützdonner, den wir aus der Richtung von Augsburg her hören, näher kommt oder nicht.

*10 Uhr abends*

H. war soeben hier, um uns zu sagen, er habe eine Anzahl SS-Leute abziehen sehen. – Sie trugen alle – Wehrmachtsabzeichen!

*Nachts, 2 Uhr*

An Schlafen ist nicht zu denken, obwohl kein Luftalarm ist.

Es ist sogar bedrückend still, und die Spannung wächst von Stunde zu Stunde – fast unerträglich.

Nahm – an Rheinhardt denkend – ein Bändchen Rilke zur Hand und las einige Verse; da trafen mich die folgenden Zeilen ganz besonders tief – es war, als ob sie ein guter Freund für mich spräche:

»Ich kann nicht glauben, daß der kleine Tod,
dem wir doch täglich übern Scheitel schauen,
uns eine Sorge bleibt und eine Not.

Ich kann nicht glauben, daß er ernsthaft droht;
ich lebe noch, ich habe Zeit zu bauen:
mein Blut ist länger als die Rosen rot.«

*26. April, 8 Uhr früh*
Es war also doch keine »Parole«: General Delestrin *ist* füsiliert worden. Seine Karte in der Kartothek wurde gegen eine andere umgetauscht: Abgang durch Tod.

Ich weiß nicht genau, welche Rolle Delestrin in Frankreich gespielt hat, weiß nur, was er selber dann und wann darüber erzählte, doch ich glaube, daß man später noch viel über ihn lesen wird. Ich werde ihn dann immer wieder so vor mir sehen, wie er mich jeden Morgen begrüßte; mit seiner etwas altmodischen chevaleresken Höflichkeit, die hier auffiel, aber die mir stets aufs neue imponierte, weil sie bei ihm wirklich echt war, so durchlebt. Und vor allem auch die Bewegung, mit der er erst seinen alten, völlig verschlissenen Militärhandschuh auszog, bevor er mir die Hand reichte.

*Eine Stunde später*
Pat, der amerikanische Pfleger aus 9, flüsterte mir soeben zu, daß eine der Aufseherinnen wichtige Briefe vom Schreibtisch des Kommandanten weggenommen und kopiert hat. Er habe die Abschriften selber gesehen! Es handelt sich um einen Befehl der SS-Leitung, in dem Himmler persönlich anordnet, daß das Lager unter allen Umständen zu evakuieren sei; falls dies nicht mehr möglich ist, müssen alle Gefangenen liquidiert werden. (Siehe Anhang 1.)

Das scheint die Antwort auf ein Telegramm von Weiß zu sein, der das Lager übergeben wollte, und dafür – via Pohl – die Zustimmung erbeten hatte.

Pat hat auch die Abschrift eines zweiten Dokumentes gesehen; eine Namensliste von achthundertsiebenunddreißig Häftlingen, die sofort zu erschießen sind, wenn Aufruhr drohen sollte. Sie enthielt alle Spanienkämpfer, sehr viele Kommunisten, die Vertrauensleute des Roten Kreuzes, die drei Amerikaner und viele andere.

Ich stehe auch auf der Liste – darum kam er, es mir sagen...

*10 Uhr*
Habe zwar meinen Rundgang mit der Totenliste gemacht, aber die Blockschreiber wissen nichts mehr von den vielen Leichen in ihren Blocks, auch nicht, woher sie kamen. In den letzten Tagen sind so viele neue Transporte eingetroffen: von vielen Außenkommandos, aber auch aus Buchenwald und Flossenburg, und diejenigen, die nicht unterwegs gestorben sind, sterben nun hier...

*10.30 Uhr*
Adi ist draußen gewesen, durchs Tor – beim SS-Lager. Die verschlossenen Güterwagen mit den Juden stehen noch immer auf den Rangiergleisen.

Die Lokomotiven fehlen also ...

Die Russen vom Desinfektionskommando haben heute früh, mit aufgesetzten Gasmasken, bereits über siebenhundert Leichen zwischen den Halbtoten und Sterbenden hervorziehen müssen.

*11 Uhr*
In der Desinfektion Entlausungspuder verschafft. Ich hatte in den letzten Tagen ganz vergessen, mich einzupudern, dabei sind überall noch viel mehr Läuse als in der vorigen Woche. Nur jetzt nicht etwa Flecktyphus bekommen!

Wenn ich hier sterben muß, dann bei vollem Bewußtsein, wissend wofür – und mich bis zum Äußersten verteidigen.

*11.30 Uhr*
Kobziba aus der Schreibstube war soeben hier, um uns zu informieren, daß vor zehn Minuten *offiziell* beschlossen wurde, das gesamte Lager unverzüglich zu evakuieren. In *einer halben Stunde* wird der Befehl ergehen: »Antreten auf dem Appellplatz, mit Gepäck.«

Zweiunddreißigtausend Mann? Das ist doch praktisch unmöglich.

Werden wir heute Abend noch hier sein?

»Wenn nur das Denken nicht so schwer wäre«, sagte Goethe oft. Aber selbst damit kommen wir jetzt keinen Schritt weiter.

Jetzt können nur noch Taten helfen.

Auf jeden Fall: Sabotieren, sabotieren bis zum letzten.

*Nachmittags 3 Uhr*
Kein einziger Häftling ist – trotz des Befehls – um zwölf Uhr auf dem Appellplatz angetregen.

Die von uns ausgegebene Losung: »Nicht gehen – in den Baracken bleiben – Nummern verwechseln«, wurde also befolgt.

Jedenfalls ist so wieder Zeit gewonnen...

*5 Uhr*
Außer General Delestrin wurden gestern noch fünfzehn andere NN-Häftlinge füsiliert (oder aufgehängt, das wissen wir nicht),

und heute sind noch fünf aus dem Revier geholt worden.

Van L. ist ebenfalls NN und fürchtet, daß sie auch ihn holen werden. Mit ihm bei Fritz gewesen, ihn um Rat gefragt.

»Fritz, mein Freund ist NN – ist er noch gefährdet?«

»Schon möglich. Abgeschlossenes Verfahren?«

»Nein, abgetrennt!«

»Dann wird er wohl noch heute sterben müssen!«

Van L. und ich sahen uns an. War Fritz auch schon so geworden? Dachte er über Leben und Tod bereits wie ein polnischer Kapo? Er bemerkte unser Erstaunen, lächelte kaum merklich und wiederholte nochmals: »Dann wird er wohl noch heute sterben müssen.«

»Aber wir sind doch gerade zu dir gekommen, um ...«

»Ihr seid Grünschnäbel! Noch nicht lange genug im Lager! Sonst hättet ihr mich längst verstanden. Also paßt nun gut auf! Ich werde sofort Erkundigungen einziehen, ob die Sachbearbeiter der NN-Dossiers schon weg sind oder nicht. Sind sie noch nicht weg ... dann muß dein Freund eben sterben.«

»Aber Fritz ...«

»Beruhige dich nur! – Kannst du für eine Leiche sorgen?«

Plötzlich hatte ich ihn verstanden und sagte: »Ja, wahrscheinlich von Block 17. In der Straße davor liegen genug. Zusammen mit dem Pförtner der Totenkammer kann ich da eine unbekannte Leiche wegholen.«

»Gut, van L. muß dann einen Zettel mit seiner Nummer und seinen Daten geben, und den bindet ihr dann der Leiche an die rechte große Zehe. Dann ist van L. *offiziell* gestorben, kommt in die Totenliste, und wenn ›sie‹ ihn dann holen wollen, bekommen sie von der Schreibstube die Meldung, daß er tot ist.«

»Und was habe ich zu tun?« fragte van L., sichtlich beeindruckt.

»Nico weiß sicher einen Platz, um dich zu verstecken.«

»Ja, bei Gerhard, dem Blockältesten von 26, der wird schon ein Bett für ihn haben, in der obersten Reihe, wo sie ihn nicht so leicht finden.«

»In Ordnung, aber du mußt da liegenbleiben, bis die Gefahr vorbei ist. Denn es wäre doch ein verdammtes Pech, gerade jetzt – so kurz vor Toresschluß – noch geholt zu werden.«

*Abends 10 Uhr*

Die Amerikaner sollen bereits in Freising sein, berichtet Adi soeben.

Das wäre zwanzig Kilometer von Dachau ...

*Nachts 12 Uhr*
Ein Teil der Deutschen und Russen ist nun doch noch evakuiert worden.

Adi konnte noch mit einigen seiner Freunde sprechen, bevor sie durchs Tor marschierten.

Sie scheinen etwas in petto zu haben – einen Plan für unsere Rettung ...

»Wenn nur das Denken nicht so schwer wäre.«


*27. April, früh 8 Uhr*
In München soll Ritter von Epp, Hitlers Gauleiter, die Unabhängigkeit Bayerns proklamiert haben.

Bedeutet das Bayerns Kapitulation?

Dann wären wir gerettet ...


*9 Uhr*
»Alle Russen und alle Italiener, die noch im Lager sind, unverzüglich auf Transport«, lautet ein neuer Befehl Rupperts.

Da sie ihre Marschrationen noch in Empfang nehmen müssen, wird das Küchenkommando schon dafür sorgen, daß es nicht zu schnell geht.

»Zeit gewinnen! – Zeit gewinnen!« ist unsere Losung. Denn mehr als je ist Zeit – nun Leben.


*10 Uhr*
Trotz allem versucht, mit Suire den Kursus über Péguy fortzusetzen, mußten es aber aufgeben, da immer wieder französischeFreunde zu Suire kamen, um seinen Rat einzuholen. Außerdem konnte ich mich trotz größter Anstrengungen auch nicht genügend konzentrieren, was um so nötiger gewesen wäre, da unser heutiges Thema, »P.s Stellugnnahme gegen Bergsons Ideen«, ziemlich kompliziert ist.

Ich notierte mir nur jene Arbeiten Péguys, die sich mit diesem Stoff beschäftigen: »Notes sur M. Bergson« und »Notes conjointes sur M. Descartes.«

Suire hat versprochen, sie mir bald ... aus Frankreich zu schicken.

Wir sind eben alle beide – Optimisten. Auch jetzt noch.

Obwohl ...


*Vormittags 11 Uhr*
Es ist nur noch sehr wenig SS im Lager, die meisten scheinen tatsächlich heute nacht abgezogen zu sein.

Die verschlossenen Waggons mit den Juden stehen noch immer auf den Rangiergleisen.

*12 Uhr*

Der Geschützdonner, der gestern verstummt war, ist wieder deutlich hörbar, wird immer heftiger, kommt immer näher!

Viele Russen und Italiener, die vor der Häftlingsküche standen und noch immer auf die Marschrationen warteten, gehen wieder zurück in ihre Baracken.

*Nachmittags 3.30 Uhr*

Komme gerade vom Appellplatz. Wieder ein neuer Transport eingetroffen. Evakuierte aus anderen Lagern. Sie liegen zu Hunderten auf dem Boden, völlig erschöpft, ausgehungert – sterbend.

Ein Deutscher von der Lagerpolizei schrie: »Wer noch lebt, soll sich melden!« Nur ein paar Arme hoben sich. Einige der noch Lebenden waren zu schwach, um zu reagieren: sie lagen da, starrten müde und resigniert vor sich hin und beachteten gar nicht, was um sie herum vorging. Einer lehnte sich gegen die Leiche eines Freundes, hatte ihn mit seinem Arm umschlungen, begriff nicht, daß der bereits tot war.

Einige unserer Pfleger versorgten die Kranken so gut wie möglich; wir verteilten die restliche Breikost und steckten den Halbverhungerten kleine Stückchen Zucker in den Mund – viel mehr haben wir ja selber nicht.

Zwölf von ihnen habe ich gefragt, woher sie kommen – alle zwölf konnten keine Antwort mehr geben – sie waren schon tot.

Der dreizehnte, ein Junge von kaum zwanzig Jahren, dem ich Wasser brachte, antwortete: »Aus Buchenwald. Wir waren zweitausendvierhundert Mann, als wir evakuiert wurden.«

Wie viele davon sind überhaupt bis Dachau gekommen?

Die Russen von der Desinfektion, die als Leichenträger fungierten, sagen, daß sie hier bereits über achthundert Tote weggeschafft hätten!

Niemals war der Anblick des gräßlichen Appellplatzes entsetzlicher, aber niemals war auch die Solidarität der Häftlinge größer. Selbst die Küchenpolen »organisierten« Essen für die Neuankömmlinge.

*5 Uhr*

Je ein Vertrauensmann der Holländer, Franzosen und Belgier wurden zu Ruppert gerufen. Was will Ruppert von ihnen? Was führt er im Schilde? Wenn sie nur schon wieder zurück wären, denn Ruppert ist – jetzt mehr denn je – zu allem fähig.

*6 Uhr*

Van L. braucht nicht zu »sterben« – die Gestapobeamten, die die Akten der NN-Häftlinge bearbeiten, sind bereits gestern früh abgezogen – ließ mir Fritz soeben bestellen.

*Abends 7 Uhr*

Neuer Befehl: Alle Deutschen und Russen müssen auf Transport!

Die meisten von ihnen sind aber nicht zum Appellplatz gegangen, sondern blieben in ihren Baracken. Viele Russen nehmen zwar ihre Marschration in Empfang, verschwinden dann aber wieder.

Nicht gehen – auf keinen Fall gehen!

*9 Uhr*

Pim Boelaard gesprochen. Es ist also gut abgelaufen...

Ruppert hat ihnen nur mitgeteilt, daß für die Angehörigen der »Westvölker« Lebensmittel aus Genf eingetroffen wären und hat ihnen sogar erlaubt, mit den Vertretern des Internationalen Roten Kreuzes zu sprechen. Also wieder etwas zu essen. Wir hatten in all der Aufregung fast vergessen, daß keine Lebensmittel mehr da waren, daß wir hätten verhungern müssen, wenn nicht diese Sendung aus Genf gekommen wäre.

Wir atmeten erleichtert auf – doch die Bedrohung bleibt.

Bekamen nicht in Scheveningen die zum Tode Verurteilten auch einige Stunden vor ihrer Hinrichtung noch Zucker und Butterbrote mit Käse?

Bleiben »sie« ihren betrügerischen Manövern treu – bis zuallerletzt?

Uns erst noch Essen geben – vielleicht auch ein Stückchen Schokolade und ein paar Zigaretten, und dann... vor die Maschinengewehre.

*Nachts 12 Uhr*

Kein Geschützdonner mehr...

Keine Flieger...

Es ist unheimlich still. Die Stille vor dem Sturm?

Sind die Amerikaner bereits ganz in der Nähe?

Oder... werden jetzt deutsche Bomben mit ihrem Vernichtungswerk beginnen?

*28. April, früh 8 Uhr*

Im SS-Lager ist fast keine SS mehr. Sogar der Stab aus Berlin, der vor ein paar Tagen angekommen war, ist wieder weg.

Das waren die Allerschlimmsten. »Die Erfinder der Konzentrationslager« nannte sie Fritz, der einige von ihnen vom Sehen kannte.

Was für ein Glück, daß die wenigstens nicht mehr hier sind!. Doch Ruppert und Bach?

Jetzt können und müssen wir handeln!

*10 Uhr*

Die »Nationalen Komitees« schießen plötzlich wie Pilze aus der Erde. Eigentlich bestehen sie schon lange (wie wir alle wußten), aber heute zeigen wir uns bereits öffentlich.

Unser holländisches Komitee hat seinen Sitz im Revier. Block 9 Stube IV, wo Pim liegt. Ich komme gerade von einer Besprechung. Van L. und Bob waren auch da, und wir verabredeten, uns regelmäßig alle paar Stunden zu treffen. Pim wird immer hinterlassen, wo er zu finden ist.

Wir sind der festen Überzeugung, daß dieser Zustand höchstens noch achtundvierzig Stunden dauern kann.

Nicht länger. Dann muß die Sache gewonnen sein.

Wir beschlossen:

1. Strenge Bewachung der Lebensmittel und der Küchen – denn die Vorräte reichen nur noch vierundzwanzig Stunden.
2. Chauvinistische Krawalle sind sofort im Keime zu ersticken – denn sie würden die Verwirrung nur vergrößern, und die SS hätte davon den Nutzen.
3. Jeden Versuch, Unordnung zu stiften, auf der Stelle zu unterdrücken – denn nur äußerste Disziplin kann uns retten.

*11.30 Uhr*

Vor einer halben Stunde gaben die Sirenen ein Signal, das wir noch niemals zuvor gehört haben: ein immer wiederholter, anhaltender, langgezogener Ton.

Das bedeutet: »Panzerspitzen im Angriff«, erklärten uns die Deutschen.

Sind die Amerikaner schon so in unserer Nähe?

Vielleicht sogar schon in der Stadt Dachau?

*12 Uhr*

Der Chefarzt ist nicht erschienen. Kein einziger SS-Mann mehr im Revier.

Wieder die Sirenen!

*1.30 Uhr*

Die Nachricht, daß der größte Teil der SS und auch der Stab aus Berlin das SS-Lager bereits verlassen hat – wurde bestätigt.

Aber ... bereitet die zurückgebliebene SS noch etwas vor?

Oder werden »sie« ein paar ihrer letzten Bomber schicken, um ihre Ladung auf unsere Baracken abzuwerfen?

*2.30 Uhr*

Wieder Komiteesitzung.

Die Mitteilungen des internationalen Komitees sind ernst:

Wir sind etwa zweiunddreißigtausend Mann in Dachau.

Lebensmittel noch für vierundzwanzig Stunden.

Wir haben keine Medikamente mehr, obwohl zwei Drittel krank sind und Tausende im Sterben liegen.

Nochmals: Disziplin – Disziplin.

Haben beschlossen, die Lagerpolizei unverzüglich mit zuverlässigen Kräften zu verstärken. Piet soll die geeigneten Holländer aussuchen.

*3.30 Uhr*

Soeben wird gemeldet, daß die letzten SS-Leute dabei sind, unsere Roten-Kreuz-Pakete zu plündern.

Beschluß: nicht darauf reagieren – plündern lassen – sonst haben sie einen Vorwand zum Schießen.

In der Nähe der Poststelle scheinen bereits Spanienkämpfer dafür zu sorgen, daß es zu keinem Zusammenstoß mit der SS kommt.

*4 Uhr*

Ein Befehl aus der Schreibstube – von Ruppert, der also noch nicht weg ist: »Alle Franzosen sofort ins Große Bad zur Desinfektion« – um dann (angeblich) mit dem Roten Kreuz nach der Schweiz zu kommen ...

Allgemeine, große Aufregung.

Also doch Rotes Kreuz ... und keine »Evakuierung«?

Aber mir fällt wieder Ossietzkys Ausspruch ein, von dem »desinfizierten Marterpfahl«!

Auch diesmal vielleicht: erst desinfizieren und dann ...

*Eine Stunde später*
Widerruf und Gegenbefehl von Ruppert; die Franzosen, die bereits vor dem Bad angetreten waren, müssen augenblicklich wieder zurück in die Baracke!

*7 Uhr*
Ruppert hat mit der Hinrichtung der achthundertsiebenunddreißig Mann gedroht, die auf seiner Liste stehen, sagte mir Adi.

Wir wissen beide, daß auch wir auf dieser Liste stehen, doch wir wissen ebenfalls, daß unsere Chancen auf Rettung mit jeder Stunde größer werden und daß sie heute schon wieder viel größer sind als gestern.

*Abends 9 Uhr*
War in Block 12, bei Piet, um die Anweisungen des Komitees durchzugeben. Die meisten Holländer liegen zur Zeit in Block 12, und mir ist fort aufgefallen, daß wir eigentlich, verglichen mit anderen Nationen – vor allem mit den Franzosen, Deutschen, Polen und Italienern –, am ruhigsten sind, am beherrschtesten, am nüchternsten bleiben, obwohl wir genau so gut wie die andern wissen, daß diese Stunden über unser Leben entscheiden.

Ich bin heute wirklich stolz darauf, Holländer zu sein – ein Gedanke, der sonst nicht oft bei mir aufkommt –, und unwillkürlich fielen mir die Worte Wilhelm von Oraniens ein: »Ruhig inmitten wütender Wogen.«

*Abends 11 Uhr*
Adi berichtete eben sehr aufgeregt, daß das Sirenengeheul heute früh eine ganz andere Ursache hatte, als wir glaubten.

Nicht: »Panzerspitzen im Angriff«, sondern ein Trupp SS in der Stadt Dachau hat die Sirenen heulen lassen, um Hilfe aus dem SS-Lager herbeizurufen!

Grund: Einige aus unserem Lager entflohene deutsche und österreichische Häftlinge haben zusammen mit ein paar Mann vom Volkssturm einen Überfall auf eines der letzten SS-Bollwerke in der dortigen Gegend an der Nordbrücke versucht.

Drei Häftlinge wurden getötet, einige andere verwundet, doch auch die SS hatte große Verluste. Das Chaos scheint nun – nach dieser unerwarteten Überrumpelung – so groß zu sein, daß alle Transporte eingestellt wurden und daß der gesamte Verkehr stilliegt.

Vielleicht ist das unsere Rettung ...

Ich habe Adi feierlich versprochen, später in meinem Bericht zu betonen, daß die meisten dieser Helden – Deutsche waren, gute Deutsche ... (Siehe Anhang 2)

*12.30 Uhr nachts*

Totenstille! Keine Flieger – keine Abwehr. Und doch können wir nicht schlafen, denn diese Stille wirkt beängstigender als der schlimmste Luftangriff auf München.

*29. April, 6.30 Uhr morgens*

Die SS hat eine weiße Fahne gehißt!

Am Eingang ihres Lagers.

Die Aufregung bei uns ist unbeschreiblich!

Jeder, der nur irgendwie kann, läuft zum Appellplatz, von wo aus man die Fahne sehen kann.

Ungläubig, mit Augen voller Hoffnung und Erwartung – aber doch auch noch voller Mißtrauen – starren wir auf diese, nicht einmal besonders saubere, kleine weiße Fahne, die in dem heftigen Wind knattert und flattert, wie eine solche Fahne eben flattern muß ...

Sind die Amerikaner also schon so nahe?

Wird die zurückgebliebene SS das Lager nun doch übergeben – kampflos? Ohne uns vorher zu vernichten?

Ich traue selbst der weißen Fahne der SS nicht ...

Warum sind denn die Wachttürme rings um unser Lager noch immer mit SS besetzt?

Warum wurde noch gestern neue Munition hingebracht?

Warum sind ihre Maschinenpistolen noch immer drohend auf unsere Baracken gerichtet?

Nein: SS bleibt SS – bis zu ihrer Vernichtung.

*8 Uhr früh*

Besprechung bei Pim gehabt.

Wir sind der Ansicht, daß das Hissen der weißen Fahne ein Beweis dafür ist, daß die Entscheidung sehr bald fallen wird, daß die Amerikaner noch heute kommen werden ...

Noch einige Stunden bis ... Also: Disziplin – Disziplin.

*9 Uhr früh*

Die Küchen müssen noch besser geschützt, die Bewachung muß verdoppelt werden, um jeden Zusammenstoß mit der zurückgebliebenen SS in diesem Augenblick zu verhüten.

Ihnen auf keinen Fall auch nur den geringsten Anlaß geben, um doch noch zu schießen.

Der kleinste Streit könnte sich zu einer Katastrophe auswachsen.

*10 Uhr*
Maßregeln besprochen, um dafür zu sorgen, daß die vielen Leichen, die sich in den Blockstraßen anhäufen, abgeholt werden.

*11 Uhr*
Zwei SS-Scharführer sind – in Häftlingskleidung – in Block 22 gegangen, um sich dort, mit Zustimmung des Blockältesten, zu verstecken.

Habe diesen Bericht von Fritz sofort ans Komitee durchgegeben.

Die SS ahnt also, was kommt und – die Ratten verlassen das sinkende Schiff.

*1 Uhr*
Zusammenkunft bei Pim.

Die Küche funktioniert. Noch Lebensmittel bis morgen mittag.

Einige kleine, beginnende Krawalle konnten sofort unterdrückt werden.

Jeder fühlt nun, daß die Entscheidung naht.

Noch vor dem Abend dürften die Würfel gefallen sein.

Wir sind fest davon überzeugt, daß wir die Sieger sein werden.

*Abends 8 Uhr*
Um drei Uhr begann es!

Die beklemmende Stille wurde plötzlich von Maschinengewehrfeuern und dem Geknatter von Handfeuerwaffen unterbrochen, das von den SS-Wachttürmen aus lebhaft beantwortet wurde. Das Schießen kam immer näher und wurde immer heftiger.

Ich bin zur Totenkammer gegangen und mit Hilfe einer Leiter auf das flache Dach geklettert. Dr. van D. stand schon oben, und auch Steensma stieg herauf, trotz seines einen Beines.

Die Amerikaner waren im Anmarsch!

Wir konnten sie in der Ferne zwischen den Sträuchern bereits deutlich sehen!

Ganz langsam und vorsichtig kamen sie heran, ihre Maschinenpistolen im Anschlag, dann und wann auf die SS in den Wachttürmen zielend, von wo aus sie – trotz der weißen Fahnen und Tücher – heftig beschossen wurden.

Nicolai stand an der anderen Seite der Totenkammer auf einem Wagen und winkte mir. Ich ging zu ihm und von dort auskonnten wir ganz deutlich sehen, wie sich die amerikanischen Soldaten durch die Plantage vorwärtsbewegten: hinlegen, aufspringen, hinlegen, halbgebückt weiter, sich nach links und rechts deckend und sichernd, ihre »Stenguns« schußbereit – wie wir es hundertmal gesehen hatten: auf Bildern, in Illustrierten – und im Kino.

Unsere Blicke folgten ihnen wie hypnotisiert, Schritt für Schritt von Strauch zu Strauch, von Baum zu Baum, so daß ich erst viel später, als ich meinen Platz ändern wollte, gemerkt habe, daß ich auf einem Wagen mit ... Leichen stand.

Es war genau 5.28 Uhr – nach der Uhr der Kommandantur – als sich das große Tor öffnete.

Das Schießen hatte aufgehört und alles rannte über den Appellplatz zum Tor. Unterwegs traf ich Hoornik, und wir liefen zusammen weiter.

Die SS-Männer im Torgebäude und in den Wachttürmen wurden von den Amerikanern heruntergeholt und niedergeknallt. Wir hörten die Schüsse – und wir sahen sie fallen: einige rollten in den Graben, andere fielen in das Gras jenseits des Stacheldrahtes. Ein Stückchen weiter wurde eine Gruppe SS – die Hände über den Kopf verschränkt – abgeführt; aber das alles schien uns noch völlig unwesentlich.

Vorsichtig betraten die ersten Amerikaner unser Lager – ihre Maschinenpistolen schußbereit –, sehr groß, breitschultrig und dick: »Hallo boys, here we are!« Nun gab es kein Halten mehr.

In einem einzigen, brüllenden, jubelnden, langanhaltenden Schrei entlud sich die aufgespeicherte Spannung der letzten Stunden, und Tausende stürzten auf die Amerikaner zu: lachend, weinend, rufend ...

Jetzt, da ich wieder hier in der Stube sitzend, um das alles aufzuschreiben, wundere ich mich eigentlich, daß ich so – nüchtern war, und noch immer bin.

Die große, echte Freude, die ich doch empfinden müßte, ist noch nicht da – will noch nicht in mir aufkommen.

Als ich die ersten Amerikaner im Lager sah, dachte ich nur: So, da seid ihr also; endlich; es wurde auch verdammt Zeit ... Sonst eigentlich nichts.

*Abends 10 Uhr*
Als vor einer halben Stunde die Bilder von Hitler und Himmler aus den Fenstern der Kommandantur auf den Appellplatz flogen und dort wütend in tausend Stücke gerissen wurden, da fühlte ich: Das war der Augenblick, den wir seit Jahren herbeigesehnt hatten, nun war der Zeitpunkt gekommen, für den wir gelebt, gekämpft und gelitten hatten, für den so viele unserer besten Kameraden ihr Leben gelassen hatten ... Endlich war er also da – der große Augenblick!

Ich glaube nicht, daß ich in dieser Minute an mich selber dachte, ich fühlte nur, daß dies ein historischer Augenblick war: ein Ende – und ein Anfang.

*2 Stunden später*
Als ich ins Revier zurückkam, herrschte auch hier natürlich die größte Aufregung, und ich wurde mit Fragen bestürmt.

Viele Kranke waren durch den Schock gestorben, andere wollten und konnten es einfach nicht glauben, bis D. sich entschloß, einen »lebenden« Amerikaner zu holen und ihn in unsere Stube zu bringen.

Als der dann hereinkam, breit, stark und wohlgenährt, das Gesicht von der Sonne verbrannt und von Gesundheit strotzend, glich er einer Erscheinung aus einer anderen Welt!

Alle wollten sie ihm danken; jeder ihm die Hand drücken; aus allen Betten streckten sich ihm magere Arme und zitternde Hände entgegen – aus allen drei übereinander liegenden Bettreihen, und von allen vier Seiten ...

Er stand mitten in der Stube, sehr verlegen und linkisch, nur mühsam seine Rührung verbergend und kaum imstande, seine Tränen zurückzuhalten.

Dann legte er kurz entschlossen seine Maschinenpistole auf den Tisch und ging von Bett zu Bett, um jeden einzelnen der Kranken zu umarmen. Er tat es sehr vorsichtig und sacht, als ob er befürchtete, er könne diese zerbrechlichen Körper mit seinen starken Armen erdrücken.

Der Franzose im zweiten Bett rechts war gerade fünf Minuten vorher gestorben, aber der Amerikaner umarmte auch ihn ,entdeckte dann plötzlich, daß der Franzose tot war und schüttelte – all das noch nicht begreifend – erschrocken den Kopf.

*Nachts 1 Uhr*
Die wenigen überlebenden Juden aus den Vieh- und Güterwagen befreit und – in meist erbärmlichem Zustand – ins Revier geschafft.

Soeben beginnt das Schießen in der Nähe des Lagers!
Nicht nur Maschinenpistolenfeuer, sondern auch Kanonendonner.
Was geschieht da?

*Eine halbe Stunde später*
Pim gesprochen, der bei den Amerikanern gewesen ist und mir zuflüsterte, die SS-Division Wiking versuche, nicht nur die Stadt Dachau, sondern auch das Lager zurückzuerobern.

Wenn ihnen das gelingt, bleibt keiner von uns am Leben; dann würde ihre Wut und Rachsucht alle Grenzen überschreiten, ihre Rohheit und Grausamkeit Triumphe feiern!

Jetzt – da der Tod uns aufs neue bedroht – begreife ich erst richtig, daß wir dem Leben zurückgegeben wurden, daß wir frei sind!

*2 Uhr nachts*
Die Amerikaner scheinen sehr ruhig und sicher zu sein, fest davon überzeugt, daß sie die Situation beherrschen.
Doch das Schießen hört nicht auf.

*3 Uhr nachts*
Ich habe mich an den Tisch gesetzt.
Das Licht in der Stube brennt.
Gewehr- und Maschinenpistolenschüsse aus der Nähe der Plantage.
Wieder und immer wieder ...
Die meisten hier wissen glücklicherweise nicht, was sich da draußen abspielt. Sie schlafen und träumen – von Freiheit und vom Nach-Hause-Kommen.
Hören sie die Schüsse nicht?
Fürchten sie nicht, daß die SS doch noch eines der letzten Bombenflugzeuge auf unser Lager jagen könnte?

Ich will versuchen, das Schießen nicht zu hören – will es nicht hören.
Ich will Herr meiner Nerven bleiben – nun mehr denn je!
Holte mir aus meinem Schränkchen die letzte, sorgfältig »für alle Fälle« aufbewahrte Aspirintablette und bekam dabei – war es ein Zufall? – wieder Goethes »Egmont« in die Hände.
Ich werde mich noch einmal – und hoffentlich das letztemal hier in Dachau bemühen, mich mit aller Kraft auf Goethe zu konzentrieren.

Meiner Ansicht nach ist Klärchen, Egmonts Geliebte, die menschlichste Gestalt des Stückes, so fraulich und so rein!

Ich habe eigentlich für sie viel mehr Sympathie als für Egmont, der im Grunde stets der Edelmann geblieben ist und der die Freiheit, für die das Bürgertum kämpfte, niemals zu seiner Freiheit gemacht hat, sondern den »aufrührerischen« Bürgern zuruft:

»Was an euch ist, Ruhe zu erhalten, Leute, das tut; ihr seid übel genug angeschrieben. Reizt den König nicht mehr, er hat zuletzt doch die Gewalt in Händen. Ein ordentlicher Bürger, der sich ehrlich und fleißig nährt, hat überall soviel Freiheit, als er braucht.

... glaubt nicht, durch Aufruhr befestige man Privilegien. Bleibt zu Hause ...«

Ähnliche Ratschläge haben wir in den letzten Jahren ja oft genug gehört!

So viele Egmonts haben so zu denen gesprochen, die für die Freiheit kämpften ...

Das Schießen flaut – zum Glück – nun etwas ab.

Es scheint auch weiter entfernt zu sein.

Ich werde versuchen, doch noch weiterzulesen, aber es ist mir kaum jemals zuvor so schwergefallen.

Goethe hat doch wohl den wahren Charakter des historischen Egmont, so wie den des achtzigjährigen Krieges gut und scharf gesehen und auch gezeichnet, das beweist der grandiose Dialog zwischen Alba und Egmont:

»Muß man doch von allen Seiten hören: es sei des Königs Absicht weniger, die Provinzen nach einförmigen und klaren Gesetzen zu regieren, die Majestät der Religion zu sichern und einen allgemeinen Frieden seinem Volke zu geben, als vielmehr sie unbedingt zu unterjochen, sie ihrer alten Recht zu berauben, sich Meister von ihren Besitztümern zu machen ...«

Aber ... es wird ja nicht mehr geschossen ...

Es ist jetzt fünf Uhr früh, ich bin todmüde, und meine Nerven sind bis zum äußersten gespannt – doch nun ist es wohl geschafft – und vorbei?

Werde versuchen, doch noch eine Stunde zu schlafen.

*30. April, morgens 7 Uhr*

Soeben wieder mit Pim gesprochen.

Die Bedrohung ist abgewehrt, die Gefahr vorüber – doch sie war sehr groß.

Die Wiking-Division wußte – zu unserem Glück – nicht, daß

Amerikaner hier im Lager nur eine Kompanie stark waren, und sie hat sich – durch das heftige Abwehrfeuer irritiert – zurückgezogen.

Die große amerikanische Truppenmacht wird für heute, spätestens morgen erwartet.

*Anhang 1*
Das Dokument fiel nach der Befreiung den Amerikanern in die Hände. Es lautet:

*14. April 1945*
An die Lagerkommandanten von Dachau und Flossenburg.
Die Übergabe kommt nicht in Frage. Das Lager ist sofort zu evakuieren. Kein Häftling darf lebendig in die Hände des Feindes fallen.
Die Häftlinge haben sich grausam gegen die Zivilbevölkerung in Buchenwald betragen.

*Heinrich Himmler*

*Anhang 2*
Nach der Befreiung stellte sich heraus, daß noch eine zweite Aktion unternommen worden war – ebenfalls von deutschen und österreichischen Freunden –, um unsere Evakuierung und den von Himmler befohlenen Massenmord zu verhindern.

Ich habe gemeinsam mit Dr. Miesen einige Tage nach der Befreiung den Bericht über diese mutige Tat aus dem Munde von Karl Riemer, einem der Teilnehmer, gehört und aufgeschrieben.

Ich fühle es als eine Verpflichtung meinen deutschen und österreichischen Kameraden gegenüber, diesen Bericht auch in »Goethe in Dachau« so zu veröffentlichen, wie er dann in der holländischen Lagerzeitung erschienen ist.

Am 26. April morgens bekamen Karl, ein Häftling, der bereits zwölf Jahre Konzentrationslager hinter sich hatte, Nikkel, Philip, Karls Bruder Hans und noch ein paar Mann vom selben Kommando von der SS den Befehl, an die Juden – die auf Transport gehen sollten, aber in ihren verschlossenen Waggons bereits seit Tagen auf dem Bahnhof Dachau saßen und während der ganzen Zeit nichts zu essen bekommen hatten – Rote-Kreuz-Pakete zu verteilen. Nach Ausführung dieses Befehls mußte das Kommando aus den Kellern der SS-Kaserne leere Rote-Kreuz-Kartons (deren Inhalt die SS gestohlen hatte) holen und vernichten.

Während dieser Arbeit faßten sie den Entschluß zu entfliehen, um den Plan Karls – eines Deutschen aus Nürnberg – durchzuführen, der die weitere Evakuierung verhindern sollte.

Siebzehn Gefangene und ein SS-Mann, der bereit war zu desertieren, fuhren auf einem Moor-Expreß aus dem Lager. Sie bemühten sich, die Verbindung mit einer Gruppe Partisanen herzustellen, die sich in der Umgegend von Dachau verborgen hielt.

Diese Versuche mißglückten. In der Annahme, daß sich der Transport der Deutschen und Russen, der Dienstag spät abends abgegangen war, auf der Schleißheimer Landstraße befinden müsse, dringen sie bis zum Schießstand vor, stoßen dort jedoch auf eine Gruppe SS-Männer und sind gezwungen, sich zurückzuziehen.

Im Walde vor dem Dachauer Nordtor, beim »Wildpark«, entledigen sie sich jeglichen unnötigen Gepäcks. Ein Rottenführer, ein Volksdeutscher aus Kroatien, der zwangsweise zur SS eingezogen worden war, legt hier Zivilkleidung an. Nun gleichen sie sich auch äußerlich, der Bewacher und die Bewachten, die sich innerlich bereits seit langem in ihrem Kampf gegen ihre SS-Unterdrücker geglichen haben.

»Solange es noch nicht dunkel genug ist«, rät Karl, »wird es wohl das beste sein, wir legen uns hier hin.« Er vermutete, daß die SS-Patrouillen die Flüchtlinge nicht in unmittelbarer Nähe des Lagers suchen würden. Sie legen sich also ein paar Stunden hin, um auszuruhen und zu schlafen, um gut vorbereitet zu sein für die kommende Nacht.

Endlich ist es soweit!

Nachdem sie sich etwas erfrischt haben, nähern sie sich dann in Gruppen von je zwei, drei Mann längs des Fischerufers der Ampermochinger Brücke, über die sie unbedingt müssen, selbst wenn sie besetzt sein sollte. Kurz entschlossen gehen sie los, an der SS vorbei, die am Gewehrputzen ist und den Vorübergehenden neugierig nachsieht. Einige der Häftlinge haben noch ihre Zebrahosen an, doch zum Glück hüllt die Dunkelheit alles in ein gleichmäßiges Grau. Dichte Nebelwolken hängen über den Wiesen am Ufer der Amper. Hinter hellumrandeten Wolkenmassen verbirgt sich der runde Mond.

Wohlbehalten kommen sie über die Brücke und marschieren am »Schusterhof« vorbei quer durchs nahegelegene Dorf. An der Kirche werden sie von einem Unterscharführer der SS angehalten und nach ihren Papieren gefragt. Frech brummt Karl etwas vor sich hin und spielt den müden Arbeiter, der einen langen Marsch hinter sich hat und auf dem Wege nach seinem Heimatdorf Vierkirchen ist. Sie werden durchgelassen, doch ein paar hundert Meter weiter holt sie der Unterscharführer wieder ein. Nochmals fragt er nach ihren Papieren, diesmal mit dem Karabiner im Anschlag. K. tut, als ob er in seine Tasche fassen will – und schon saust seine Faust kräftig gegen das Kinn des SS-Mannes. Während der zusammenbricht, ergreifen die Häftlinge die Flucht, und sehr bald hat sie die Dunkelheit dieser stürmischen Nacht verschluckt.

Am »Schönbrunner Berg« warten K. und N. vergeblich auf die anderen Kameraden. »Du hast sicher Angst, daß deinem Bruder etwas passiert ist, Karl?«, fragt N. vorsichtig. »Meinem Bruder? Ja natürlich, aber im Lager sind Zehntausende in Gefahr!«

»Auf geht's!« – mit diesem alten Dachauer Schlachtruf, der sie in den vielen Jahren unzählige Male zur Arbeit trieb und zum Appell jagte, machen sie sich nun zur Rettung ihrer Kameraden wieder auf den Weg.

Aus nordöstlicher Richtung dringt näherkommender Geschützdonner. Das gibt den beiden nächtlichen Wanderern, die bereits seit über einer Stunde auf den Schwellen der Eisenbahngeleise nach Petershausen laufen, neue Energie. Mehrfach begegnen sie Soldaten, die plötzlich aus der Dunkelheit auftauchen und nach einem flüchtigen Gruß ihren Weg fortsetzen. Endlich haben sie wieder eine feste Straße unter ihren wunden Füßen. Küchenwagen, Batterien und Lazarettautos rollen stoßend und rüttelnd an ihnen vorbei. Ihr dumpfer Lärm beherrscht den Weg, auf dem sich das deutsche Heer zurückzieht.

Niemand kümmert sich um die beiden Männer.

Im Lichte der aufkommenden Morgendämmerung nähern sie sich bei Ilmünster der Straße von Freising nach Pfaffenhofen. Durchnäßt von einem unfreiwilligen Bad in einem Bach, suchen sie Deckung in einem dichten Gebüsch, um sich dort den Tag über zu verstecken und etwas zu schlafen.

In der späten Abenddämmerung gelingt es ihnen dann, bei Klosterscheuern durch die Feuerlinie zu kommen.

Artilleriegeschosse durchpflügen ununterbrochen die Erde. Schwere Regenschauer durchweichen aufs neue ihre halbgetrockneten Kleider. In einer verlassenen, offenen Scheune sammeln sie dann frische Kräfte durch einen kurzen Schlaf.

In den frühen Morgenstunden des Sonnabends erreichen sie Winden; bei einem ihnen bekannten Bauern – der allerdings jetzt auch deutsche Soldaten und SS beherbergt – können sie sich verstecken.

Später riskiert Karl einen Besuch im Dorfgasthof und wagt sogar, sich in ein Gespräch mit SS-Leuten einzulassen, die erzählen, daß bei Klosterscheuern starke amerikanische Kräfte mit Hunderten von Panzern aufgetaucht sind.

Noch eine Nacht verbringen sie bei dem gastfreien Bauern in Winden, dann geht Karl in den frühesten Morgenstunden nach Pfaffenhofen, um sich dort im Rathause beim amerikanischen Kommandanten melden zu lassen. Mittags gegen zwölf Uhr wird er empfangen, berichtet über seine abenteuerliche Flucht und bittet dringend um sofortige Hilfe und Schutz für das Konzentrationslager Dachau, dessen fünfunddreißigtausend Häftlinge in höchster Lebensgefahr schweben.

Die Pläne der Alliierten sahen eine Besetzung des Lagers Dachau erst für den 30. April abends vor.

Aber Karl dringt weiter auf schnellste Befreiung seiner Kameraden: »Könnten Sie denn nicht Flugzeuge oder motorisierte Truppen hinschicken?«, fragt Karl und sieht dem Kommandanten offen in das besorgte Gesicht. Schließlich lächelt der Kommandant zustimmend, drückt dem entflohenen, tapferen Deutschen die Hand und spricht das befreiende Wort: *All right.«*

## *Nachwort von Ernst Antoni*

»Ich war wieder in Dachau« war der Titel einer Reportage von Nico Rost aus dem Jahr 1955. Darin schilderte Rost, was er dort, zehn Jahre nach seiner Befreiung aus dem Lager, erlebte. Unverständnis, Achselzucken oder das berühmte »So schlimm war das alles ja gar nicht« bei den Leuten in der Stadt, die er nach Erinnerungen an die NS-Zeit und das Lager fragte. Und schließlich: das Lager selbst. Es stand noch, nur daß die Barakken jetzt mit Eternitplatten verkleidet waren. Auf dem Gelände der ehemaligen SS-Mordfabrik herrschte reges Leben. Familien hausten in den Baracken, in einer war eine Kneipe eingerichtet, in einer anderen ein Lebensmittelladen, ein Andenkenhändler hatte ein Geschäft eröffnet, in dem er idyllische Dachauer Stadtansichten und Fotos vom KZ-Krematorium verkaufte.

Aus den Räumen, in denen Tausende von Menschen starben, waren »Notunterkünfte« für Flüchtlinge geworden. Skandal genug, zehn Jahre nach der Befreiung. Aber noch skandalöser war, was ehemaligen Dachau-Häftlingen aus Regierungs- und Behördenamtsstuben zu Ohren gekommen war: Das Lager sollte abgerissen, anderes an den Platz gebaut, eventuell eine Gedenktafel angebracht werden.

Das war der Grund, warum Nico Rosts Reportage in die Forderung der Widerstands- und Verfolgtenverbände, mündete, »daß jede weitere Beseitigung und Veränderung der Gedenkstätten im früheren KZ Dachau sofort eingestellt, daß jeder weiteren Vernichtung und Entweihung sofort Einhalt geboten wird. Sie verlangen die pietätvolle Erhaltung dieser durch soviel Blut und Leichen geheiligten Stätte, ihre Pflege und Umgestaltung in einen internationalen Gedenk- und Wallfahrtsort, als würdige Erinnerung an die unzähligen Opfer, als ewiges Mahnmal!«

Rosts zweiter Dachau-Bericht trug viel dazu bei, daß aus der Forderung der Widerstandskämpfer Realität wurde. Der Skandal wurde öffentlich, Behörden, Landes- und Bundesregierung konnten die Protestbewegung im In- und Ausland nicht mehr ignorieren. Dennoch sollte es noch einmal zehn Jahre dauern, bis die KZ-Gedenkstätte schließlich eingeweiht werden konnte.

Im Vorwort zur Erstausgabe von Nico Rosts »Goethe in Dachau« schrieb Anna Seghers: »Es gibt eine Fülle guter, ja ausgezeichneter Bücher über Konzentrationslager.« Das war 1946. Mit der Fülle war es in Westdeutschland und der späteren Bundesrepublik bald vorbei. Die literarischen Werke über dieses Thema und die Erinnerungsberichte ehemaliger Widerstandskämpfer und Verfolgter verschwanden vom Markt. Engagierte Verleger, die dennoch weiterhin solche Publikationen veröffentlichten, hatten es schwer. Das war kein »Thema«mehr, in den Schulen wurde es auch nicht behandelt, die Literaturkritik wandte sich Erlesenerem zu.

In den letzten Jahren hat sich einiges geändert, auch auf dem Buchmarkt. Sicherlich noch nicht die Segher'sche »Fülle«, aber doch eine beachtliche Anzahl von Büchern, die sich mit Verfolgung und Widerstand in der Nazizeit befassen, sind wieder zu bekommen. Und sie werden gelesen.

Es wäre schon lange notwendig gewesen, Nico Rosts »Goethe in Dachau« neu aufzulegen. Heute jedoch besteht die Chance, daß das Buch auch die vielen Leser findet, die es verdient. Nicht nur wegen der historischen Authentizität, sondern auch, weil es eingreift in kulturpolitische Diskussionen, die zum Teil bereits im Gange sind, zum Teil noch kommen müssen. Und auch, weil es beweist, daß der Slogan »No Future« nie seine Berechtigung hat – nicht einmal unter den Bedingungen in einem Konzentrationslager, in dem der Terror der Bewacher wütet und eine Seuche die Häftlinge massenhaft dahinrafft.

Wer kennt heute Nico Rost? Der Blick in bundesdeutsche Nachschlagwerke ist vergebens. Dabei ist das Tagebuch-Werk »Goethe in Dachau« auch literarisch eines der bedeutendsten Bücher der KZ-Erinnerungsliteratur nach 1945.

Nico Rost wurde am 21. Juni 1898 im holländischen Groningen geboren. Er war Journalist, Kritiker, Essayist und vor allem auch Übersetzer. Nico Rost war es, durch den die Bevölkerung der Niederlande vor 1933 Romane von Heinrich Mann oder Joseph Roth erstmals kennenlernen konnte. Daneben hat Nico Rost, Mitglied der Kommunistischen Partei seines Landes, viele Werke der deutschen proletarischen Literatur ins Holländische übersetzt.

Ständig aktiv im antifaschistischen Widerstand fiel er schließlich den Nazis in die Hände, konnte die Konzentrationslager überleben und veröffentlichte 1946 »Goethe in Dachau«. Ein Buch aus Tagebuchnotizen, die er im KZ gemacht hatte. Das klingt heute ganz selbstverständlich. Darum sei noch einmal daran erinnert, daß die Häftlinge kein Recht hatten, sich irgendwelche Notizen zu machen, etwas aufzuschreiben, zu zeichnen oder in anderer Weise kreativ tätig zu sein. Es sei denn, die SS meinte, in dem einen oder anderen Fall eine Sondergenehmigung erteilen zu müssen. Das kam selten vor. Nico Rost hatte keine. Für den holländischen Publizisten, der sich im Lager-Lazarett, im »Revier«, seine Notizen machte, bedeutete dies konkret: Erwischtwerden ist das Todesurteil.

Und dennoch schrieb er – Tag für Tag, wenn es sein Gesundheitszustand zuließ. Seine Aufzeichnungen wären nicht möglich gewesen, hätten ihn nicht andere Häftlinge dabei unterstützt. Sie brachten ihm Papier, Schreibmaterial, standen Schmiere. »Goethe in Dachau« ist nicht nur das Werk eines Mannes, der unter KZ-Bedingungen Tageserlebnisse notiert und sich über kulturelle Fragen Gedanken macht, es ist zugleich ein Dokument der Häftlings-Solidarität. Denn hätte die SS Rost ertappt und seine Aufzeichnungen gefunden, dann wären seine Materiallieferanten und Beschützer nicht weniger als er gefährdet gewesen. Nicht jeder, der ihm half, wußte, was Nico Rost da schrieb. Aber daß es wichtig war für den Kameraden zu schreiben, daß er schreiben mußte, um überleben zu können, um sich selbst nicht aufzugeben, das wußten sie und sie halfen ihm dabei. So wie ihnen wieder von anderen geholfen wurde, sei es durch Gespräche, sei es durch das Teilen der ohnehin kaum vorhandenen Essensrationen, durch Hilfe bei der Arbeit oder irgendwelche kleine Freundlichkeiten. Das war Häftlingssolidarität und in letzter Konsequenz auch ein Stück antifaschistischer Widerstand, so unzulänglich er unter diesen erbärmlichen Bedingungen auch manchmal sein mochte. Aber man bewies sich: wir leben noch, wir sind noch da und wir halten zusammen.

Bei diesem täglichen Bemühen, gemeinsam die KZ-Hölle zu überleben, hatte Kultur eine wichtige Funktion. Für den einzelnen die, daß er sich beweisen konnte: ich bin noch Mensch und nicht nur ausgehungerte abgestumpfte Arbeitsmaschine. Für die Gruppe bedeutete sie: Festigung des Zusammenhalts, der notwendig war, um der Verzweiflung Herr zu werden.

Wie überlebensnotwendig die Diskussion über Literatur oder andere Künste werden kann, das lehrt Nico Rosts »Goethe in Dachau«. Wobei da von vornherein gar nicht wichtig ist, wie groß der kulturelle Fundus sein muß, den einer in seinem Kopf hat. Aber alles, was dazu beitrug, über die Grenzen des

KZ-Alltags hinauszudenken, der aus Arbeit und Sterben bestand, konnte weiterhelfen. Nico Rost brachte dafür viele Voraussetzungen mit ins Lager. Jeder, der sein Buch gelesen hat, wird wohl nicht nur erstaunt sein über diese immense »Kopf-Bibliothek«, die der holländische Publizist auf seinem KZ-Krankenlager für sich verfügbar machte, sondern auch darüber, wie wenig man selbst über die Kultur- und Geistesgeschichte des eigenen Landes weiß. Nico Rost wußte auch darum so viel über Geschichte, Literatur und Kunst in ganz Europa, weil er immer bereit war, sich für alles zu interessieren. Man merkt das bei »Goethe in Dachau«. Er kümmerte sich, selbst Literaturkritiker, nie um die Etiketten, die gerade marktkonform waren, achtete nicht auf Modeströmungen, sondern fand alles Humanistische beachtens- und nachdenkenswert. Es wäre auch jetzt noch lohnend, den in »Goethe in Dachau« erwähnten Autoren nachzuforschen, die in Vergessenheit geraten sind.

Trotz all der Leiden, die er zu erdulden hatte war er immer ein fröhlicher Mann. Als fröhlichen Mann habe ich ihn in Erinnerung, als ich ihn, ein Kind noch, Mitte der fünfziger Jahre kennenlernte. Er war zu Besuch bei meinem Onkel, der auch rund zehn Jahre in Nazi-Zuchthäusern und -Konzentrationslagern abgesessen hatte. Wir machten eine Spazierfahrt ins bayerische Oberland und Nico Rost konnte sich über jeden Zwiebelturm in der Landschaft und über jede Lüftlmalerei an einem Bauernhaus begeistern. Fröhlich und lautstark.

Seine Einleitung zu »Ich war wieder in Dachau«, in der er den Blick auf die schönen Alpen preist, ist nicht nur journalistischer Einstieg in eine Reportage, die dann das weniger Schöne in diesem Land präsentieren soll. Sie enthält sein Credo: daß die Welt, die Natur, schön sind. Und daß die Menschen in der Lage sind, etwas daraus zu machen, das ihnen allen dient.

In einem Brief an seinen Kz-Kameraden Adi, der heute noch Schulklassen durch die Dachauer Gedenkstätte führt – schloß Nico Rost mit einem Heinrich-Mann-Zitat: »Keiner von uns starb gern. Keiner starb mit Recht. Das Wohl des Menschengeschlechtes und unser eigenes Wohl fordern Verhungerte so wenig wie Erschossene. An die Toten werde gedacht wie an Mahner. Was seither besser geworden ist in unserem Zusammenleben, ist durchsetzt mit ihrem Tode. Wir gehen auch weiterhin, gerade als Lebende und am Leben Arbeitende, mit diesen Toten Hand in Hand.«

*München 1981*